W0083374

ZITATENSCHATZ

FÜR

FÜHRUNGSKRÄFTE

Herausgegeben von Lothar Schmidt

unter Mitarbeit von Peter Feistel

UEBERREUTER

Die Deutsche Bibliothek – CIP-Einheitsaufnahme

Zitatenschatz für Führungskräfte / Lothar Schmidt (Hrsg.)
[Unter Mitarbeit von Peter Feistel]. – Wien : Wirtschaftsverlag Ueberreuter, 1999
    ISBN 3-7064-0589-X
    ISBN 3-7064-0590-3
NE: Schmidt, Lothar (Hrsg.)

vormals erschienen im Königsteiner Wirtschaftsverlag GmbH © 1994
unter dem Titel: „Zitaten-Lexikon für Chefs und Führungskräfte"
    ISBN 3-923281-59-5

S 0499 Standard   4   5   6   /   2003   2002   2001
S 0512 Leder   2   3   /   2001   2000

Umschlag: INIT, Büro für Gestaltung
Copyright © 1999 by Wirtschaftsverlag Carl Ueberreuter, Wien/Frankfurt
Printed in Austria

Inhaltsverzeichnis

Warum wir zitieren

„Wir alle zitieren aus Notwendigkeit, aus Neigung oder aus Freude." Mit diesen Worten hat der amerikanische Philosoph und Dichter Ralph Waldo Emerson knapp und treffend umschrieben, was uns zum Zitieren veranlaßt.

Wir zitieren aus Notwendigkeit, weil wir unsere Aussage belegen, weil wir unsere Quellen angeben wollen. Wir nutzen ein Zitat als wertvolles Stilmittel, wenn wir unseren eigenen Ansichten eine Stütze geben wollen. Wenn die Meinung, die wir vertreten, von Goethe oder Kant geteilt worden ist, verleiht das unseren Aussagen eine größere Überzeugungskraft. Wir zitieren auch dann, wenn wir dadurch unsere eigenen Gedanken besser ausdrücken können oder wenn wir mit Hilfe des Zitats eine bestimmte Atmosphäre erzielen wollen.

Wir zitieren aus Neigung, weil uns daran liegt, Gedanken, die uns gefallen, anderen mitzuteilen. Wir wollen andere mit einem gelungenen Wortspiel erfreuen, beeindrucken, verblüffen, zum Widerspruch reizen. Oder wir wollen uns ins rechte Licht setzen.

Wir zitieren aus Freude daran, daß wir mit wenig Worten viel sagen und dabei doch das Gefühl vermittelt haben, nichts sei ungesagt geblieben. Wir wollen den Nagel auf den Kopf treffen.

Oft wird das Zitat auch zum geheimen Losungswort, zum geistigen Händeschütteln mit dem Angesprochenen, zum sozialen Signal, das verkündet: „Wir verstehen uns, wir haben die gleiche Sprache".

Zitieren zur rechten Zeit fördert die eigene Schlagfertigkeit. Schlagfertig antworten möchte ja jeder. Doch das ist nicht so leicht. Schlagfertig nannte Mark Twain eine Antwort, auf die man erst 24 Stunden später kommt. Diese 24 Stunden auf den Bruchteil einer Sekunde zu verkürzen, ist die Kunst der Schlagfertigkeit.

Wer die Kunst der Schlagfertigkeit beherrscht, erlebt die Freude des Beifalls – und er wird zitiert. Wer gut zitiert, wird re-zitiert.

Lothar Schmidt

A

Aktie

Aktionäre sind dumm und unverschämt. Dumm, weil sie mir ihr Geld überlassen, und unverschämt, weil sie auch noch Dividenden dafür haben wollen.

CARL FÜRSTENBERG
zugeschrieben

Um die Zukunft der Aktie einzuschätzen, müssen wir die Nerven, Hysterien, ja sogar die Verdauung und Wetterfühligkeit jener Personen beachten, von deren Handlungen diese Geldanlage abhängig ist.

JOHN MAYNARD KEYNES

Kurssturz: Wertpapier auf dem Wege zu seinem Papierwert.

RON KRITZFELD

Aktionäre trösten sich mit der Einsicht, daß nicht jeder, der reagiert, ein Reaktionär ist.

HELMUT LAMPRECHT

Lieber eine schlechte Aktie zum richtigen Zeitpunkt als eine gute Aktie zum falschen.

THOMAS MANN

Der Kleinaktionär ist das Kanonenfutter des Wertpapierhandels.

HELMAR NAHR

Aktienmehrheit: Dividende et impera.

GERHARD UHLENBRUCK

Das Schöne an den Aktien ist, daß man 1000 Prozent gewinnen kann, aber höchstens 100 Prozent verlieren.

UNBEKANNT

Amt

Um ein öffentliches Amt glänzend zu verwalten, braucht man eine gewisse Anzahl guter und schlechter Eigenschaften.

MARIE VON EBNER-ESCHENBACH

Wer auf ein Amt verzichtet, sollte es nicht aus Bescheidenheit tun, denn der Unbescheidene wird es dann erhalten.

ERNST R. HAUSCHKA

Es ist immer besser, daß ein Amt geringer ist als die Fähigkeiten.

GEORG CHRISTOPH LICHTENBERG

Auf einem Amt wird man abgefertigt, in einem Laden wird man bedient.

WILHELM RÖPKE

Man soll die Ämter mit Leuten, nicht die Leute mit Ämtern versehen.

SPRICHWORT

Anerkennung

Das Bedürfnis hoher Anerkennung ist eines der Passiva, die auf den meisten ungewöhnlichen Begabungen ruhen.

OTTO VON BISMARCK

Man erkennt niemand an als den, der uns nutzt.

JOHANN WOLFGANG VON GOETHE

Anerkennung braucht jedermann. Alle Eigenschaften können durch totale Gleichgültigkeit der Umgebungen zugrunde gerichtet werden.

KARL LEBERECHT IMMERMANN

Die Menschen finden selten ein Wort der Anerkennung füreinander und zeigen wenig Neigung, sich gegenseitig zu loben.

JEAN DE LA BRUYÈRE

Die Anerkennung gleicht einer Versicherung. Sie muß ab und zu erneuert werden.

LOTHAR SCHMIDT

Wir würden uns weniger um die Achtung der Menschen bemühen, wenn wir wüßten, daß wir ihrer wert sind.

VAUVENARGUES

Anfang

Wenn die anderen glauben, man ist am Ende, so muß man erst richtig anfangen.

KONRAD ADENAUER

In heiklen und unerquicklichen Dingen ist es empfehlenswert, jemand anders, dessen Worte weniger ins Gewicht fallen, den Anfang machen zu lassen.

FRANCIS BACON

Am Anfang war das Wort und nicht das Geschwätz, und am Ende wird nicht die Propaganda sein, sondern wieder das Wort.

GOTTFRIED BENN

Am Anfang gehören alle Gedanken der Liebe. Später gehört dann alle Liebe den Gedanken.

ALBERT EINSTEIN

Aller Anfang ist schwer, am schwersten der Anfang der Wirtschaft.

JOHANN WOLFGANG VON GOETHE

Der kommt am weitesten, der anfangs selbst nicht weiß, wie weit er kommen werde, dafür aber jeden Umstand, den ihm die Zeit gewährt, nach festen Maßregeln gebraucht.

JOHANN GOTTFRIED VON HERDER

Alles Fertige wird angestaunt, alles Werdende wird unterschätzt.

FRIEDRICH WILHELM NIETZSCHE

Angst

Angst ist für die Seele ebenso gesund wie ein Bad für den Körper.

MAXIM GORKI

Von allen Lügen in der Welt sind manchmal die eigenen Ängste am schlimmsten.

RUDYARD KIPLING

Noch niemals hatte die Menschheit soviel Angst wie heutzutage – und noch niemals hatte sie soviel Grund dazu.

BERTRAND RUSSELL

Die Welt nötigt uns zur Angst. Angst ist nicht Schwäche des Urteils, sondern eine sie betreffende Erkenntnis.

CARL FRIEDRICH VON WEIZSÄCKER

Kein Unglück ist in Wirklichkeit so groß wie unsere Angst.

FRANZ WERFEL

Anhänger

Anhänger: ein Mitläufer, der noch nicht alles erhalten hat, worauf er rechnet.

AMBROSE BIERCE

Wie wenig Anhänger zu bedeuten haben, begreift man erst, wenn man aufgehört hat, der Anhänger seiner Anhänger zu sein.

FRIEDRICH WILHELM NIETZSCHE

Anhängerschaft erregt Hoffnung und Zuversicht, Neid und Verdacht.

LOTHAR SCHMIDT

Anpassung

Die Anpassung ist ein eigenes Lehrfach; der Intelligentere bringt es darin weiter, der Widerstrebende ist ein Problem der Ärzte und Psychologen.

BERTOLT BRECHT

Es gibt keinen Beruf, in dem es anpassungsfähige Leute nicht weiter als andere bringen.

SIGMUND GRAFF

Jedermann hat sich zu bemühen, sich den übrigen Menschen anzupassen.

THOMAS HOBBES

Wer nicht weiß, was er selber will, muß wenigstens wissen, was die anderen wollen.

ROBERT MUSIL

Kein Kleidungsstück ist so stark modischen Einflüssen unterworfen wie der Deckmantel.

RUPERT SCHÜTZBACH

Anpassung ist auch, dem anderen so zu widersprechen, wie er es erwartet.

NORBERT STOFFEL

Kopfnicken ist die Gymnastik der Angepaßten.

NORBERT STOFFEL

Ansehen

Ansehen ist der gute Ruf, den man genießt, weil viele schweigen.

LORD PHILIP DORMER CHESTERFIELD

Unser Ansehen beruht mehr auf dem Geheimhalten als auf dem Tun.

BALTHASAR GRACIÁN Y MORALES

Der gute Ruf geht weit, aber unendlich weiter – der schlechte Ruf.

SERBISCHES SPRICHWORT

Ansprüche

Anspruchslosigkeit ist Seligkeit.

MARIE VON EBNER-ESCHENBACH

Für die Anspruchsvollen plagt man sich, aber die Anspruchslosen liebt man.

MARIE VON EBNER-ESCHENBACH

Man hat nur an so viel Freude und Glück Anspruch, als man selbst gewährt.

ERNST FREIHERR
VON FEUCHTERSLEBEN

Nur wer Ansprüche macht, fühlt sich zurückgesetzt.

FRIEDRICH RÜCKERT

Arbeit

Arbeit: eines der Verfahren, durch das A dem B Eigentum erwirbt.

AMBROSE BIERCE

Nichts ist besser geeignet, die Verschmelzung der widerstrebenden Elemente zu fördern, als gemeinsame Arbeit an gemeinsamen Aufgaben.

OTTO VON BISMARCK

Müde macht uns die Arbeit, die wir liegenlassen, nicht die, die wir tun.

MARIE VON EBNER-ESCHENBACH

Arbeit gibt uns mehr als den Lebensunterhalt; sie gibt uns das Leben.

HENRY FORD I.

Wir müssen nicht nur arbeiten, sondern auch träumen, nicht nur handeln, sondern auch glauben.

ANATOLE FRANCE

Arbeite, als ob du 100 Jahre alt werden würdest, bete, als ob du morgen sterben würdest.

BENJAMIN FRANKLIN

Es gibt keinen vernünftigen Grund für die Annahme, daß Arbeiten unangenehmer sein muß als Nichtarbeiten.

JOHN KENNETH GALBRAITH

So eine Arbeit wird eigentlich nie fertig, man muß sie für fertig erklären, wenn man nach Zeit und Umständen das Mögliche getan hat.

JOHANN WOLFGANG VON GOETHE

Was kann an der Arbeit gut sein, wenn die Reichen sie den Armen überlassen?

GRAFFITO

An nichts gewöhnt man sich so schnell wie an das langsame Arbeiten.

ERNST R. HAUSCHKA

Bei schönem Wetter fällt uns das Arbeiten leichter oder schwerer, je nachdem, wie schön die Arbeit ist.

ERNST R. HAUSCHKA

Wenig Arbeit ist eine Bürde, viel Arbeit eine Freude.

VICTOR HUGO

Was man eine ehrliche Arbeit nennt, ist eine, die mit viel Kraft ausgestattet ist, daß sie einer Illusion Wirklichkeit zu geben vermag.

MAX JAKOB

Wenn du die, denen deine Arbeit gewidmet ist, kennst, verstehst und liebst, hast du ‚ja‘ zum Leben gesagt.

HALLDÓR LAXNESS

Leute, die niemals Zeit haben, tun am wenigsten.

GEORG CHRISTOPH LICHTENBERG

Arbeit ist das Feuer der Gestaltung.

KARL MARX

Arbeit ist die einzige Entschuldigung für Erfolg.

HELMAR NAHR

Rationalität ist der Sieg der Vernunft über die Arbeitswut.

HELMAR NAHR

Die Arbeit dehnt sich aus, bis sie die Zeit ausfüllt, die ihr für ihre Ausführung zur Verfügung steht.

CYRIL NORTHCOTE PARKINSON

Die drei Bedingungen für Arbeitszufriedenheit: Man muß der Arbeit gewachsen sein, es darf nicht zu viel Arbeit sein, Erfolge müssen für den einzelnen spürbar sein.

JOHN RUSKIN

Nicht, was er mit seiner Arbeit erwirbt, ist der eigentliche Lohn des Menschen, sondern was er durch sie wird.

JOHN RUSKIN

Glück hilft nur manchmal, Arbeit immer.

SPRICHWORT DER BRAHMANEN

Es gibt Menschen, die Fische fangen und solche, die nur das Wasser trüben.

CHINESISCHES SPRICHWORT

Eine Arbeit, die uns Befriedigung gewährt, ist gewiß das beste und solideste Glück.

THEODOR STORM

In einem Lande, in dem der einzige Arbeitgeber der Staat ist, bedeutet Opposition den langsamen Hungertod. An die Stelle des alten Grundsatzes: „Wer nicht arbeitet, soll auch nicht essen" ist ein neuer getreten: „Wer nicht gehorcht, soll nicht essen".

LEO DAWIDOWITSCH TROTZKI

Je mehr Vergnügen du an deiner Arbeit hast, desto besser wird sie bezahlt.

MARK TWAIN

Die Arbeit hält drei große Übel fern: die Langeweile, das Laster und die Not.

VOLTAIRE

Häufig leidet man daran, daß man zwar viel Arbeit, aber keine Aufgabe hat.

HELLMUT WALTERS

Ärger

Wer sich ärgert, büßt für die Sünden anderer Menschen.

KONRAD ADENAUER

Der Ärger ist als Gewitter, nicht als Dauerregen gedacht; er soll die Luft reinigen und nicht die Ernte verderben.

ERNST R. HAUSCHKA

Du ärgerst dich: also habe ich über dich recht!

FRIEDRICH WILHELM NIETZSCHE

Argumente

Das Argument gleicht dem Schuß einer Armbrust – es ist gleichermaßen wirksam, ob ein Riese oder ein Zwerg geschossen hat.

FRANCIS BACON

Ich bin verpflichtet, meinen Gegnern Argumente zu liefern, aber nicht Verstand.

BENJAMIN DISRAELI

Schlechte Argumente bekämpft man am besten, indem man ihre Darlegung nicht stört.

SIR ALEC GUINNES

Ein widerlegtes Argument ist wie zertretenes Gras: Es richtet sich wieder auf.

ERNST R. HAUSCHKA

Wo ein Ding aufhört, Gegenstand einer Kontroverse zu sein, hört es auf, Gegenstand des Interesses zu sein.

WILLIAM HAZLITT

Wer ein Argument vorträgt und sich dabei auf eine Autorität beruft, verwendet nicht seine Intelligenz; er setzt lediglich sein Gedächtnis ein.

LEONARDO DA VINCI

Nur der Starrsinn braucht keine Argumente.

ROBERT MUTHMANN

Was auf der Hand liegt, fällt leicht unter den Tisch.

HELMAR NAHR

Manch einer hält sich für unbestechlich, weil er Argumente ignoriert.

HELMAR NAHR

Beleidigungen sind die Argumente derer, die unrecht haben.

JEAN-JACQUES ROUSSEAU

Je schwächer das Argument, desto stärker die Worte.

LOTHAR SCHMIDT

Glasklare Argumente? – Leicht durchschaubar und nichts dahinter!

LOTHAR SCHMIDT

Armut

Nenne dich nicht arm, weil deine Träume nicht in Erfüllung gehen; wirklich arm ist nur der, der nicht geträumt hat.

MARIE VON EBNER-ESCHENBACH

Der Traum macht die Welt der Armen reich.

ERNST R. HAUSCHKA

Die Armut und die Hoffnung sind Mutter und Tochter. Indem man sich mit der Tochter unterhält, vergißt man die andere.

JEAN PAUL

Geiz ist die Armut der Reichen.

WERNER MITSCH

Mit seiner Armut kann es nicht weit her sein, sagte ein reicher Mann, als er einen Armen lachen hörte.

ROBERT MUTHMANN

Über die Armut braucht man sich nicht zu schämen; es gibt mehr Leute, die sich über ihren Reichtum schämen sollten.

JOHANN NEPOMUK NESTROY

Geiz und Verschwendung sind Experimente mit der Armut.

RUPERT SCHÜTZBACH

Arm sein heißt: Nicht genug haben. Also kann auch ein Reicher arm sein.

SPRICHWORT

Bloß eine Klasse der Gesellschaft denkt mehr über das Geld nach als der Reiche, und das ist der Arme. Der Arme kann sonst nichts denken. Und dies ist das Elend der Armen.

OSCAR WILDE

Aufgabe

Je kleiner der Punkt ist, auf den sich die Aufmerksamkeit konzentriert, desto schwieriger die Aufgabe.

SIDNEY J. HARRIS

Nur die fast utopische Überzeugung, irgendeine Aufgabe zu haben, und sei es die lächerlichste und kleinste, hält den Menschen am Leben, vielleicht noch seine Neugier, wissen zu wollen, wie es weitergeht.

ERNST R. HAUSCHKA

Wer eine Aufgabe hat, für den gibt es nur ein wichtiges Wort: trotzdem.

ROBERT MUTHMANN

Wer sich zu groß fühlt, um kleine Aufgaben zu erfüllen, ist zu klein, um mit großen Aufgaben betraut zu werden.

JACQUES TATI

Aufmerksamkeit

Der Grad der Aufmersamkeit ist wichtiger als deren längere Dauer.

JOHANN FRIEDRICH HERBART

Die Aufmerksamkeit ist der Meißel des Gedächtnisses.

GASTON DE LÉVIS

Aufmerksamkeit ist der Stoff, aus dem das Gedächtnis besteht; und Gedächtnis ist akkumulierter Genius.

JAMES RUSSELL LOWELL

Auf alles, was der Mensch sich vornimmt, muß er seine ungeteilte Aufmerksamkeit oder sein Ich richten.

NOVALIS

Aufrichtigkeit

Vollkommene Aufrichtigkeit ist der Weg zur Originalität.

CHARLES PIERRE BAUDELAIRE

Aufrichtig zu sein kann ich versprechen, unparteiisch zu sein aber nicht.

JOHANN WOLFGANG VON GOETHE

Aufrichtigkeit ist höchstwahrscheinlich die verwegendste Form der Tapferkeit.

WILLIAM SOMERSET MAUGHAM

Aufrichtigkeit ist der Gipfel guter Manieren.

GEORGE BERNARD SHAW

Der Wert eines Gedankens hat gar nichts mit der Aufrichtigkeit des Menschen zu tun, der ihn äußert.

OSCAR WILDE

Augenblick

Die Herrschaft über den Augenblick ist die Herrschaft über das Leben.

MARIE VON EBNER-ESCHENBACH

Die Zeit ist ein Augenblick. Unser Erdendasein wie unser Erdengang ein Fall durch Augenblicke.

JEAN PAUL

Der Augenblick ist nichts als der wehmütige Punkt zwischen Verlangen und Erinnern.

ROBERT MUSIL

Nicht der Tage erinnert man sich, man erinnert sich der Augenblicke.

CESARE PAVESE

Der mächtigste von allen Herrschern ist der Augenblick.

FRIEDRICH VON SCHILLER

Verwandte Seelen knüpft der Augenblick des ersten Sehens mit diamantenen Banden.

WILLIAM SHAKESPEARE

Zwischen zu früh und zu spät liegt immer nur ein Augenblick.

FRANZ WERFEL

Ausbildung

Zu wissen wie man anregt, ist die Kunst des Lehrens.

HENRI-FRÉDÉRIC AMIEL

Die Ausbildung ist die teuerste Kapitalinvestition, die wir kennengelernt haben.

PETER F. DRUCKER

Es gibt keine schüchternen Lehrlinge mehr, es gibt nur noch schüchterne Meister.

MARIE VON EBNER-ESCHENBACH

Wer aufhört zu lernen, ist alt. Er mag zwanzig oder achtzig sein.

HENRY FORD I.

Eine Investition in Wissen bringt immer noch die besten Zinsen.

BENJAMIN FRANKLIN

Sobald jemand in einer Sache Meister geworden ist, sollte er in einer neuen Sache Schüler werden.

GERHART HAUPTMANN

Wer Unterricht geben will, von dem kann man mit Recht verlangen, daß er alles in einem Ton sage, der zu erkennen gibt, daß er auch im Fall der Not welchen annehmen könne.

GEORG CHRISTOPH LICHTENBERG

Man muß die Menschen so belehren, als ob man sie nicht belehrte, und unbekannte Dinge so vorbringen, als ob es sich um vergessene handelte.

ALEXANDER POPE

Ein Gramm Arbeit wiegt mehr als ein Kilogramm Worte.

FRANZ VON SALES

Lang ist der Weg durch Lehren, kurz und erfolgreich durch Beispiele.

LUCIUS ANNAEUS SENECA

Ausdauer

Ausdauer: eine bescheidene Tugend, die der Mittelmäßigkeit zu unrühmlichem Erfolg verhilft.

AMBROSE BIERCE

Ausdauer ist konzentrierte Geduld.

THOMAS CARLYLE

Ausdauer ist eine Tochter der Kraft, Hartnäckigkeit eine Tochter der Schwäche, nämlich – der Verstandesschwäche

MARIE VON EBNER-ESCHENBACH

Courage ist gut, aber Ausdauer ist besser – sie ist die Hauptsache.

THEODOR FONTANE

Wer Ausdauer besitzt, ist schon fast am Ziel.

ERNST R. HAUSCHKA

Ausdauer ist ein Talisman für das Leben.

AFRIKANISCHES SPRICHWORT

Ausrede

Eine der beliebtesten Ausreden ist die Zeit.

WERNER MITSCH

Die Zukunft ist die Ausrede derer, die in der Gegenwart nichts tun wollen.

HAROLD PINTER

Alles wird teurer, nur die Ausreden werden immer billiger.

UNBEKANNT

Auto

Erst wenn die Straßen hoffnungslos verstopft sind, wird sich der Mensch wieder an seine Beine erinnern.

CYRIL NORTHCOTE PARKINSON

Das Auto ist jene technische Erfindung, welche die Anforderungen an die Reaktionsgeschwindigkeit der Fußgänger ganz erheblich gesteigert hat.

LOTHAR SCHMIDT

Die preiswerteste Automarke ist der Dienstwagen.

LOTHAR SCHMIDT

Nicht das Auto ist ein Statussymbol, sondern der reservierte Parkplatz.

GERHARD UHLENBRUCK

Autorität

Das unfehlbare Mittel, Autorität über die Menschen zu gewinnen, ist, sich ihnen nützlich zu machen.

MARIE VON EBNER-ESCHENBACH

Rationale Autorität fördert das Wachstum des Menschen, der sich ihr anvertraut, und beruht auf Kompetenz. Irrationale Autorität stützt sich auf Machtmittel und dient der Ausbeutung der ihr Unterworfenen.

ERICH FROMM

Eine verlorene Schlacht läßt sich durch eine gewonnene wieder ersetzen, ein verfehltes Werk läßt sich verbessern, aber eines ist, das sich nicht mehr herstellen läßt, wenn es einmal abgewiesen worden ist: die Autorität.

FRANZ GRILLPARZER

Autorität kann zwar demütigen, aber nicht belehren; sie kann die Vernunft niederschlagen, aber nicht fesseln.

JOHANN GEORG HAMANN

Die Autorität reizt so lange zum Spott, bis der Spott autoritär wird.

ERNST R. HAUSCHKA

Autorität wird nur dann nicht angezweifelt, wenn sie sich auf fachliche Leistung und untadelige menschliche Haltung gründet.

GUSTAV HEINEMANN

Restlos wahre Autorität bedeutet Absage an die Gewalt.

KARL JASPERS

B

Bank

Die Finanzminister und die Bankiers haben eins gemeinsam. Sie leben von anderer Leute Geld. Die Bankiers haben nur die unangenehme Aufgabe, es wieder zurückzuzahlen.

HERMANN JOSEF ABS

Als erstes im Bankwesen lernt man den Respekt vor der Null.

CARL FÜRSTENBERG

Banken sind gefährlicher als stehende Armeen.

THOMAS JEFFERSON

Hausbank: Sicherheitsbindung, löst sich beim Sturz.

RON KRITZFELD

Die Stimmungen sind die Kontoauszüge des Gemüts.

WERNER MITSCH

Die beste kurzfristige Erfolgsrechnung ist das Mienenspiel deines Bankdirektors.

HELMAR NAHR

Niemand kennt die Menschen so gut wie der Beichtvater, der Bankier und der Bettler.

SIZILIANISCHES SPRICHWORT

Ein Bankier ist ein Mensch, der einen Schirm verleiht, wenn die Sonne scheint, und der ihn sofort zurückhaben will, wenn es zu regnen beginnt.

MARK TWAIN

Bank: Institution, wo man Geld leihen kann gegen den Nachweis, daß man es nicht braucht.

Unbekannt

Beamte

Mit schlechten Gesetzen und guten Beamten läßt sich immer noch regieren. Bei schlechten Beamten aber helfen die besten Gesetze nichts.

OTTO VON BISMARCK

Es gibt zweierlei Beamte: Die einen sind kurz angebunden. Und die anderen haben eine lange Leitung.

WERNER MITSCH

Wer sagt, daß ein Beamter kein Beschäftigungsrisiko hat? Jeden Augenblick kann die Tür aufgehen und ein Antragsteller hereinkommen.

HELMAR NAHR

Finanzbeamte sind die einzigen Menschen, die stets eine zu hohe Meinung von uns haben.

HELMAR NAHR

Drei Arten von Menschen soll man nicht herausfordern: Beamte, Kunden und Witwen.

AMERIKANISCHES SPRICHWORT

Bedürfnisse

Die Menschheit ist bedingt durch Bedürfnisse. Sind diese nicht befriedigt, so erweist sie sich ungeduldig; sind sie befriedigt, so erscheint sie gleichgültig.

JOHANN WOLFGANG VON GOETHE

Je weniger Bedürfnisse, desto glücklicher, ist eine alte, aber sehr verkannte Wahrheit.

GEORG CHRISTOPH LICHTENBERG

Im Widerstreit der Geltungsansprüche liegen die Schwierigkeiten des menschlichen Miteinanderseins.

HANS ALBRECHT MOSER

Das Bedürfnis gilt als die Ursache der Entstehung: In Wahrheit ist es oft nur die Wirkung des Entstandenen.

FRIEDRICH WILHELM NIETZSCHE

Wer wenig bedarf, kommt nicht in die Lage, auf vieles verzichten zu müssen.

PLUTARCH

Der Mensch hat viele Bedürfnisse, das Geltungsbedürfnis steht obenan.

LOTHAR SCHMIDT

Die natürlichen Bedürfnisse haben ihre Grenzen; die aus einem Wahn entsprungenen finden kein Ende.

SENECA

Begeisterung

Begeisterung: eine in der Jugend auftretende Unruhe, die durch geringe Dosen Reue in Verbindung mit äußerlich angewandter Erfahrung heilbar ist.

AMBROSE BIERCE

Die Begeisterung ist das tägliche Brot der Jugend. Die Skepsis ist der tägliche Wein des Alters.

PEARL S. BUCK

Begeisterung spricht nicht immer für den, der sie erweckt, und immer für den, der sie empfindet.

MARIE VON EBNER-ESCHENBACH

Nichts Großes wurde jemals ohne Begeisterung vollbracht. Der Weg des Lebens ist wunderbar. Er beruht auf völliger Hingabe. In großen Augenblicken der Geschichte macht die Kraft der Ideen das Vollbringen leicht, ähnlich wie wir es bei den Schöpfungen des Genius und der Religion sehen.

RALPH WALDO EMERSON

Feder und Papier entzünden mehr Feuer als alle Streichhölzer der Welt.

MALCOLM S. FORBES

Begeisterung ist keine Heringsware, die man einpökelt auf einige Jahre.

JOHANN WOLFGANG VON GOETHE

Begeisterung flößt der menschlichen Seele die Kraft ein, ihre schönsten Anstrengungen zu machen.

SAMUEL SMILES

Begeisterung ist jene Laune des Geistes, bei der die Vorstellungskraft den besseren Teil des Urteils ausmacht.

WILLIAM WARBURTON

Begriff

Begriff ist Summe, Idee Resultat der Erfahrung; jene zu ziehen, wird Verstand, diese zu erfassen, Vernunft erfordern.

JOHANN WOLFGANG VON GOETHE

Wer klare Begriffe hat, kann befehlen.

JOHANN WOLFGANG VON GOETHE

Die Begriffe der Menschen von den Dingen sind meistens nur ihre Urteile über die Dinge.

CHRISTIAN FRIEDRICH HEBBEL

Der Begriff ist die Wahrheit der Substanz.

GEORG WILHELM FRIEDRICH HEGEL

Kompetenz in Sachen Wirtschaft

ist für unser Verlagshaus die Basis und das Maß. Die Wissensvermittlung durch populäre Ratgeber, Management Sachbücher, hochwertige Fachtitel sowie Seminare und Konferenzen ist unsere Aufgabe und Herausforderung.

Gerne informieren wir Sie regelmäßig über unser aktuelles Buchprogramm. Bitte kreuzen Sie Ihre Interessensgebiete an und senden Sie diese Karte an uns zurück.

Diese Karte entnahm ich dem Buch _____

☐ Management und Unternehmensberatung   ☐ Recht

☐ Marketing, Werbung, Verkauf   ☐ Karriere

☐ Rechnungswesen, Finanzen, Steuern   ☐ Neue Medien

☐ Arbeitstechniken

☐ Geld, Börse

☐ Personal

UEBERREUTER
WIRTSCHAFT
www.ueberreuter.de

Bitte schicken Sie Ihre Informationen an meine Adresse:

Firma

Name

Abteilung/Position

Straße

Land / PLZ, Ort

Telefon / Telefax

e-mail

Ja, ich möchte Ihre Informationen auch per ☐ e-mail / per ☐ Fax erhalten.

Postkarte

e-mail

An den
**WIRTSCHAFTSVERLAG
CARL UEBERREUTER**
z. H. Frau Melanie Michelbrink

Lurgiallee 6 - 8
D-60439 Frankfurt

Tel: 069 / 580905 – 12
Fax: 069 / 580905 – 10
e-mail: michelbrink@ueberreuter.de

Gedanken ohne Inhalt sind leer, Anschauungen ohne Begriffe sind blind.

IMMANUEL KANT

Wenn die Begriffe sich verwirren, ist die Welt in Unordnung.

KONFUZIUS

Begriffe sind Tastversuche des Geistes.

OTTO MICHEL

Begriffe sind Inseln im Meer des Ungesagten.

HELMAR NAHR

Komplizierte Begriffe verwenden heißt, das Denken den Worten überlassen.

HELMAR NAHR

Begriffe sind Bildzeichen für oft wiederkehrende Empfindungen.

FRIEDRICH WILHELM NIETZSCHE

Ein Begriff entsteht, indem eine produktive Kraft Reize gestaltet.

FRIEDRICH WILHELM NIETZSCHE

Das Leben kennt nur fließende Übergänge, aber der Begriff zieht quer durch solche Übergänge scharfe Grenzen. Wo das Leben nur ein ‚mehr oder minder‘ zeigt, verlangt der Begriff eine Entscheidung: ‚entweder – oder‘.

GUSTAV RADBRUCH

Der schönste Kunstgriff des menschlichen Geistes, die Erfindung von Begriffen, ist die Quelle fast all seiner Irrtümer.

ANTOINE DE RIVAROL

Der Begriff dient dazu zu bestimmen, welches das Element ist, das sich wiederholt und das ich daher wiederfinden werde.

ANTOINE DE SAINT-EXUPÉRY

Beharrlichkeit

Jedem redlichen Bemühn sei Beharrlichkeit verliehn.

JOHANN WOLFGANG VON GOETHE

Der Langsamste, der sein Ziel nicht aus den Augen verliert, geht immer noch geschwinder als der ohne Ziel umherirrt.

GOTTHOLD EPHRAIM LESSING

Nur Beharrung führt zum Ziel, nur die Fülle führt zur Klarheit, und im Abgrund wohnt die Wahrheit.

FRIEDRICH VON SCHILLER

Beharrlichkeit überwindet alles.

SPRICHWORT

Besäße der Mensch die Beharrlichkeit, so wäre ihm fast nichts unmöglich.

CHINESISCHES SPRICHWORT

Behauptung

Eine Behauptung ist stärker als ein Argument, wenigstens bei der Mehrheit der Menschen: Denn das Argument weckt Mißtrauen. Deshalb suchen die Volksredner die Argumente ihrer Parteien durch Behauptungen zu sichern.

FRIEDRICH WILHELM NIETZSCHE

Behaupten ist sicherer als beweisen.

FRIEDRICH WILHELM NIETZSCHE

Behauptung ist nicht Beweis.

WILLIAM SHAKESPEARE

Eine kühne Behauptung ist der Hecht im Karpfenteich unserer trägen Gedanken und Meinungen.

CHARLES TSCHOPP

Behörde

Willst du Butter von den Behörden, so schicke Milch auf den Dienstweg.

GRAFFITO

Die Vollbeschäftigung bei Behörden ist immer garantiert, denn Beamte schaffen sich gegenseitig so viel Arbeit, daß sie ständig genug zu tun haben.

CYRIL NORTHCOTE PARKINSON

Beifall

Beifall: das Echo auf eine Platitüde.

AMBROSE BIERCE

Der Beifall ist der Ansporn vornehmer Geister, das Ende und Ziel der kleinen.

CHARLES CALEB COLTON

Niemanden stört eine Unterbrechung, wenn es Beifall ist.

KIN HUBBARD

Im Beifall ist immer eine Art Lärm: selbst in dem Beifall, den wir uns selber zollen.

FRIEDRICH WILHELM NIETZSCHE

Ein Mächtiger, der mit dem Schwächeren spricht, verlangt nur Beifall, Wahrheit nicht.

KARL WILHELM RAMLER

Wenige Dinge auf Erden sind lästiger als die stumme Mahnung, die von einem guten Beispiel ausgeht.

MARK TWAIN

Beispiel

Beispiel nützt zehnmal mehr als Vorschrift.

JAMES FOX

Ein edles Beispiel macht die schweren Taten leicht.

JOHANN WOLFGANG VON GOETHE

Die starke Wirkung des Beispiels beruht auf dem Mangel an eigenem Urteil und dem Nachahmungstrieb.

ARTHUR SCHOPENHAUER

Das gute Beispiel ist nicht eine Möglichkeit, andere Menschen zu beeinflussen, es ist die einzige.

ALBERT SCHWEITZER

Das Beispiel ist einer der erfolgreichsten Lehrer, obgleich es wortlos lehrt.

SAMUEL SMILES

Benehmen

Das Benehmen eines Menschen sollte wie seine Kleidung sein, nicht steif und peinlich akkurat, sondern frei genug, um sich zu bewegen und sich zu bestätigen.

FRANCIS BACON

Das steht jedem am besten, was ihm am natürlichsten ist.

MARCUS TULLIUS CICERO

Gute Erziehung besteht darin, daß man verbirgt, wieviel man von sich selber hält und wie wenig von den anderen.

JEAN COCTEAU

Gute Manieren bestehen aus lauter kleinen Opfern.

RALPH WALDO EMERSON

Ein schönes Benehmen ist der Schmuck des Lebens, und jeder angenehme Ausdruck hilft wundervoll von der Stelle.

BALTHASAR GRACIÁN Y MORALES

Wer im Verkehr mit Menschen die Manieren einhält, lebt von seinen Zinsen; wer sich über sie hinwegsetzt, greift sein Kapital an.

HUGO VON HOFMANNSTHAL

Ein gutes Benehmen ist wie ein vollendeter Faltenwurf.

JAPANISCHES SPRICHWORT

Gutes Benehmen ist die Kunst, den Menschen unseren Umgang angenehm zu machen.

JONATHAN SWIFT

Beobachten

Der beste Beobachter und der tiefste Denker ist immer der mildeste Richter.

HENRY THOMAS BUCKLE

Wer zusieht, sieht mehr als wer mitspielt.

WILHELM BUSCH

Leben heißt beobachten.

PLINIUS DER ÄLTERE

Beobachten und lachen sind die wichtigsten Tätigkeiten, die man ausüben kann. Das eine ergibt sich aus dem anderen.

JACQUES TATI

Berater

Die guten Freunde sind da, um uns zu sagen, was unsere Feinde von uns denken.

MARIE VON EBNER-ESCHENBACH

Aufsichtsrat: ein Rat, der in guten Zeiten nutzlos und in schlechten Zeiten hilflos ist.

CARL FÜRSTENBERG

Ein Berater, das ist einer, der dir die Uhrzeit sagt, nachdem er dir die Uhr weggenommen hat.

DAVID OWEN

Guter Rat ist wie Schnee: je leiser er fällt, desto länger bleibt er liegen.

UNBEKANNT

Ich höre immer auf meine Berater. Stimmt deren Meinung mit meiner überein, wird ihre Ansicht verwirklicht, ansonsten meine.

UNBEKANNT

Beredsamkeit

Beredsamkeit: Logik in Flammen.

LYMAN BEECHER

Beredsamkeit: eine Verschwörung zwischen Rede und Tat mit der Absicht, den Verstand zu übertölpeln.

AMBROSE BIERCE

Beredsamkeit ist die Poesie der Prosa.

WILLIAM CULLEN BRYANT

Der Vortrag ist gewissermaßen die Beredsamkeit des Körpers.

MARCUS TULLIUS CICERO

Beredsamkeit ist wohlgekleidete Vernunft und Argumente in richtiger Ordnung.

JEREMY COLLIER

Beredsamkeit ist die Fähigkeit, Wahrheit in eine Sprache übersetzen zu können, die dem völlig verständlich ist, der dir zuhört.

RALPH WALDO EMERSON

Beredsamkeit: Gedanken, die atmen, und Worte, die brennen.

THOMAS GRAY

Beredsamkeit: die Kunst, ein Geschäft des Verstandes als ein freies Spiel der Einbildungskraft zu betreiben.

IMMANUEL KANT

Die Beredsamkeit liegt weniger im Tone der Stimme, in Augen und Mienen einer Person, als in der Wahl der Worte.

LA ROCHEFOUCAULD

Meister der Beredsamkeit ist der, der alles Nötige sagt und nur dies.

LA ROCHEFOUCAULD

Rhetorik ist ein Appell an das Gefühl in der Maske sachlicher Information.

HELMAR NAHR

Die Rhetorik sagt: Höre, aber denke nicht, sondern empfinde.

HELMAR NAHR

Beredsamkeit ist die Kunst, so von den Dingen zu sprechen, daß jederman gerne zuhört.

BLAISE PASCAL

Improvisation ist das Herzstück jeder Rede. Wir schätzen den Redner am meisten, der weder auf Improvisation verzichtet, noch sich auf sie völlig verläßt.

LOTHAR SCHMIDT

Gutes Improvisieren kommt nicht ohne lange Vorbereitung aus.

LOTHAR SCHMIDT

Improvisation – das ist, wenn keiner die Vorbereitung merkt.

HENRI TISOT

Beruf

Der Beruf ist eine Schutzwehr, hinter welche man sich, wenn Bedenken und Sorgen allgemeiner Art einen anfallen, erlaubterweise zurückziehen kann.

FRIEDRICH WILHELM NIETZSCHE

Ein Beruf ist das Rückgrat des Lebens.

FRIEDRICH WILHELM NIETZSCHE

Das Wichtigste im Leben ist die Wahl des Berufes. Der Zufall entscheidet darüber.

BLAISE PASCAL

Nur wer das Zeug zu etwas hat, dem kann man daran flicken.

RUPERT SCHÜTZBACH

Berufsverständnis: Ich bin ein Zöllner. Ich kenne meine Grenzen.

RUPERT SCHÜTZBACH

Alle Berufe sind Verschwörungen gegen die Laien.

GEORGE BERNARD SHAW

Fast jeder Beruf ist mehr als Beruf: eine leichte Krankheit, ja Verrücktheit der Seele.

CHARLES TSCHOPP

Berühmtheit

Eine Berühmtheit ist ein Mensch, der sein ganzes Leben hindurch schwer gearbeitet hat, um bekannt zu werden, und der eine dunkle Brille trägt, damit ihn niemand erkennt.

FREDERICK LEWIS ALLEN

Berühmtheit ist der Vorzug, denen bekannt zu sein, die einen nicht kennen.

NICOLAS CHAMFORT

Die Berühmtheit ist ein hundertfach gedruckter Name.

PAUL LAFFITTE

Berühmtheit: jemand, der sich freut, daß ihn viele kennen, die er nicht kennenzulernen braucht.

HENRY LOUIS MENCKEN

Bescheidenheit

Bescheidenheit ist der Anfang aller Vernunft.

LUDWIG ANZENGRUBER

Bescheidenheit kann schwerlich als Tugend bezeichnet werden. Sie ist mehr ein Gefühl als eine Neigung. Sie ist eine Art Furcht, dem üblen Ruf zu verfallen.

ARISTOTELES

Bescheidenheit ist das Gewissen des Körpers.

HONORÉ DE BALZAC

Bescheidenheit ist der einzige sichere Köder, wenn du nach Lob angelst.

LORD PHILIP DORMER CHESTERFIELD

Selbst der bescheidenste Mensch hält mehr von sich als sein bester Freund von ihm hält.

MARIE VON EBNER-ESCHENBACH

Bescheidenheit ist die zarte Kunst, deinen Charme zu erhöhen, indem du vorgibst, seiner nicht gewahr zu sein.

OLIVER HERFORD

Man hat aus der Bescheidenheit eine Tugend gemacht, um den Ehrgeiz großer Männer einzuschränken und um die Mittelmäßigkeit über ihr geringes Glück und ihr geringes Verdienst zu trösten.

LA ROCHEFOUCAULD

Die Bescheidenheit müßte die Tugend derer sein, denen die anderen fehlen.

GEORG CHRISTOPH LICHTENBERG

Bescheidenheit ist weniger Unterschätzung unserer selbst als Hochschätzung anderer. Der Bescheidene ist der Ehrfürchtige.

HANS MARGOLIUS

Unhöflichkeit ist häufig das Merkmal einer ungeschickten Bescheidenheit.

FRIEDRICH WILHELM NIETZSCHE

Es gibt immer Leute, in deren Gegenwart es nicht ratsam ist, zu bescheiden zu sein; sie nehmen dich allzugern beim Wort.

LOUIS PASTEUR

Gegen Bescheidenheit läßt sich nicht viel einwenden, denn: Echte Bescheidenheit ist letztlich nichts als Einsicht und falsche Bescheidenheit ist die annehmbarste Form der Eitelkeit.

LOTHAR SCHMIDT

Besitz

Es ist nicht üblich, das zu lieben, was man besitzt.

ANATOLE FRANCE

In der aufs Haben orientierten Existenz ist die Beziehung zur Welt die des Besitzergreifens und des Besitzes, eine Beziehung, in der ich jedermann und alles, mich selbst eingeschlossen, zu meinem Besitz machen will.

ERICH FROMM

Man soll weder annehmen, noch besitzen, was man nicht wirklich zum Leben braucht.

MAHATMA GANDHI

Besitz ist notwendig. Aber es ist nicht notwendig, daß er immer in denselben Händen bleibt.

RÉMY DE GOURMONT

Der Besitz ist das Subsumiertsein einer Sache unter meinen Willen.

GEORG WILHELM FRIEDRICH HEGEL

Reich ist man nicht durch das, was man besitzt, sondern durch das, was man mit Würde zu entbehren weiß, und es könnte sein, daß die Menschheit reicher würde, indem sie ärmer wird, und gewinnt, indem sie verliert.

IMMANUEL KANT

Besitz: Art von Eigentum, das bei der Anhäufung aus Besitzenden häufig Besessene macht.

RON KRITZFELD

Besitz: Verwandelt Abhängigkeit von Menschen in Abhängigkeit von Sachen.

RON KRITZFELD

Es gibt keinen Besitz, der Nachlässigkeit vertrüge.

THOMAS MANN

Besitz verleiht Macht. Macht verpflichtet zur Vorbildlichkeit. Wenn der Mächtige dieser Verpflichtung nicht mehr genügt, greift die Masse nach seinem Besitz.

HANS ALBRECHT MOSER

Der Besitz besitzt, er macht die Menschen kaum unabhängiger.

FRIEDRICH WILHELM NIETZSCHE

Der Mensch glaubt, daß sein Glück um so vollkommener ist, je mehr er besitzt.

ANTON HANSEN TAMMASAARE

Betrug

Betrug ist die Huldigung, welche die Gewalt der Vernunft darbringt.

GEORGE WILLIAM CURTIS

Der Betrug ist sozusagen die Seele des gesellschaftlichen Lebens und der Kunst, ohne die in Wahrheit keine Kunst und kein Talent, wenn man die Menschen im Auge hat, vollkommen ist.

COMTE GIACOMO LEOPARDI

Es ist unendlich schöner, sich zehnmal betrügen zu lassen, als den Glauben an die Menschheit zu verlieren.

JOHANN HEINRICH ZSCHOKKE

Beweise

Beweis: eine Aussage, die einen Grad glaubwürdiger ist als die Unwahrscheinlichkeit.

AMBROSE BIERCE

Man tut besser, daß man sich grad ausspricht, ohne viel beweisen zu wollen; alle Beweise, die wir vorbringen, sind doch nur Variationen unserer Meinung.

JOHANN WOLFGANG VON GOETHE

Es ist unglaublich, wieviel Geist in der Welt aufgeboten wird, um Dummheiten zu beweisen.

CHRISTIAN FRIEDRICH HEBBEL

Beweisen heißt überhaupt nichts, als des Zusammenhangs und damit der Notwendigkeit bewußt zu werden.

GEORG WILHELM FRIEDRICH HEGEL

Oft beweisen diese Herren durch ihre Beweise nichts als daß sie das Beweisen hätten bleiben lassen.

GOTTHOLD EPHRAIM LESSING

Beweise? Gereimte Behauptungen!

HANS LOHBERGER

Es ist nicht genug, eine Sache zu beweisen, man muß die Menschen zu ihr auch noch verführen.

FRIEDRICH WILHELM NIETZSCHE

Der Beweis ist der einzige Weg, um anderen Wahrheiten begreiflich zu machen, welche sie unmittelbar nicht einsehen können.

ARTHUR SCHOPENHAUER

Bewunderung

Bewunderung: eine sehr kurzlebige Leidenschaft, die sofort verfällt, sobald man mit ihrem Gegenstand näher bekannt wird.

JOSEPH ADDISON

Bewunderung: die höfliche Beachtung des anderen Menschen, der Ähnlichkeit mit dir hat.

AMBROSE BIERCE

Bewunderung: eine jugendliche Laune, die kaum jemals bis zu reiferen Jahren anhält.

JOSH BILLINGS

Bewunderung ist die Tochter der Unkenntnis.

BENJAMIN FRANKLIN

Bewunderung: eine Verwunderung, die beim Verlust der Neugier nicht aufhört.

IMMANUEL KANT

Wir mögen immer die, die uns bewundern, aber nicht immer die, die wir bewundern.

LA ROCHEFOUCAULD

Wenn man einen Riesen sieht, so untersuche man erst den Stand der Sonne und gebe acht, ob es nicht der Schatten eines Pygmäen ist.

NOVALIS

Bewußtsein

Alles, was die Menschen in Bewegung setzt, muß durch ihren Kopf hindurch; aber welche Gestalt es in diesem Kopf annimmt, hängt sehr von den Umständen ab.

FRIEDRICH ENGELS

Im letzten ist man immer nur auf sich und das eigene Bewußtsein angewiesen, und was andere versäumen, müssen wir für uns selber tun.

THEODOR FONTANE

Das Bewußtsein ist ein Wissen um unsere Vorstellungen.

IMMANUEL KANT

Zum Bewußtsein kommen heißt: ein Gewissen bekommen, heißt wissen, was gut und böse ist.

THOMAS MANN

Nicht das Bewußtsein bestimmt das Leben, sondern das Leben bestimmt das Bewußtsein.

KARL MARX

Unser Bewußtsein steht an der Grenze zwischen Vergangenheit und Zukunft: der Vergangenheit, über die wir zuverlässige Aussagen machen, die wir aber nicht mehr verändern können. Der Zukunft, über die wir keine zuverlässigen Aussagen machen, die wir aber noch gestalten können.

KARL WILHELM STEINBUCH

Eine Änderung des Bewußtseins verändert unbewußt auch das Sein.

GERHARD UHLENBRUCK

Beziehungen

Unsere Beziehungen sind bedingt durch die Rollen, in denen wir uns wollen.

HANS ALBRECHT MOSER

Gute Beziehungen schaden nur dem, der sie nicht hat.

LOTHAR SCHMIDT

Beziehungen beziehen sich nur selten auf Verdienste.

RUPERT SCHÜTZBACH

Zwischenmenschliche Beziehungen sind ‚mit Abstand' die besten.

GERHARD UHLENBRUCK

An den Nahtstellen abhängiger Beziehungen wird immer gestichelt.

GERHARD UHLENBRUCK

Bilanz

Die Bilanz im Rechtssinne ist keine Kostenrechnung.

BUNDESFINANZHOF, Urteil vom 17. Juli 1974 (I R 195/72 BStBl. II S. 684)

Bilanzieren: Legt Nachdruck auf zieren.

RON KRITZFELD

Die gefährlichsten Wahrheiten sind Wahrheiten, mäßig entstellt.

GEORG CHRISTOPH LICHTENBERG

Die Konten reden, die Bilanzen schweigen.

HELMAR NAHR

Die Bilanz ist das Jahreszeugnis des Managers.

HELMAR NAHR

Lieber zweimal Dividende erhalten als einmal die Bilanz sehen.

UNBEKANNT

Bilanzpoesie: Die ordentlichen Positionen haben sich recht ordentlich entwickelt, die außerordentlichen sogar außerordentlich.

UNBEKANNT

Bildung

Der Gebildete hat ein bewaffnetes Auge.

BERTHOLD AUERBACH

Bildung: das, was den eigenen Mangel an Intelligenz dem Weisen offenbart und dem Toren verbirgt.

AMBROSE BIERCE

Bildung ist die Fähigkeit, fast alles anhören zu können, ohne die Ruhe zu verlieren oder das Selbstvertrauen.

ROBERT LEE FROST

Sich mitzuteilen ist Natur; Mitgeteiltes aufzunehmen, wie es gegeben wird, ist Bildung.

JOHANN WOLFGANG VON GOETHE

Bildung ist das, was übrigbleibt, wenn wir vergessen, was wir gelernt haben.

LORD GEORGE SAVILE HALIFAX

Alle Bildung reduziert sich auf den Unterschied von Kategorien.

GEORG WILHELM FRIEDRICH HEGEL

Bildung ist das, was die meisten empfangen, viele weitergeben und wenige haben.

KARL KRAUS

Ich lese nichts lieber als Bücher von einigen Seiten. Sprachkürze gibt Denkweite.

JEAN PAUL

Bildung ist die Fähigkeit, Wesentliches von Unwesentlichem zu unterscheiden und jenes ernst zu nehmen.

PAUL ANTON DE LAGARDE

Bildung ist ein unentreißbarer Besitz.

MENANDER

Als gebildet wurden mir immer Leute vorgestellt, die Latein

oder Griechisch konnten, in die Oper gingen und Jahreszahlen wußten. Die Vorgänge in einem Kippschalter waren ihnen allerdings ein Mysterium.

HELMAR NAHR

Bildung ist nicht durch reine Erkenntnis, sondern durch Macht des Persönlichen übertragbar.

FRIEDRICH WILHELM NIETZSCHE

Gebildet sein heißt nun: sich nicht merken lassen, wie elend und schlecht man ist, wie raubtierhaft im Streben, wie eigensüchtig und wie schamlos im Genießen.

FRIEDRICH WILHELM NIETZSCHE

Bildungshunger und Wissensdurst sind keine Dickmacher.

LOTHAR SCHMIDT

Wer gebildet ist, der weiß, wo er findet, was er nicht weiß.

GEORG SIMMEL

Börse

Geben Sie mir eine gute Regierung, und wir haben eine gesunde Börse.

HERMANN JOSEF ABS

Börse: Thermometer der öffentlichen Meinung.

GUSTAVE FLAUBERT

Die Börse hat einen empfindlichen Magen, der verdorbenes Zeug sofort ausspuckt.

JOHN KENNETH GALBRAITH

Nichts ist so unheilvoll wie eine rationale Investment-Politik in einer irrationalen Welt.

JOHN MAYNARD KEYNES

Die ganze Börse hängt nur davon ab, ob es mehr Aktien gibt als Idioten oder mehr Idioten als Aktien.

ANDRÉ KOSTOLANY

Wer viel Geld hat, kann spekulieren. Wer wenig Geld hat, darf nicht spekulieren. Wer kein Geld hat, muß spekulieren.

ANDRÉ KOSTOLANY

Die Börsenspekulation ist eine permanente Improvisation.

ANDRÉ KOSTOLANY

Wer gut essen will, kauft Aktien; wer gut schlafen will, kauft Anleihen.

ANDRÉ KOSTOLANY

Gewinnen kann man, verlieren kann man, aber zurückgewinnen: unmöglich.

ANDRÉ KOSTOLANY

Der Börsenspieler ist der Taktiker, der Börsenspekulant ein Stratege. Wenn einer sich auf das Gebiet des anderen begibt, wird er auf beiden erfolglos bleiben.

ANDRÉ KOSTOLANY

Die einzigen Zeugen für die Erfolge des Börsenspekulanten sind seine Erben.

ANDRÉ KOSTOLANY

Chartlesen ist eine Wissenschaft, die vergebens sucht, was Wissen schafft.

ANDRÉ KOSTOLANY

Wie es Moltke für den Krieg sagte, so braucht man für die Börse die vier Gs: Geld, Gedanken, Geduld und Glück.

ANDRÉ KOSTOLANY

Ihr Geld ist nicht weg, mein Freund, es hat nur ein anderer.

JAMES MAYER ROTHSCHILD

In die Börse muß man gehen wie in ein kaltes Brausebad: schnell hinein und schnell wieder heraus.

SALOMON ROTHSCHILD

Die Börse ist ein Monte Carlo ohne Musik.

GEORG VON SIEMENS

Stoßseufzer eines leidgeprüften Börsianers: Was ich nicht verkaufen kann, sehe ich als Investment an.

UNBEKANNT

Eine Hausse wird geboren im Pessimismus. Sie wächst in der Skepsis. Sie altert im Optimismus und sie stirbt in der Euphorie.

UNBEKANNT

Bruttosozialprodukt

Das Bruttosozialprodukt ist der neue Tempel. Darin steht das Goldene Kalb, genannt Wirtschaftswachstum.

HELMAR NAHR

Der Mensch lebt nicht nur vom Bruttosozialprodukt allein.

PAUL A. SAMUELSON

Das Bruttosozialprodukt ist unser Heiliger Gral.

STEWART UDALL

Bücher

Ein Register ohne Buch hat mir manchmal genützt, ein Buch ohne Register nie.

THOMAS CARLYLE

„Bücher sind Brillen, durch die die Welt betrachtet wird" (Ludwig Feuerbach); die Weitsichtigen lernen, in die Nähe zu sehen, und die Kurzsichtigen lernen, weiter zu blicken.

ERNST R. HAUSCHKA

Der wahre Zweck eines Buches ist, den Geist hinterrücks zum eigenen Denken zu verleiten.

CHRISTOPHER DARLINGTON
MORLEY

Es wäre gut, Bücher zu kaufen, wenn man die Zeit, sie zu lesen, mitkaufen könnte, aber man verwechselt meistens den Ankauf der Bücher mit dem Aneignen ihres Inhalts.

ARTHUR SCHOPENHAUER

Nicht nur viele Menschen, auch viele Bücher leiden an Übergewicht.

RUPERT SCHÜTZBACH

Ein Buch ist ein Garten, den man in der Tasche trägt.

AFRIKANISCHES SPRICHWORT

Bürger

Der Bürger ist seinem Wesen nach ein Geldverdiener.

GEORGE DAWSON

Der Bürger ist mündig geworden. Die Marionette darf ihre Fädenzieher selbst bestimmen.

WERNER MITSCH

Bürgerinitiativen sind die Marktlücken der parlamentarischen Demokratie.

HELMAR NAHR

Mündig heißt man den Bürger, den auch große Worte nicht kleinkriegen.

LOTHAR SCHMIDT

Bürokratie

Eine Million Steuerzahler verhalten sich vernünftiger als eine öffentliche Hand.

HERMANN JOSEF ABS

Die Aktennotiz ist die Waffe des kleinen Mannes.

KONRAD ADENAUER

Die Behörde ist ein gigantischer Mechanismus, der von Zwergen bedient wird.

HONORÉ DE BALZAC

Die Bürokratie ist es, an der wir überall kranken.

OTTO VON BISMARCK

Wir brauchen Bürokratien, um unsere Probleme zu lösen. Aber wenn wir sie erst haben, hindern sie uns, das zu tun, wofür wir sie brauchen.

RALF DAHRENDORF

Das ständige Wachstum der Bürokratie führt schließlich dazu, daß die Arbeitenden nicht mehr von den Produktionsmittelbesitzern, sondern von den Planstellenbesitzern ausgebeutet werden.

HELMAR NAHR

Daß man mit Dienst nach Vorschrift die Urheber der Vorschriften lächerlich machen kann, ist eine herrliche Pointe der Bürokratie.

CYRIL NORTHCOTE PARKINSON

Die Verwaltung hat einen Wasserkopf, der unmittelbar in einen ungeheueren Verdauungsapparat übergeht.

CYRIL NORTHCOTE PARKINSON

Wenn sich die Bürokratie weiter so ausbreitet wie bisher, wird Gott die nächste Sintflut nicht mit Wasser, sondern mit Papier veranstalten.

CYRIL NORTHCOTE PARKINSON

C

Chancen

Geringfügige Chancen sind schon oft der Beginn großer Unternehmungen geworden.

DEMOSTHENES

Mißerfolg ist die Chance, es beim nächsten Mal besser zu machen.

HENRY FORD I.

Eine Chance zu sehen, ist keine Kunst. Die Kunst ist, eine Chance als erster zu sehen.

BENJAMIN FRANKLIN

Man muß die Dinge nehmen, wie sie kommen; aber man sollte sie so kommen lassen, wie man sie nehmen möchte.

CURT GOETZ

Wohin wir auch blicken auf dieser Welt, überall entwickeln sich die Chancen aus den Problemen.

NELSON ROCKEFELLER

Die Chance klopft öfter an, als man meint, aber meistens ist niemand zu Hause.

WILL ROGERS

Sei dankbar der Chance, die dir die Tür öffnet, und den Freunden, die die Scharniere schmieden.

LOTHAR SCHMIDT

Charakter

Man erreicht nichts mit seiner Intelligenz, wenig mit seinem Geist, alles mit seinem Charakter.

NICOLAS CHAMFORT

Wir werden vom Schicksal hart oder weichgeklopft; es kommt auf das Material an.

MARIE VON EBNER-ESCHENBACH

Es bildet ein Talent sich in der Stille, sich ein Charakter in dem Strom der Welt.

JOHANN WOLFGANG VON GOETHE

Ein Talent können wir nach einer einzigen Manifestation erkennen, für die Anerkennung des Charakters bedürfen wir aber eines langen Zeitraumes und beständiger Öffentlichkeit.

HEINRICH HEINE

Der Charakter eines Menschen ist der Quellgrund seines Schicksals. Jeder gestaltet durch seine Wesensart, seine Denk- und Tatrichtung sein Glück oder Unglück.

HERAKLIT

Charakter: die Summe der Tendenzen, in einer bestimmten Weise zu handeln.

THOMAS HENRY HUXLEY

Der Charakter ist ein Fels, an welchem gestrandete Schiffe landen und anstürmende scheitern.

IMMANUEL KANT

Charakter nennt man die Gebundenheit der Ansichten, durch Gewöhnung zum Instinkt geworden.

FRIEDRICH WILHELM NIETZSCHE

Ein Charakter ist ein vollständig gebildeter Wille.

NOVALIS

Zwischen Gelingen und Mißlingen, in Streit, Anstrengung und Sieg bildet sich der Charakter.

LEOPOLD VON RANKE

Politik verdirbt den Charakter nicht, doch sie stellt ihn auf die Probe.

LOTHAR SCHMIDT

Der Charakter zeigt sich im Verhalten eines Menschen jenen gegenüber, die ihm nichts nützen.

LOTHAR SCHMIDT

Charakter zeigen kann nur jemand, der einen hat.

RUPERT SCHÜTZBACH

Am besten erkennt man den Charakter eines Menschen bei Geldangelegenheiten, beim Trinken und beim Zorn.

TALMUD

Charme

Charme ist das, was in anderen ist und das uns zufriedener macht mit uns selbst.

HENRI-FRÉDÉRIC AMIEL

Charme ist die Art, wie ein Mensch ‚ja‘ sagt, ohne daß ihm eine direkte Frage gestellt worden ist.

ALBERT CAMUS

Charme ist eine besondere Qualität, die jeder Beschreibung trotzt.

ALFRED LUNT

Charme ist Charakter, der sich von seiner schönsten Seite zeigt.

LOTHAR SCHMIDT

Chef

In der höchsten Stellung gibt es das geringste Maß an Handlungsfreiheit.

GAIUS VALERIUS CATULL

Wo Chef und Stellvertreter immer die gleichen Ansichten vertreten, ist einer von ihnen überflüssig.

SIR WINSTON CHURCHILL

Stehe an der Spitze, um zu dienen, nicht, um zu herrschen!

BERNHARD VON CLAIRVAUX

McNamara pflegte zu sagen, daß der Chef päpstlicher als der Papst und so sauber wie ein Wolfszahn sein müsse.

LEE IACOCCA

Der ‚Chef‘, das ist nicht der, der etwas tut, sondern der, der das Verlangen weckt, etwas zu tun.

EDGAR PISANI

Computer

Die Unmenschlichkeit des Computers beruht unter anderem darauf, daß er, richtig programmiert und einwandfrei funktionierend, so absolut ehrlich ist.

ISAAC ASIMOV

Wir hatten eine Steinzeit, Bronzezeit, Eisenzeit. Und wenn mich nicht alles täuscht, stehen wir schon mitten drin in der Siliziumzeit.

DOUGLAS R. CROCKETT

Der Computer ist eine logische Maschine; das ist seine Stärke; aber es setzt ihm auch Grenzen.

PETER F. DRUCKER

Einkäufe per Computer werden niemals die Freuden der persönlichen Einkaufens ersetzen können.

JOHN NAISBITT

Der Computer ist die logische Weiterentwicklung des Menschen: Intelligenz ohne Moral.

JOHN JAMES OSBORNE

Sicher können Computer Probleme lösen, Informationen speichern, kombinieren und Spiele spielen – aber es macht ihnen keinen Spaß.

LEO CALVIN ROSTEN

Computer und Buch leben in friedlicher Koexistenz.

LOTHAR SCHMIDT

Manche Errungenschaften beruhen darauf, daß der Mensch auch aus falschen Prämissen richtige Schlußfolgerungen zu ziehen vermag. Der Computer schafft das nicht.

LOTHAR SCHMIDT

D

Dankbarkeit

Ich glaube, die beste Definition des Menschen lautet: undankbarer Zweibeiner.

FJODOR MICHAIJLOWITSCH
DOSTOJEWSKI

Wir sind für nichts so dankbar wie für Dankbarkeit.

MARIE VON EBNER-ESCHENBACH

Dankbare Menschen sind wie fruchtbare Felder; sie geben das Empfangene zehnfach zurück.

AUGUST VON KOTZEBUE

Dankbarkeit ist bei den meisten nichts als ein geheimes Verlangen, noch größere Wohltaten zu empfangen.

LA ROCHEFOUCAULD

Der Dank ist für kleine Seelen eine drückende Last; für edle Herzen ein Bedürfnis.

GEORG CHRISTOPH LICHTENBERG

Dankbarkeit ist das Gedächtnis des Herzens.

JEAN BAPTISTE MASSIEU

Dankbarkeit ist eine Pflicht, die erfüllt werden sollte, die aber zu erwarten keiner das Recht hat.

JEAN-JACQUES ROUSSEAU

Warum sagt man eigentlich dankbar? Weil der Mensch gewöhnlich keinen Dank bar ausdrückt.

MORITZ GOTTLIEB SAPHIR

Wir müssen dankbar sein für das, was wir kriegen, und für das, was wir nicht kriegen, obgleich wir es verdienten.

LOTHAR SCHMIDT

Dankbarkeit ist ein wacher Sinn für künftige Gunstbezeugungen.

FOURTH EARL OF OXFORD
HORACE WALPOLE

Definition

Die Definition besteht aus der Gattung und den Unterschieden.

ARISTOTELES

Eine Definition ist das Einfassen der Wildnis einer Idee mit einem Wall von Worten.

SAMUEL BUTLER DER JÜNGERE

Die Definition enthält alles, was zur Wesentlichkeit des Gegenstandes gehört, worin seine Natur auf eine einfache Grundbestimmung zurückgebracht ist als Spiegel für alle Bestimmtheit, die allgemeine Seele alles Besonderen.

GEORG WILHELM FRIEDRICH HEGEL

Definition: ein logisch vollkommener Begriff.

IMMANUEL KANT

Definieren heißt ausschließen und negieren.

JOSÉ ORTEGA Y GASSET

Definitionen sind Antworten auf nicht gestellte Fragen.

LOTHAR SCHMIDT

Definitionen sind Wortgleichungen durch nichtsynonyme Ausdrücke.

LOTHAR SCHMIDT

Menschen, die von Berufs wegen recht behalten müssen, werden sich niemals freiwillig in die Fessel einer Definition begeben:

Politiker und Propheten definieren nicht.

LOTHAR SCHMIDT

Demokratie

Die Demokratie ist der Neid in politischer Funktion.

VILHELM ANDERSEN

Demokratie ist die Verzweiflung darüber, daß es keine Helden gibt, die dich regieren; und Befriedigtsein darüber, daß man sich mit ihrem Fehlen abfinden muß.

THOMAS CARLYLE

Wir stimmen alle darin überein, daß Wesensmerkmale der Demokratie die Machtteilung und der Wettbewerb sind. Dies gilt auch für die Wirtschaft.

KARL CARSTENS

Demokratie ist die Notwendigkeit, sich gelegentlich den Ansichten anderer Leute zu beugen.

SIR WINSTON CHURCHILL

Wo die Freiheit ihre Geschäfte selbst zu führen vermag, wird sie Demokratie.

JOHN RODERIGO DOS PASSOS

Die Demokratie rennt nicht, aber sie kommt sicherer zum Ziel.

JOHANN WOLFGANG VON GOETHE

In der Diktatur fließt Blut – in der Demokratie Geld: da wie dort lautlos, aber nicht erfolglos.

SIGMUND GRAFF

Demokratie ist eine Methode, kein Ideal.

JOHANNES HOHLENBERG

Gefälligkeitsdemokratie: Fürchtet nicht den Zorn der Tüchtigen, sondern den Neid der Faulen.

RON KRITZFELD

Demokratie ist im Grunde die Anerkennung, daß wir, sozial genommen, alle füreinander verantwortlich sind.

HEINRICH MANN

Das eigentliche Kennzeichen der Demokratie besteht heutzutage nicht so sehr in der Volkstümlichkeit des Regierungs-, sondern des Verwaltungssystems; daher muß das wahre Ziel die Demokratisierung der Verwaltung sein.

TOMÁS GARRIQUE MASARYK

Wer heute auf die Demokratie schimpft, dem wird morgen der Marsch geblasen.

WERNER MITSCH

Es steht schlecht um die Demokratie, wenn sich jeder nur Freiheiten herausnimmt.

WERNER MITSCH

Der Ärger mit den Politikern ist, daß ihre Wirkungen weiter reichen als ihre Einsicht. – Der Ärger mit den Intellektuellen ist, daß ihre Einsicht weiter reicht als ihre Wirkungen.

HELMAR NAHR

Demokratie: Herrschaft des Volkes, das den von Minderheiten bestimmten Mehrheitsentscheidungen gehorcht.

LOTHAR SCHMIDT

Demokratie. Der Staat sagt: Das Volk bin ich.

LOTHAR SCHMIDT

Die Schwäche der heutigen Demokratie liegt darin, daß die Politiker mehr auf das achten, was ankommt, als auf das, worauf es ankommt.

LOTHAR SCHMIDT

Die demokratische Methode ist diejenige Ordnung der Institutionen zur Erreichung politischer Entscheidungen, bei welcher einzelne die Entscheidungsbefugnis vermittels eines Konkurrenzkampfes um die Stimmen des Volkes erwerben.

JOSEPH ALOIS SCHUMPETER

Manche verstehen Demokratie als die Diktatur der Mehrheit.

NORBERT STOFFEL

Demokratie ist die wiederholt auftauchende Vermutung, daß mehr als die Hälfte der Leute in mehr als der Hälfte der Fälle recht haben.

ELWYN BROOKS WHITE

Demoskopie

Demoskopische Institute sind Supermärkte in Meinungsartikeln.

VANCE OAKLEY PACKARD

Demoskopie: Fragen, um herauszubekommen, was man in die Frager hineinbekommt, ohne sie fragen zu müssen.

RUDOLF ROLFS

Über dem Bett der Politiker schwebt das Demoskopie-Schwert.

GERHARD UHLENBRUCK

Demut

Demut ist Unverwundbarkeit.

MARIE VON EBNER-ESCHENBACH

Demut ist nur eine erheuchelte Unterwerfung, um sich andere zu unterwerfen; ein Kunstgriff des Stolzes, der sich erniedrigt, um sich zu erheben.

LA ROCHEFOUCAULD

Demut ist Selbsterkenntnis mit Rückversicherung.

HELMAR NAHR

Demut zeigt, wer Demütigungen vermeiden will.

LOTHAR SCHMIDT

Denken

Das Denken für sich allein bewegt nichts, sondern nur das auf einen Zweck gerichtete und praktische Denken.

ARISTOTELES

Denken, das heißt unterscheiden.

CLARENCE SEWARD DARROW

Nur der Denkende erlebt sein Leben, am Gedankenlosen zieht es vorbei.

MARIE VON EBNER-ESCHENBACH

Denken ist die schwerste Arbeit, die es gibt. Das ist wahrscheinlich auch der Grund, daß sich so wenige Leute damit beschäftigen.

HENRY FORD I.

Es liegt eben in der menschlichen Natur, vernünftig zu denken und unlogisch zu handeln.

ANATOLE FRANCE

Handeln ist leicht, Denken schwer, nach dem Gedanken handeln unbequem.

JOHANN WOLFGANG VON GOETHE

Denken ist die Arbeit des Intellekts, Träumen sein Vergnügen.

VICTOR HUGO

Denken ist das, was viele Leute zu tun glauben, wenn sie lediglich ihre Vorurteile neu ordnen.

WILLIAM JAMES

Alles Denken ist nichts anderes als ein Vorstellen durch Merkmale.

IMMANUEL KANT

Denken – das heißt, eingesehen zu haben, daß das Wissen zu Ende geht.

HANS LOHBERGER

Denken heißt, das Naheliegende suchen.

HELMAR NAHR

Das vernünftige Denken ist ein Interpretieren nach einem Schema, welches wir nicht abwerfen können.

FRIEDRICH WILHELM NIETZSCHE

Denken heißt Vergleichen.

WALTHER RATHENAU

Selbst das Denken gleicht dem demokratischen Prozeß. Logische Entscheidungen sind oft nur das Abstimmungsergebnis zwischen Gründen und Gegengründen.

LOTHAR SCHMIDT

Denken ist Widersprechen.

LOTHAR SCHMIDT

Am besten läßt es sich denken, wenn man die Augen schließt – und den Mund hält.

LOTHAR SCHMIDT

Man muß denken wie die wenigsten und reden wie die meisten.

ARTHUR SCHOPENHAUER

Um zu wissen, ob ein Gedanke neu ist, braucht man ihn nur so einfach wie möglich auszudrücken.

VAUVENARGUES

Das naive menschliche Denken geht von der Sache aus, das wissenschaftliche von der Methode.

RICHARD VON WEIZSÄCKER

Ein Sachverhalt ist denkbar, heißt: Wir können uns ein Bild von ihm machen.

LUDWIG WITTGENSTEIN

Denker

Er ist ein Denker: Das heißt, er versteht sich darauf, die Dinge einfacher zu nehmen als sie sind.

FRIEDRICH WILHELM NIETZSCHE

Wir sind ein Volk der Denker, denn wir denken immer daran, was andere wohl von uns denken.

GERHARD UHLENBRUCK

Wie kann ich wissen, was ich denke, bevor ich höre, was ich sage.

GRAHAM WALLAS

Dezentralisation

Während wir uns dezentralisieren, diversifizieren wir uns auch und betonen wieder mehr unsere Individualität.

JOHN NAISBITT

Wir werden unsere Großfirmen in immer kleinere Einheiten unterteilen müssen, in mehr unternehmerische Einheiten.

JOHN NAISBITT

Die Dezentralisation ist ein größerer Initiator für sozialen Wandel, als man es sich auf den ersten Blick träumen läßt.

JOHN NAISBITT

Diplomatie

Internationale Diplomatie kann definiert werden als der Tausch vieler brennender Fragen gegen eine schwelende.

AMBROSE BIERCE

Ein diplomatisches Papier will gekonnt verfaßt sein – nicht so genau, daß die Skepsis die Wahrheit herauslesen kann, aber doch mit so viel Spielraum, daß die Arglosigkeit ihre Wünsche hineinlesen kann.

OTTO VON BISMARCK

Diplomatie besteht darin, den Hund so lange zu streicheln, bis der Maulkorb fertig ist.

FLETCHER KNEBEL

Diplomaten sind Leute, die erklären, wo Rauch ist, sei kein Feuer, sondern eine Menge Menschen mit Friedenspfeifen.

JEANNINE LUCZAK

Politik ist die Transformation sachlicher Forderungen in emotionale Appelle. Der entgegengesetzte Prozeß heißt Diplomatie.

HELMAR NAHR

Diskussion

Diskussion: eine Methode, andere in ihren Irrtümern zu bestärken.

AMBROSE BIERCE

Die Diskussion ist das Sieb der Wahrheit.

STEFANO GUAZZO

Gelassenheit zeigt, wer in der Diskussion nur die Augenbrauen hebt und nicht die Stimme.

LOTHAR SCHMIDT

Dummheit

Dummheit ist unbewußte Unwissenheit.

JOSH BILLINGS

Nicht nur, daß die Dummen nicht aussterben. Es werden auch noch ständig neue geboren.

JEAN-PAUL BLUM

Die größte Dummheit der Menschen besteht darin, daß sie auf eine immer unergiebigere Weise gescheit werden.

FRITZ DIETTRICH

Was nennen die Menschen am liebsten ‚dumm‘? Das Gescheite, das sie nicht verstehen.

MARIE VON EBNER-ESCHENBACH

Der Gescheitere gibt nach! Eine traurige Wahrheit; sie begründet die Weltherrschaft der Dummheit.

MARIE VON EBNER-ESCHENBACH

Zwei Dinge sind unendlich: das Universum und die menschliche Dummheit. Aber bei dem Universum bin ich mir noch nicht ganz sicher.

ALBERT EINSTEIN

Gegen eine Dummheit, die gerade in Mode ist, kommt keine Klugheit auf.

THEODOR FONTANE

Lache nicht über die Dummheit der anderen! Sie ist deine Chance.

HENRY FORD I.

Die Dummen sind das Futter für die Intelligenzbestien: diese würden sich sonst gegenseitig zerreißen.

ERNST R. HAUSCHKA

Dummheit ist nicht: wenig wissen. Auch nicht: wenig wissen wollen. Dummheit ist: glauben, genug zu wissen.

ANITA JOACHIM-DANIEL

Der Mangel an Urteilskraft ist eigentlich das, was man Dummheit nennt, und einem solchen Gebrechen ist gar nicht abzuhelfen.

IMMANUEL KANT

Der Klügere gibt so lange nach, bis er der Dumme ist.

WERNER MITSCH

Das ist der ganze Jammer: Die Dummen sind so sicher und die Gescheiten so voller Zweifel.

BERTRAND RUSSELL

Die Dummheit drängt sich vor, um gesehen zu werden; die Klugheit steht zurück, um zu sehen.

CARMEN SYLVA

Die Dummen haben das Pulver nicht erfunden, aber sie schießen damit.

GERHARD UHLENBRUCK

E

Egoismus

Egoismus ist das verabscheuungswürdige Laster, das keiner bei anderen vergeben will und ohne das er selbst nicht sein kann.

HENRY WARD BEECHER

Selbstsüchtig: ohne Rücksicht auf die Selbstsucht anderer.

AMBROSE BIERCE

Es gibt flache Egoisten und tiefe Egoisten. Die letzteren nennt man Altruisten.

EGON FRIEDELL

Der Egoismus besteht darin, sein Glück auf Kosten anderer zu machen.

JEAN-BAPTISTE HENRI LACORDAIRE

Der Egoismus spricht alle Sprachen und spielt alle Rollen, sogar die der Selbstlosigkeit.

LA ROCHEFOUCAULD

Egoismus: Schmerzlinderungsmittel gegen Dummheit.

FRANK LEAHY

Ein Egoist ist jemand, der von anderen zu nichts zu gebrauchen ist.

ROBERT MUTHMANN

Egoist: ein Mensch, der sich nicht die Mühe macht, seine Haltung zu bemänteln.

HELMAR NAHR

Der Egoismus ist der Motor der Welt.

ROMAIN ROLLAND

Der Egoist duldet keinen Egoismus.

JOSEPH ROUX

Egoismus ist der Drang zum Dasein und Wohlsein.

ARTHUR SCHOPENHAUER

Egoismus heißt nicht leben, wie man zu leben wünscht; es heißt, von anderen verlangen, daß sie so leben, wie man es wünscht.

OSCAR WILDE

Ehre

Was ist Ehre? Was mich aufrecht hält.

ALBERT CAMUS

Die Ehre eines Mannes besteht in der Schätzung seiner selbst, die des Weisen im Urteile anderer.

IMMANUEL KANT

Ehre und Konvention sind die Bausteine der Gesellschaft, die Lüge ist der Kitt.

KARL KRAUS

Die erworbene Ehre ist eine Kaution für jene, die man noch erwerben muß.

LA ROCHEFOUCAULD

Die Ehre ist, objektiv, die Meinung anderer von unserem Wert und, subjektiv, unsere Furcht vor dieser Meinung.

ARTHUR SCHOPENHAUER

Es ist besser, Ehrungen zu verdienen und nicht geehrt zu sein, als geehrt zu sein und es nicht zu verdienen.

MARK TWAIN

Die Ehre ist die Poesie der Pflicht.

ALFRED DE VIGNY

Ehrgeiz

Ehrgeiz: ein übermächtiges Verlangen, von seinen Feinden zu Lebzeiten geschmäht und von seinen Freunden nach dem Tode verlacht zu werden.

AMBROSE BIERCE

Nur weil versucht wird, mit einem einzigen Sprung nach oben zu gelangen, ist so viel Elend in der Welt.

WILLIAM COBBETT

Ehrgeiz ist die Unbescheidenheit des Geistes.

SIR WILLIAM DAVENANT

Begehren von Amt und Vorrecht ist Ehrgeiz.

THOMAS HOBBES

Ehrgeiz ist Habsucht auf Stelzen und maskiert.

WALTER SAVAGE LANDOR

Edelmut ist nur verkappter Ehrgeiz, der die kleinen Vorteile verachtet, um größeren nachzugehen.

LA ROCHEFOUCAULD

Das Hauptelement des Ehrgeizes ist, zum Gefühl seiner Macht zu kommen.

FRIEDRICH WILHELM NIETZSCHE

Ehrgeiz geizt mit der Ehre anderer.

LOTHAR SCHMIDT

Ehrgeiz taugt nur etwas in einer Partnerschaft mit Arbeit.

LOTHAR SCHMIDT

Die Rivalität ist die Mutter der Ungerechtigkeit.

WILHELM SCHWÖBEL

Ehrlichkeit

Ehrlichkeit ist oft nur in Verbindung mit anderen Tugenden erträglich.

WERNER MITSCH

Ehrlich ist, wer seine Faulheit nicht für Müdigkeit ausgibt.

LOTHAR SCHMIDT

Ehrlich sein heißt – wie es in dieser Welt hergeht –, ein Auserwählter unter Zehntausenden sein.

WILLIAM SHAKESPEARE

Eifer

Eifer ist Tatenlust aller Fähigkeiten.

CHRISTIAN NESTELL BOVEE

Stets, wenn irgend etwas vollendet wurde, ist der Urheber nach meiner Erfahrung ein Monomane mit missionarischem Eifer.

PETER F. DRUCKER

Eifer ist Begeisterung, gemildert durch Vernunft.

BLAISE PASCAL

Eigenliebe

Eigenliebe ist oft eher arrogant als blind; sie verbirgt nicht unsere Fehler vor uns, sondern macht uns glauben, daß sie auch nicht von anderen bemerkt werden.

SAMUEL JOHNSON

Eigenliebe ist die größte aller Schmeichlerinnen.

LA ROCHEFOUCAULD

Wer in sich selbst verliebt ist, hat wenigstens bei seiner Liebe den Vorteil, daß er nicht viele Nebenbuhler erhalten wird.

GEORG CHRISTOPH LICHTENBERG

Es ist schwer, einen Menschen so hoch einzuschätzen, wie er es selbst wünscht.

VAUVENARGUES

Eigenliebe ist der Beginn einer lebenslangen Romanze.

OSCAR WILDE

Eigensinn

Eigensinn ist Wille, der sich bestätigt, ohne sich rechtfertigen zu können.

HENRI-FRÉDÉRIC AMIEL

Eigensinnig: unzugänglich für die Wahrheit, die sich in dem Glanz und im Gewicht der eigenen Argumente offenbart.

AMBROSE BIERCE

Die Willenskraft der Schwachen heißt Eigensinn.

MARIE VON EBNER-ESCHENBACH

Eigensinn ist das wohlfeilste Surrogat für Charakter.

CHRISTIAN FRIEDRICH HEBBEL

Aller Eigensinn beruht darauf, daß der Wille sich an die Stelle der Erkenntnis gedrängt hat.

ARTHUR SCHOPENHAUER

Eigentum

Eigentum: jeder materielle Gegenstand ohne besonderen Wert, den A der Begehrlichkeit des B vorenthält. Alles, was die Habgier eines einzelnen befriedigt und die aller anderen enttäuscht. Der Gegenstand kurzer menschlicher Raffgier und langer Gleichgültigkeit.

AMBROSE BIERCE

Eigentum: eine der Grundlagen der Gesellschaft. Geheiligter als die Religion.

GUSTAVE FLAUBERT

Eigentum ist eine Frucht von Arbeit. Eigentum ist wünschenswert, ein positives Gut in der Welt. Daß einige reich sind, zeigt, daß andere reich werden können, und das ist wiederum eine Ermutigung für Fleiß und Unternehmensgeist.

ABRAHAM LINCOLN

Eigentum ist zuerst Nahrung und Aufspeichern von Nahrung.

FRIEDRICH WILHELM NIETZSCHE

Eigentum ist Diebstahl.

PIERRE JOSEPH PROUDHON

Etwas muß er sein eigen nennen, oder der Mensch wird morden und brennen.

FRIEDRICH VON SCHILLER

Eigentum ist nur dasjenige, was keinen Ansprüchen und Gefahren unterworfen ist.

JÜDISCHES SPRICHWORT

Eile

Die uneheliche Tochter des Menschen und der Zeit ist die Eile.

WERNER KOLLATH

Sich beeilen nützt nichts. Zur rechten Zeit aufbrechen ist die Hauptsache.

JEAN DE LA FONTAINE

Einbildungskraft

Einbildungskraft: ein Warenhaus der Tatsachen, in dessen Besitz sich Dichter und Lügner teilen.

AMBROSE BIERCE

Einbildungskraft ist die einzige Waffe im Krieg gegen die Wirklichkeit.

JULES DE GAULTIER

Einbildungskraft ist das Auge der Seele.

JOSEPH JOUBERT

Die Einbildungskraft ist der Kobold der Logik.

NICOLAS DE MALEBRANCHE

Einbildungskraft ist eine Eigenschaft, die den Menschen dafür entschädigt, was er nicht ist. Und der Sinn für Humor sorgt dafür, daß er für das getröstet wird, was er ist.

OSCAR WILDE

Einfluß

Denn nicht die Tat zählt, sondern der Einfluß.

BERTOLT BRECHT

Es ist dem Menschen nicht möglich, sich Einflüssen zu entziehen.

ANDRÉ GIDE

Der Einfluß eines Menschen ist abhängig von seiner Fähigkeit, als Beispiel wirken zu können.

LOTHAR SCHMIDT

Einsamkeit

Ich lebe in jener Einsamkeit, die peinvoll ist in der Jugend, doch köstlich in den Jahren der Reife.

ALBERT EINSTEIN

Einsam: wer für keinen die Nummer 1 ist.

MONIKA FEISTEL

Einsamkeit ist der Weg, auf dem das Schicksal den Menschen zu sich selber führen will.

HERMANN HESSE

Ist die Einsamkeit für große Geister eine Nahrungsquelle, so ist sie für kleine eine Qual.

SAMUEL SMILES

Einsamkeit ist die Zufluchtsstätte der Geistreichen und die Folterkammer der Geistesarmen.

SPRICHWORT

Wer einsam ist, der hat es gut, weil niemand da, der ihm was tut.

UNBEKANNT

Einsicht

Einsicht ist überall willkommen.

JOHANN WOLFGANG VON GOETHE

Es gibt Leute, die nicht eher hören, als bis man ihnen die Ohren abschneidet.

GEORG CHRISTOPH LICHTENBERG

Durchblick: Mancher Durchblicker sieht zwar das Licht, aber nicht den Tunnel.

HELMAR NAHR

Die wertvollsten Einsichten sind die Methoden.

FRIEDRICH WILHELM NIETZSCHE

Eitelkeit

Die Eitelkeit vieler Menschen wirkt vor allem deshalb so unerträglich, weil sie die Eitelkeit der anderen stört.

JACQUES DUVAL

Selbst der bescheidenste Mensch hält mehr von sich, als sein bester Freund von ihm hält.

MARIE VON EBNER-ESCHENBACH

Wie bescheiden ist doch ein zur Schau gestelltes Pfauenrad verglichen mit der versteckten Eitelkeit des Menschen.

ROBERT MUTHMANN

Jedermann hat gerade so viel Eitelkeit, als es ihm an Verstand fehlt.

FRIEDRICH WILHELM NIETZSCHE

Jeder Mensch ist eitel. Aber es kommt immerhin darauf an, worauf.

RICHARD VON SCHAUKAL

Man mag uns immer Eitelkeit vorwerfen, aber von Zeit zu Zeit haben wir es nötig, unseres Wertes versichert zu werden.

VAUVENARGUES

Eitelkeit ist eine Ware, die man auf keinem Markt verkaufen kann, weil jedermann genügend selber damit versehen ist.

KARL-HEINRICH WAGGERL

Energie

Meiner Idee nach ist Energie die erste und einzige Tugend des Menschen.

WILHELM VON HUMBOLDT

Man habe Energie ohne Fanatismus, Grundsätze ohne Demagogie und Strenge ohne Grausamkeit.

NAPOLEON I.

Energie als Mittelpunkt des Willens schafft die Wunder der Begeisterung zu allen Zeiten. Überall ist sie Triebfeder dessen, was wir Charakterstärke nennen, und die erhaltende Kraft jeder großen Tat.

SAMUEL SMILES

Entrüstung

Ich entrüste mich, folglich bin ich.

GYÖRGY BALINT

Entrüstung ist ein erregter Zustand der Seele, der meist dann eintritt, wenn man erwischt wird.

WILHELM BUSCH

Entrüstung ist immer interessant, wenn sie in Empörung übergeht.

FJODOR GLADKOW

Die gerechte Entrüstung ist der Ausdruck deines eigenen Zorns im Gegensatz zum schockierend schlechten Temperament des anderen.

ELBERT HUBBARD

Entrüstung ist Bekenntnis zur Hilflosigkeit.

WALTHER RATHENAU

Entrüstung ist oft nur eine Maske des Neiders.

LOTHAR SCHMIDT

Entscheiden

Entscheiden: dem Übergewicht einer Richtung von Einflüssen über eine andere erliegen.

AMBROSE BIERCE

Wenige Menschen denken, und doch wollen alle entscheiden.

FRIEDRICH II. (DER GROSSE)

Es ist besser, unvollkommene Entscheidungen zu treffen, als ständig nach vollkommenen Entscheidungen zu suchen, die es niemals geben wird.

CHARLES DE GAULLE

Wenn ein Schuß kracht, fliegen die Sperlinge auf; so geht es den Bedenken, wenn ein Entschluß gefaßt wird.

ERNST R. HAUSCHKA

Es ist besser, ein Problem zu erörtern, ohne es zu entscheiden, als es zu entscheiden, ohne es erörtert zu haben.

JOSEPH JOUBERT

Es ist nicht zu glauben, wie schlau und erfinderisch die Menschen sind, um der letzten Entscheidung zu entgehen.

SÖREN AABYE KIERKEGAARD

„Gib meinen Entschlüssen Kraft" ist eine Bitte, die im Vaterunser stehen könnte.

GEORG CHRISTOPH LICHTENBERG

Wer jede Entscheidung zu schwer nimmt, kommt zu keiner.

HAROLD MACMILLAN

Schlimm ist, daß man Entscheidungen treffen muß, bevor man Erfahrungen gesammelt hat.

ROBERT MUTHMANN

Wer trifft eine Entscheidung? Es ist die Entscheidung, die dich trifft.

LOTHAR SCHMIDT

Entschlossenheit

Entschlossenheit ist Starrsinn, den wir billigen.

AMBROSE BIERCE

Greif nicht leicht in ein Wespennest: Doch wenn du greifst, so greife fest!

MATTHIAS CLAUDIUS

Ohne Mut und Entschlossenheit kann man in großen Dingen nie etwas tun, denn Gefahren gibt es überall.

CARL VON CLAUSEWITZ

Entschlossenheit im Unglück ist immer der halbe Weg zur Rettung.

JOHANN HEINRICH PESTALOZZI

Enttäuschung

Wähle den, der am wenigsten verspricht; er wird dich am wenigsten enttäuschen.

BERNARD M. BARUCH

Alle Enttäuschungen sind gering im Vergleich zu denen, die wir an uns selbst erleben.

MARIE VON EBNER-ESCHENBACH

Es gibt kaum eine größere Enttäuschung, als wenn Du mit einer recht großen Freude im Herzen zu gleichgültigen Menschen kommst.

CHRISTIAN MORGENSTERN

Mancher ist enttäuscht, wenn er bekommt, was er verdient.

LOTHAR SCHMIDT

Die Enttäuschung ist eigentlich ganz brauchbar: zur Entsorgung unserer Illusionen.

NORBERT STOFFEL

Ereignis

Das größte Ereignis für die Welt ist – seit je und immer – die Ankunft eines neuen Weisen in ihr.

THOMAS CARLYLE

Ereignisse sind nur die Schalen der Ideen.

EDWIN HUBBEL CHAPIN

Die Ereignisse sind Wellen, die den Geist bedrohen, aber auch tragen.

HUGO VON HOFMANNSTHAL

Die größten Gedanken sind die größten Ereignisse.

FRIEDRICH WILHELM NIETZSCHE

Bedeutung legen wir einem Ereignis bei, wenn es dabei ‚um Werte geht‘, ‚Sinn‘, wenn daraus Werte hervorgehen.

GUSTAV RADBRUCH

Erfahrung

Die Erfahrungen sind die Samenkörner, aus denen die Klugheit emporwächst.

KONRAD ADENAUER

Erfahrung ist der Anfang aller Kunst und jedes Wissens.

ARISTOTELES

Erfahrung ist das, was uns enthüllt, daß wir die Irrtümer der Jugend gegen die des Alters aufgegeben haben.

AMBROSE BIERCE

Erfahrung vermehrt unsere Weisheit, verringert aber nicht unsere Torheiten.

JOSH BILLINGS

Die Erfahrung gleicht einer unerbittlichen Schönen. Jahre gehen vorüber, bis du sie gewinnst, und ergibt sie sich endlich, seid ihr beide alt geworden, und ihr könnt euch nicht mehr brauchen.

LUDWIG BÖRNE

Erfahrungen sammelt man wie Pilze: einzeln und mit dem Gefühl, daß die Sache nicht ganz geheuer ist.

ERSKINE CALDWELL

Für die meisten Menschen ist Erfahrung nichts anderes als das Hecklicht eines Schiffes, das nur die Spur beleuchtet, die es bereits hinter sich gelassen hat.

SAMUEL TAYLOR COLERIDGE

Mangel an Erfahrung veranlaßt die Jugend zu Leistungen, die ein erfahrener Mensch niemals vollbringen würde.

JEAN DUCHÉ

Die Erfahrung besteht darin, daß man erfährt, was man nicht zu erfahren wünscht.

KUNO FISCHER

Ganz oben auf der Liste meiner Erfahrungen steht die Erkenntnis, daß man unangenehmen Dingen nicht einfach aus dem Weg gehen kann.

HENRY FORD I.

Erfahrung ist fast immer eine Parodie auf die Idee.

JOHANN WOLFGANG VON GOETHE

Wer einmal übers Ohr gehauen wurde, der hört beim nächsten Mal besser.

ERNST R. HAUSCHKA

Erfahrung ist der Extrakt des Duldens.

SIR ARTHUR HELPS

Erfahrungen sind die beste Schutzimpfung gegen Vorurteile.

HEINZ HILPERT

Erfahrung ist nicht das, was einem zustößt. Erfahrung ist das, was man aus dem macht, was einem zustößt.

ALDOUS LEONARD HUXLEY

Erfahrung ist verstandene Wahrnehmung.

IMMANUEL KANT

Erfahrung ist die gemeinsame Mutter aller Wissenschaften und Künste.

LEONARDO DA VINCI

Das kleinste Kapitel eigener Erfahrung ist mehr wert als Millionen fremder Erfahrung.

GOTTHOLD EPHRAIM LESSING

Wenn man genug Erfahrung gesammelt hat, ist man zu alt, um sie auszunutzen.

WILLIAM SOMERSET MAUGHAM

Mit bestimmten Charaktereigenschaften sind immer auch bestimmte Erfahrungen verbunden.

ROBERT MUTHMANN

Wenn die Theorie auf die Erfahrung warten sollte, so käme sie nie zustande.

NOVALIS

Erfahrungen – das sind die vernarbten Wunden unserer Dummheit.

JOHN JAMES OSBORNE

Erfahrung ist ein überreiches Bergwerk, aus dem viele Menschen Lebensschätze ausgraben.

SANDOR PETÖFI

Vergeben und vergessen heißt, kostbare Erfahrungen wegwerfen.

ARTHUR SCHOPENHAUER

Erfahrung ist der Name, mit dem jeder seine Dummheiten bezeichnet.

OSCAR WILDE

Erfinder

Es ist gar viel leichter, ein Ding zu tadeln, als selbst zu erfinden.

ALBRECHT DÜRER

Was ist denn das Erfinden? Es ist der Abschluß des Gesuchten.

JOHANN WOLFGANG VON GOETHE

Alle großen Erfindungen sind das Resultat der Befreiung von der Routine des Denkens und Tuns.

ARTHUR KOESTLER

Es ist mit den Sinngedichten wie mit den Erfindungen überhaupt: die besten sind ebenfalls diejenigen, wobei man sich ärgert, den Gedanken nicht selbst gehabt zu haben.

GEORG CHRISTOPH LICHTENBERG

Das Geheimnis aller Erfinder ist, nichts für unmöglich anzusehen.

JUSTUS VON LIEBIG

Die Erfindung des Problems ist wichtiger als die Erfindung der Lösung; in der Frage liegt mehr als in der Antwort.

WALTHER RATHENAU

Erfindungsgabe ist der einzige Beweis von Genie.

VAUVENARGUES

Erfolg

Der Erfolg hat viele Väter, der Mißerfolg höchstens einen amtlich bestellten Vormund.

HERBERT HENRY ASQUITH

Erfolg: die eine unverzeihliche Sünde gegen den Nächsten.

AMBROSE BIERCE

Erfolg ist so ziemlich das letzte, was einem vergeben wird.

TRUMAN CAPOTE

Dem großen Erfolg verzeiht man alles.

CHRISTINA VON SCHWEDEN

Der Ruhmder kleinen Leute heißt Erfolg.

MARIE VON EBNER-ESCHENBACH

Die Erfolge des Tages gehören der verwegenen Mittelmäßigkeit.

MARIE VON EBNER-ESCHENBACH

Erfolg hat nur, wer etwas tut, während er auf den Erfolg wartet.

THOMAS ALVA EDISON

Wenn A für Erfolg steht, gilt die Formel A = X + Y + Z. X ist Arbeit, Y ist Muße, und Z ist Mundhalten.

ALBERT EINSTEIN

Erfolg besteht darin, daß man genau die Fähigkeiten hat, die im Moment gefragt sind.

HENRY FORD I.

Ein Geheimnis des Erfolges ist, den Standpunkt des anderen zu verstehen.

HENRY FORD I.

Der Erfolg gibt dem recht, der ihn hat, solange er ihn hat.

ERNST R. HAUSCHKA

In der Wirtschaft zählen allein Goldmedaillen. Wer nur Silber oder Bronze holt, verliert den Auftrag.

JOHN ANDREW HOLMES

Der Schlüssel zum Erfolg sind nicht Informationen. Das sind Menschen.

LEE IACOCCA

Die Allerweltsweisheit lehrt, daß es besser für das Ansehen ist, auf konventionelle Art zu versagen, als auf ungewöhnliche Art Erfolg zu haben.

JOHN MAYNARD KEYNES

Es stimmt nicht, daß der Erfolg die Menschen verdirbt. Die meisten Menschen werden durch den Mißerfolg verdorben.

WILLIAM SOMERSET MAUGHAM

Bei den meisten Erfolgsmenschen ist der Erfolg größer als die Menschlichkeit.

DAPHNE DU MAURIER

Es gibt nur einen Erfolg: auf Deine Weise leben zu können!

CHRISTOPHER DARLINGTON MORLEY

Das Wissen um den richtigen Zeitpunkt ist der halbe Erfolg.

MAURICE COUVE DE MURVILLE

Die Grundlage des Erfolgs ist eine klare Linie mit hinreichend vielen Abzweigungen.

HELMAR NAHR

Erfolgserlebnisse sind die Glückspillen der Leistungsgesellschaft.

HELMAR NAHR

Erfolgserlebnisse sind Stufen, denen man nicht ansieht, ob sie zu einer Leiter oder zu einer Tretmühle gehören.

HELMAR NAHR

Erfolg stellt sich ein, wenn man mehr tut als nötig. Und das immer.

LOTHAR SCHMIDT

Der Mensch lebt nicht nur vom Brot allein. Er braucht auch Erfolgserlebnisse.

LOTHAR SCHMIDT

Auf der untersten Sprosse der Erfolgsleiter ist die Unfallgefahr am geringsten.

RUPERT SCHÜTZBACH

Als ich ein junger Mann war, merkte ich, daß von zehn Dingen, die ich tat, neun fehlschlugen. Ich wollte kein Versager sein und arbeitete deshalb zehnmal soviel.

GEORGE BERNARD SHAW

Die Erfolgreichen suchen sich die Umstände, die sie brauchen, und wenn sie sie nicht finden, schaffen sie sich die Umstände selber.

GEORGE BERNARD SHAW

Wenn Du einmal Erfolg hast, kann es Zufall sein. Wenn Du zweimal Erfolg hast, kann es Glück sein. Wenn Du dreimal Erfolg hast, so ist es Fleiß und Tüchtigkeit.

FRANZÖSISCHES SPRICHWORT

Angelegte Ellenbogen haben aerodynamische Vorteile. Allerdings nicht, wenn's aufwärts gehen soll.

GERHARD UHLENBRUCK

Erinnerung

Die Erinnerungen verschönen das Leben, aber das Vergessen allein macht es erträglich.

HONORÉ DE BALZAC

Erinnerung: etwas vorher nicht Gewußtes mit Ergänzungen ins Gedächtnis zurückrufen.

AMBROSE BIERCE

Erinnerung ist eine Form der Begegnung.

KAHLIL GIBRAN

Erinnerung: die abstrakteste Stufe der in Vorstellungen sich betätigenden Intelligenz.

GEORG WILHELM FRIEDRICH HEGEL

Die Erinnerung ist das einzige Paradies, aus dem wir nicht vertrieben werden können.

JEAN PAUL

Erinnern: ein Sehen in die Vergangenheit.

LUDWIG WITTGENSTEIN

Erinnerungen sind ein goldener Rahmen, der jedes Bild freundlicher macht.

CARL ZUCKMAYER

Erkenntnis

Man muß die Dinge so tief sehen, daß sie einfach werden.

KONRAD ADENAUER

Wer recht erkennen will, muß zuvor in richtiger Weise gezweifelt haben.

ARISTOTELES

Wer A sagt, der muß nicht B sagen. Er kann auch erkennen, daß A falsch war.

BERTOLT BRECHT

Die Summe unserer Erkenntnisse besteht aus dem, was wir gelernt, und aus dem, was wir vergessen haben.

MARIE VON EBNER-ESCHENBACH

Jede Erkenntnis ist eine Identifizierung des Nichtgleichen.

FRIEDRICH WILHELM NIETZSCHE

Erkennen heißt nicht, sich mit den Dingen zufriedengeben, so wie sie uns entgegentreten, sondern heißt, hinter ihnen nach ihrem Sein suchen.

JOSÉ ORTEGA Y GASSET

Die Anschauung ist das Fundament der Erkenntnis.

JOHANN HEINRICH PESTALOZZI

Nicht in der Erkenntnis liegt das Glück, sondern im Erwerben der Erkenntnis.

EDGAR ALLAN POE

Jede Erkenntnis hat ihr Verfallsdatum.

LOTHAR SCHMIDT

Die letzte Erkenntnis ist der Zweifel.

NORBERT STOFFEL

Erklären

Die verstehen sehr wenig, die nur das verstehen, was sich erklären läßt.

MARIE VON EBNER-ESCHENBACH

Erklären heißt ... eine Erscheinung auf die angenommen vertrauten Verstandesbestimmungen zurückführen.

GEORG WILHELM FRIEDRICH HEGEL

Eine Sache erklären heißt, ein Bild ihres Wesens vermitteln.

HELMAR NAHR

Das, worauf es eigentlich ankommt, wird bei Erklärungen meistens weggelassen. Das hat zwei gute Gründe. Erstens: Der Erklärende weiß es schon, also ist es überflüssig. Zweitens: Der Erklärende glaubt, der Zuhörer oder Leser wisse es noch nicht, also würde es ihn bloß verwirren.

LOTHAR SCHMIDT

Eine Erklärung ist entweder kurz und genau, dann ist sie falsch; oder kurz und richtig, dann ist sie ungenau; oder kurz, richtig und genau, dann ist sie unbegreiflich; oder lang, richtig, genau und begreiflich, dann ist sie unlesbar und wird ewiges Geheimnis bleiben.

LOTHAR SCHMIDT

Erklären heißt einschränken.

OSCAR WILDE

Erziehung

Erziehung ist ein Verfahren, sich eine ganze Sammlung von Vorurteilen durch die Kehle zu jagen.

KUNO FISCHER

Erziehung ist Beispiel und Liebe, sonst nichts.

FRIEDRICH WILHELM
AUGUST FRÖBEL

Die Erziehung ist nichts als die Kunst zu lehren, wie man über eingebildete oder doch leicht besiegbare Schwierigkeiten hinauskommt.

JOHANN WOLFGANG VON GOETHE

Die Erziehung hat den Zweck, den Menschen zu einem selbständigen Wesen zu machen, das heißt zu einem Wesen von freiem Willen.

GEORG WILHELM FRIEDRICH HEGEL

Das wertvollste Ergebnis aller Erziehung besteht vermutlich in der Fähigkeit, sich dazu zu bringen, daß man das tut, was man tun muß, wenn es getan werden soll, gleichgültig, ob man es liebt oder nicht.

THOMAS HENRY HUXLEY

Man gibt seine Kinder auf die Schule, daß sie still werden, auf die Hochschule, daß sie laut werden.

JEAN PAUL

Erziehung ist, ideell gesehen, Zivilschutz gegen radioaktiven Niederschlag von Medien.

HERBERT MARSHALL MCLUHAN

Alle Erziehung, ja alle geistige Beeinflussung, beruht vornehmlich auf Bestärken und Schwächen. Man kann niemanden zu etwas bringen, der nicht schon dunkel auf dem Wege dahin ist, und niemanden von etwas abbringen, der nicht schon geneigt ist, sich ihm zu entfremden.

CHRISTIAN MORGENSTERN

Erziehung soll Tugenden, so gut es geht, erzwingen.

FRIEDRICH WILHELM NIETZSCHE

Alle Erziehung ist nur Handreichung zur Selbsterziehung.

EDUARD SPRANGER

Erziehung ist alles. Der Pfirsich war einst eine Bittermandel und der Blumenkohl ist nichts als ein Kohlkopf mit akademischer Bildung.

MARK TWAIN

Einbildung verhindert Ausbildung. Ausbildung verhindert Einbildung.

GERHARD UHLENBRUCK

Erziehung ist Erlernen der Kunst vom Nutzbarmachen des Wissens.

ALFRED NORTH WHITEHEAD

Esprit

Was ist Esprit? Gut gewürzte Vernunft; ein einziges Wort begrenzt den Streit.

JEAN-JACQUES ROUSSEAU

Esprit ist Intelligenz im Frack.

LOTHAR SCHMIDT

Esprit ist genau das Gegenteil von Geld: je weniger einer davon hat, desto zufriedener ist er.

VOLTAIRE

Ethik

Ethik ist die Lehre vom Schönen in uns – Ästhetik die Lehre vom Schönen um uns.

RICHARD GRAF VON
COUDENHOVE-KALERGIE

Wenn wir es schaffen, Moral und Ethik in unser wirtschaftliches Handeln mit einzubeziehen, werden wir noch größeren

Erfolg haben. Zu deutsch: mehr Geld verdienen.

DANIEL GOEUDEVERT

Ethik: eine Naturbeschreibung der Tugenden.

GEORG WILHELM FRIEDRICH HEGEL

Ein inneres Merkmal der Handlungen von moralischem Wert ist, daß sie eine gewisse Zufriedenheit mit sich selbst zurücklassen, kein Lohn dafür angenommen wird, und daß sie den Beifall der unbeteiligten Zeugen hervorrufen.

ARTHUR SCHOPENHAUER

Ethik ist ins Grenzenlose erweiterte Verantwortung gegenüber allem, was lebt.

ALBERT SCHWEITZER

Ethik ist die Wissenschaft von der menschlichen Pflicht.

DAVID SWING

Experimente

Nur ein Narr macht keine Experimente.

CHARLES DARWIN

Keine noch so große Zahl von Experimenten kann beweisen, daß ich recht habe; ein einziges Experiment kann beweisen, daß ich unrecht habe.

ALBERT EINSTEIN

Wohin Denken ohne Experimentieren führt, hat uns das Mittelalter gezeigt; aber dieses Jahrhundert läßt uns sehen, wohin Experimentieren ohne Denken führt.

ARTHUR SCHOPENHAUER

Experte

Experte: ein Spezialist, der über etwas alles weiß und über alles andere nichts.

AMBROSE BIERCE

Experte ist einer, der mehr und mehr über weniger und weniger weiß.

NICHOLAS MURRAY BUTLER

Spezialist ist jemand, der sich auf eine von ihm gewählte Form der Unwissenheit beschränkt hat.

ELBERT HUBBARD

Experten sind Leute, die immer mehr über immer weniger wissen, bis sie zuletzt alles über etwas und nichts über alles wissen.

DANNY KAYE

Der Spezialist ist in seinem winzigen Weltwinkel vortrefflich zu Hause; aber er hat keine Ahnung von dem Rest.

JOSÉ ORTEGA Y GASSET

Die komplizierten Analyse-Methoden der Ökonomen sind nicht nur bloße Gymnastik. Sie sind Werkzeuge, um das Leben der Menschheit zu verbessern.

ARTHUR CECIL PIGOU

Experten werden von Experten beurteilt, Künstler von Laien.

LOTHAR SCHMIDT

Fachleute sind immer böse, wenn einem Laien etwas einfällt, was ihnen nicht eingefallen ist.

JOHN STEINBECK

Der Experte ist ein gewöhnlicher Mann, der – wenn er nicht daheim ist – Ratschläge erteilt.

OSCAR WILDE

F

Familie

Zwei Dinge sollen Kinder von ihren Eltern bekommen: Wurzeln und Flügel.

JOHANN WOLFGANG VON GOETHE

Früher war die Familie eine Tankstelle, jetzt ist sie eine Garage.

GRAHAM HENRY GREENE

Außer handfesten Lebensregeln sind gute Erinnerungen das Beste, was man den Kindern mitgeben kann.

SIDNEY J. HARRIS

Die Familie ist das Vaterland des Herzens.

GUISEPPE MAZZINI

Alle glücklichen Familien gleichen einander, jede unglückliche Familie ist auf ihre Art unglücklich.

GRAF LEO NIKOLAJEWITSCH TOLSTOI

Fanatismus

Der Fanatiker ist ein Mensch, der seine Meinung nicht ändern kann und der sein Thema nicht ändern will.

SIR WINSTON CHURCHILL

Geistlose kann man nicht begeistern, aber fanatisieren kann man sie.

MARIE VON EBNER-ESCHENBACH

Ein Fanatiker ist – in psychologischen Begriffen definiert – ein Mensch, der bewußt einen geheimen Zweifel überkompensiert.

ALDOUS LEONARD HUXLEY

Fanatismus ist das Paradies für eine Sekte.

JOHN KEATS

Der Fanatismus ist die einzige ‚Willensstärke', zu der auch die Schwachen gebracht werden können.

FRIEDRICH WILHELM NIETZSCHE

Fanatismus besteht im Verdoppeln der Anstrengung, wenn das Ziel vergessen ist.

GEORGE SANTAYANA

Kurz, je weniger Aberglaube, desto weniger Fanatismus, und je weniger Fanatismus, desto weniger Unheil.

VOLTAIRE

Jedes Ding hat zwei Seiten; Fanatiker sehen nur die eine.

HELLMUT WALTERS

Faulheit

Faulheit ist die Furcht vor bevorstehender Arbeit.

MARCUS TULLIUS CICERO

Faulheit: der Hang zur Ruhe ohne vorhergehende Arbeit.

IMMANUEL KANT

Von allen unseren Fehlern erklären wir uns am meisten mit der Faulheit einverstanden.

LA ROCHEFOUCAULD

Lebenskünstler sind Menschen, die sich einer gewissen Faulheit befleißigen.

WERNER MITSCH

Faulheit ist die Dummheit des Körpers und Dummheit Faulheit des Geistes.

JOHANN GOTTFRIED SEUME

Die Faulheit ist der Humus des Geistes.

THADDÄUS TROLL

Fehler

Ein kluger Mann macht nicht alle Fehler selber. Er gibt auch anderen eine Chance.

SIR WINSTON CHURCHILL

Viele Leute glauben, wenn sie einen Fehler erst eingestanden haben, brauchen sie ihn nicht mehr abzulegen.

MARIE VON EBNER-ESCHENBACH

Wir sind gegen keinen Fehler an anderen intoleranter, als welche die Karikatur unserer eigenen sind.

FRANZ GRILLPARZER

Die meisten unserer Fehler erkennen und legen wir erst dann ab, wenn wir sie an den anderen entdeckt und gesehen haben, wie sie denen stehen.

KARL GUTZKOW

FEHLER

Wenn wir fehlerfrei wären, würden wir nicht soviel Vergnügen daran finden, Fehler an anderen festzustellen.

HORAZ

Fehler sind ein Bestandteil des Lebens; man kann sie nicht vermeiden. Man kann nur hoffen, daß sie einem nicht zu teuer kommen und daß man denselben Fehler nicht zweimal macht.

LEE IACOCCA

Die schlimmsten Fehler werden gemacht in der Absicht, einen begangenen Fehler wieder gutzumachen.

JEAN PAUL

Alle menschlichen Fehler sind Ungeduld.

FRANZ KAFKA

Fehler – auch bei der Kapitalanlage – sind nützlich, aber nur, wenn man sie schnell findet.

JOHN MAYNARD KEYNES

Alle Fehler, die man hat, sind verzeihlicher als die Mittel, welche man anwendet, um sie zu verbergen.

LA ROCHEFOUCAULD

Jeder Fehler erscheint unglaublich dumm, wenn andere ihn begehen.

GEORG CHRISTOPH LICHTENBERG

Eine Fehlentscheidung auf Anhieb spart immerhin Zeit.

HELMAR NAHR

Es ist wichtig, die Fehler zuzugeben, bevor sie einem vorgeworfen werden.

DAVID OGILVY

Wenn du Menschen beurteilst, so frage nicht nach den Wirkungen, sondern nach den Ursachen der Fehler, die sie machen.

WALTHER RATHENAU

Wenn man einen Fehler gemacht hat, muß man sich als erstes fragen, ob man ihn nicht sofort zugeben soll. Leider wird einem das als Schwäche angekreidet.

HELMUT SCHMIDT

Wir lernen aus unseren Fehlern. Das setzt voraus, daß wir sie uns selbst eingestehen.

LOTHAR SCHMIDT

Wenn es zutrifft, daß Menschen aus ihren Fehlern lernen, haben wir alle eine großartige Erziehung genossen.

LOTHAR SCHMIDT

Die Fehler der anderen haben einen hohen Unterhaltungswert.

NORBERT STOFFEL

Seine Fehler verzeihen wir dem Nächsten lieber als seine Vorzüge.

KARL-HEINRICH WAGGERL

Feinde

Kluge Leute lernen auch von ihren Feinden.

ARISTOTELES

Der Umstand, daß wir Feinde haben, beweist klar genug, daß wir Verdienste besitzen.

LUDWIG BÖRNE

Starke Menschen verstehen sich, auch wenn sie verfeindet sind.

GEORGES BENJAMIN CLEMENCEAU

Ich habe immer auf die Verdienste meiner Widersacher acht gehabt und daraus Vorteil gezogen.

JOHANN WOLFGANG VON GOETHE

Freunde muß man sich suchen, Feinde kommen von selbst.

ERNST R. HAUSCHKA

Der Feind ist der Freund, der dich zum Handeln anstachelt.

ELBERT HUBBARD

Unseren Feinden haben wir viel zu verdanken. Sie verhindern, daß wir uns auf die faule Haut legen.

MARTIN KESSEL

Unsere Gegner sind Lehrer, die uns nichts kosten.

FERDINAND VICOMTE DE LESSEPS

Wer sich oft über seine Freunde beschwert, schafft sich leicht Feinde.

LOTHAR SCHMIDT

Die Freunde nennen sich aufrichtig, die Feinde sind es.

ARTHUR SCHOPENHAUER

Um erfolgreich zu sein, braucht man Freunde; um sehr erfolgreich zu sein, braucht man Feinde.

SIDNEY SHELDON

Um Freunde zu haben, braucht man nur gutmütig zu sein. Aber

wenn jemand keinen Feind hinterläßt, muß er mittelmäßig gewesen sein.

OSCAR WILDE

Fleiß

Vom Fleißigen ist immer viel zu lernen, doch zu beseeligen vermag nur Größe.

CHRISTIAN MORGENSTERN

Für den Fleißigen hat die Woche sieben Heute. Für den Faulen hat sie sieben Morgen.

SPRICHWORT

Fleiß ist der größte Lehrer.

ARABISCHES SPRICHWORT

Der Reichtum kommt nicht von der Umverteilung, der Reichtum kommt von Fleiß und Leistung.

FRANZ-JOSEF STRAUSS

Der Fleiß führt die Gedanken aus, die der Faulheit einfallen.

HELLMUT WALTERS

Form

Form ist im Grund nichts als ein unwillkürlicher Ausdruck des Wohlgefühls innerer Ordnung.

HERMANN BAHR

Form ist Ausdruck der Notwendigkeit! sag ich in einer Kritik. Beste Definition! Stoff ist Aufgabe; Form ist Lösung.

CHRISTIAN FRIEDRICH HEBBEL

In der Gestalt erst ist das Problem erledigt.

HUGO VON HOFMANNSTHAL

Die Form ist der Prüfstein für den Inhalt.

LUDWIG REINERS

Form ist Verzicht.

REINOLD SCHNEIDER

Forschung

Das schönste Glück des denkenden Menschen ist, das Erforschliche erforscht zu haben und das Unerforschliche ruhig zu verehren.

JOHANN WOLFGANG VON GOETHE

Das Forschen nach Wahrheit ist das Forschen nach dem uns nicht unmittelbar gegenwärtigen Wirklichen.

FRIEDRICH HEINRICH JACOBI

Die Forscher sind Glieder in der Kette derer, die die Möglichkeiten bringen, die der Mensch zum Heil oder Unheil ergreifen kann.

KARL JASPERS

Fortschritt

Wirklicher Fortschritt ist, was Fortschreiten ermöglicht oder erzwingt.

BERTOLT BRECHT

Der Fortschritt ist das Ergebnis eines allgemein angeborenen Wunsches, der bewirkt, daß jeder Teil eines Organismus über seine Verhältnisse leben will.

SAMUEL BUTLER DER JÜNGERE

Der wahre Fortschritt besteht darin, daß man im Vorwärtseilen nach der Stelle ausschaut, auf der man stehenbleiben kann.

GILBERT KEITH CHESTERTON

Die Menschheit ist zu weit vorwärts gegangen, um sich zurückzuwenden und bewegt sich zu rasch, um anzuhalten.

SIR WINSTON CHURCHILL

Immerwährender Fortschritt ist nur um den Preis immerwährender Unzufriedenheit zu erkaufen.

MARIE VON EBNER-ESCHENBACH

Was wir Fortschritt nennen, ist der Tausch eines Mißstandes gegen einen anderen.

HENRY HAVELOCK ELLIS

Wer will, daß die Welt so bleibt, wie sie ist, der will nicht, daß sie bleibt.

ERICH FRIED

Daß sozialer Fortschritt mit steigendem Lebensstandard identisch sei, wird zu einem Glaubensbekenntnis.

JOHN KENNETH GALBRAITH

Der Fortschritt besteht auch darin, daß wir statt der Kanonenkugel des Mittelalters heute die Atombombe besitzen.

ERNST R. HAUSCHKA

Es ist nicht gesagt, daß es besser wird, wenn es anders wird. Wenn es aber besser werden soll, muß es anders werden.

GEORG CHRISTOPH LICHTENBERG

Wenn der Fortschritt lästig wird, beginnt die Technik zu lügen.

WERNER MITSCH

Der Fortschritt besteht nicht darin, das Gestern zu zerstören, sondern seine Essenz zu bewahren, welche die Kraft hatte, das bessere Heute zu schaffen.

JOSÉ ORTEGA Y GASSET

Ist Notwendigkeit die Mutter des Erfindungsgeistes, so kann Unzufriedenheit als die des Fortschritts gelten.

DAVID ROCKEFELLER

Man hält es bei uns schon für Fortschritt, wenn man beim Rückwärtsgehen nicht fällt.

RUDOLF ROLFS

Mehrheiten zementieren das Bestehende, Fortschritt ist nur über Minderheiten möglich.

BERTRAND RUSSELL

Die Frage ist, wie man die Menschheit überreden kann, in ihr eigenes Überleben einzuwilligen.

BERTRAND RUSSELL

Immer mehr muß die Natur dem Fortschritt weichen. Ist das die Natur des Fortschritts?

RUPERT SCHÜTZBACH

Den Fortschritt verdanken wir Nörglern. Zufriedene Menschen wünschen keine Veränderung.

HERBERT GEORGE WELLS

Die Kunst des Fortschritts besteht darin, inmitten des Wechsels Ordnung zu wahren, inmitten der Ordnung den Wechsel aufrechtzuhalten.

ALFRED NORTH WHITEHEAD

Fortschritt ist die Verwirklichung von Utopien.

OSCAR WILDE

Fragen

Klug fragen können, ist die halbe Weisheit.

FRANCIS BACON

Fragensteller sind Weichensteller.

HANS LEOPOLD DAVI

Unwissende werfen Fragen auf, welche von Wissenden vor tausend Jahren schon beantwortet sind.

JOHANN WOLFGANG VON GOETHE

Ein Weiser gibt nicht die richtigen Antworten, sondern er stellt die richtigen Fragen.

CLAUDE LÉVI-STRAUSS

Man muß viel gelernt haben, um über das, was man nicht weiß, fragen zu können.

JEAN-JACQUES ROUSSEAU

Unliebsame Fragen provozieren langatmige Antworten.

LOTHAR SCHMIDT

Sie hinterfragen alles! Das bedeutet: Sie hinterfragen alles bis zu dem Punkt, wo ‚weitergehen verboten' ist, weil von da an das eigene Interesse oder das erkenntnisleitende Vorurteil verletzt werden würde.

LOTHAR SCHMIDT

Wer alles in Frage stellt, erwartet auf nichts eine Antwort.

RUPERT SCHÜTZBACH

Fragen sind nie indiskret, Antworten mitunter.

OSCAR WILDE

Freiheit

Freiheit ist ohne Ordnung nicht möglich, und die Ordnung ohne Freiheit wertlos.

ALAIN

Freiheit: einer der kostbarsten Schätze der Vorstellungskraft.

AMBROSE BIERCE

Man kann eine Idee durch eine andere verdrängen, nur die der Freiheit nicht.

LUDWIG BÖRNE

Es gibt keinen Menschen, der nicht die Freiheit liebte, aber der Gerechte fordert sie für alle, der Ungerechte nur für sich allein.

LUDWIG BÖRNE

Freiheit ist die uneingeschränkte Chance eines Menschen, das zu sein und zu tun, was ihm das Bestmöglichste scheint.

PHILIPS BROOKS

Die Freiheit besteht darin, daß man alles tun kann, was einem andern nicht schadet.

MATTHIAS CLAUDIUS

So weit deine Selbstbeherrschung geht, so weit geht deine Freiheit.

MARIE VON EBNER-ESCHENBACH

Ein freies Land erkennt man daran, daß niemand verpflichtet ist zuzuhören, wenn die Machthaber sprechen.

CARLO FRANCHI

Wer Freiheiten aufgibt, um Sicherheiten zu gewinnen, verdient weder Freiheit noch Sicherheit.

BENJAMIN FRANKLIN

Freiheit ist die Macht, die wir über uns selber haben.

HUGO GROTIUS

Der Mensch hat freien Willen – das heißt, er kann einwilligen ins Notwendige.

CHRISTIAN FRIEDRICH HEBBEL

Jedes System ist ein System der Freiheit und der Notwendigkeit zugleich.

GEORG WILHELM FRIEDRICH HEGEL

Freiheit ist eine Summe mikroskopischer Unfreiheiten.

PETER HILLE

Freiheit ist politische Macht, geteilt in kleine Stücke.

THOMAS HOBBES

Je mehr Freiheit es gibt, desto mehr wird die Gerechtigkeit dadurch gefährdet, daß die Stärkeren, Gescheiteren, Geschickteren die anderen schädigen.

MAX HORKHEIMER

Die Menschheit zur Freiheit zu bringen, das heißt, sie zum Miteinanderreden zu bringen.

KARL JASPERS

Freiheit ist ein Gut, dessen Dasein weniger Vergnügen bringt als seine Abwesenheit Schmerzen.

JEAN PAUL

Die Freiheit ist eigentlich ein Vermögen, alle willkürlichen Handlungen den Bewegungsgründen der Vernunft zu unterordnen.

IMMANUEL KANT

Die Freiheit eines jeden hat als logische Grenzen die Freiheit der anderen.

ALPHONSE KARR

Die Grenze der Freiheit bestimmen die Anrainer.

STANISLAW JERCY LEC

Freiheit ist immer nur Freiheit des anders Denkenden.

ROSA LUXEMBURG

Wenn Freiheit überhaupt etwas bedeutet, dann vor allem das Recht, anderen Leuten das zu sagen, was sie nicht hören wollen.

GEORGE ORWELL

Die Freiheit des Menschen liegt nicht darin, daß er tun kann, was er will, sondern darin, daß er nicht tun muß, was er nicht tun will.

JEAN-JACQUES ROUSSEAU

Die Freiheit, sagt Lenin, ist ein Vorurteil der Bourgeoisie. Die Gleichheit ist ein Vorurteil des Proletariats.

MAURICE SACHS

Jedes Maß an Freiheit ist abhängig vom Wirtschaftssystem.

LOTHAR SCHMIDT

Freiheit bedeutet, nur von den Gesetzen abhängig zu sein; Gleichheit heißt, nur von einem Gesetz abhängig zu sein.

LOTHAR SCHMIDT

Frei ist, wer keine Verletzungen fürchten muß.

LOTHAR SCHMIDT

Freiheit bedeutet: imstande sein, darauf zu zählen, wie andere Leute sich benehmen werden.

GEORGE BERNARD SHAW

Freiheit heißt nichts anderes als im Freisein von vernunftwidrigem Zwange.

HEINRICH VON TREITSCHKE

Freiheit ist ein Zwang, den wir als Zwang nicht erkennen.

KARL-HEINRICH WAGGERL

Freiheit ist Gelegenheit zu steter Initiative.

GRAHAM WALLAS

Freiheit – hat sie erst einmal Wurzeln geschlagen – ist eine Pflanze, die sehr schnell wächst.

GEORGE WASHINGTON

Freiheit ist ein Gut, das durch Gebrauch wächst, durch Nichtgebrauch dahinschwindet.

CARL FRIEDRICH VON WEIZSÄCKER

Freiheit ist das einzige Ding, das man nicht haben kann, wenn man nicht gewillt ist, es anderen zu geben.

WILLIAM ALLEN WHITE

Obwohl die meisten Menschen tun, was sie wollen, wollen die wenigsten, was sie tun.

GERHARD UHLENBRUCK

Den Wert des Menschen erkennt man zuverlässig daran, was er mit seiner Freizeit anzufangen weiß.

KARL-HEINRICH WAGGERL

Freizeit

Früher sind die Menschen für die Freiheit auf die Barrikaden gegangen, jetzt tun sie es für die Freizeit.

WERNER FINCK

Man spricht von ‚Freizeitaktivität‘, treffender könnte man sagen ‚Freizeitpassivität‘.

ERICH FROMM

Freizeit ist das Opium der Massen.

MALCOLM MUGGERIDGE

Der Unterschied zwischen existieren und leben liegt im Gebrauch der Freizeit.

AMERIKANISCHES SPRICHWORT

Freude

Der ideale Mensch fühlt Freude, wenn er anderen einen Dienst erweisen kann.

ARISTOTELES

Wer keine Freude an der Welt hat, an dem hat die Welt auch keine Freude.

BERTHOLD AUERBACH

Was anders wäre Freude als Freude machen?

LORD GEORGE GORDON
NOEL BYRON

Die meisten Künste erfordern langes Studium. Aber die nützlichste von allen Künsten, die Kunst, Menschen eine Freude zu machen, setzt nichts voraus als den Wunsch.

LORD PHILIP DORMER
CHESTERFIELD

Späte Freuden sind die schönsten; sie stehen zwischen entschwundener Sehnsucht und kommendem Frieden.

MARIE VON EBNER-ESCHENBACH

Wer viel Freude hat, muß ein guter Mensch sein: aber vielleicht ist er nicht der Klügste, obwohl er gerade das erreicht, was der Klügste mit aller seiner Klugheit erstrebt.

FRIEDRICH WILHELM NIETZSCHE

Des Lebens ungemischte Freude ward keinem Irdischen zuteil.

FRIEDRICH VON SCHILLER

Freude ist das Leben durch einen Sonnenstrahl hindurch gesehen.

CARMEN SYLVA

Freude läßt sich nur voll auskosten, wenn sich ein anderer mitfreut.

MARK TWAIN

Freunde

Freundschaft ist ein Zustand, der besteht, wenn jeder Freund glaubt, dem anderen gegenüber eine leichte Überlegenheit zu haben.

HONORÉ DE BALZAC

Einem Kameraden hilft man. Einem Kollegen mißtraut man. Mit einem Freund ist man albern.

PETER BAMM

Einen sicheren Freund erkennt man in unsicherer Sache.

MARCUS TULLIUS CICERO

Ein Freund ist einer, vor dem ich laut denken darf.

RALPH WALDO EMERSON

Was wir am nötigsten brauchen, ist ein Mensch, der uns zwingt, das zu tun, was wir können.

RALPH WALDO EMERSON

Wer Dir als Freund nichts nützen kann, kann allemal als Feind Dir schaden.

CHRISTIAN FÜRCHTEGOTT GELLERT

Ältere Bekanntschaften und Freundschaften haben vor neuen hauptsächlich das voraus, daß man sich schon viel verziehen hat.

JOHANN WOLFGANG VON GOETHE

Der Freund ist einer, der alles von dir weiß, und der dich trotzdem liebt.

ELBERT HUBBARD

Ein Freund ist ein Bewaffneter, gegen den man ohne Waffen kämpft.

ALPHONSE KARR

Auf der höchsten Stufe der Freundschaft offenbaren wir dem Freunde nicht unsere Fehler, sondern die seinen.

LA ROCHEFOUCAULD

‚Zug um Zug' ist eine Regel in der Handlung, aber nicht in der Freundschaft. Handel und Wandel leidet keine Freundschaft, aber Freundschaft leidet auch keinen Handel und Wandel.

GOTTHOLD EPHRAIM LESSING

Mitfreude, nicht Mitleiden, macht den Freund.

FRIEDRICH WILHELM NIETZSCHE

Neben den Böswilligen, die uns leichtfertig das Üble nachsagen, das sie vermuten, gibt es diskrete Freunde, die sorgfältig das Gute verschweigen, dessen sie sicher sind.

ANTOINE DE RIVAROL

Dasselbe wollen und dasselbe nicht wollen, das erst ist feste Freundschaft.

GAIUS CRISPUS SALLUST

Freundschaft entsteht nicht durch gleiche Ansichten. Freundschaft entsteht durch verwandte Reaktionen.

LOTHAR SCHMIDT

Der Freund ist ein Geschenk, das du dir selbst gibst.

ROBERT LOUIS BALFOUR STEVENSON

Als Pythagoras gefragt wurde, was ein Freund sei, antwortete er: „Ein zweites Ich".

JOHANNES STOBÄUS

In unseren Freunden suchen wir, was uns fehlt.

THORNTON NIVEN WILDER

Freundlichkeit

Freundlichkeit ist eine Sprache, welche die Stummen sprechen, die Tauben hören können.

CHRISTIAN NESTELL BOVEE

Wie angenehm ist es doch, freundlich zu sein! Ein gutes Wort entschlüpft wie ein wohliger Seufzer.

BERTOLT BRECHT

Freundlichkeit kann man kaufen.

MARIE VON EBNER-ESCHENBACH

Wenn ein freundlicher Mensch auch noch zuverlässig ist, dann haben wir es schon mit einem halben Engel zu tun.

ERNST R. HAUSCHKA

Vergiß Kränkungen, doch vergiß Freundlichkeiten nie.

KONFUZIUS

Freundschaft

Die meisten Freundschaften sind bloße Beziehungen, die dank stillschweigender Übereinkunft weiterbestehen.

NICOLAS CHAMFORT

Einklang des Denkens schafft Freundschaft.

DEMOKRIT

Freundschaft: ein Weiterwerden des Lebens.

RUDOLF EUCKEN

Freundschaft ist leidenschaftsloser Handel zwischen Gleichen.

OLIVER GOLDSMITH

Die Freundschaft ist ein Vertrag, durch den wir uns verpflichten, kleine Dienste zu erweisen, damit wir in den Genuß größerer kommen.

CHARLES BARON DE LA BRÈDE ET DE MONTESQUIEU

Freundschaft ist das Band der Vernunft.

RICHARD BRINSLEY SHERIDAN

Die eigentliche Aufgabe eines Freundes ist, dir beizustehen, wenn du im Unrecht bist. Jedermann ist auf deiner Seite, wenn du im Recht bist.

MARK TWAIN

Führung

Nur wenige Führungskräfte sehen ein, daß sie letztlich nur eine einzige Person führen können und auch müssen. Diese Person sind sie selbst.

PETER F. DRUCKER

Wer die Menschen behandelt, wie sie sind, macht sie schlechter. Wer die Menschen aber behandelt, wie sie sein könnten, macht sie besser.

JOHANN WOLFGANG VON GOETHE

Ich habe gelernt, was heute Elite heißt. Das sind immer weniger Menschen, die mehr arbeiten müssen, damit immer mehr weniger arbeiten können.

HERBERT KÖHLER

Es sollte uns nachdenklich machen, daß im Deutschen einen anführen soviel heißt wie einen betrügen.

GEORG CHRISTOPH LICHTENBERG

Ein Führer entsteht nur, wenn eine Gefolgschaft bereits da ist.

LUDWIG MARCUSE

Ein Führer, das ist einer, der die anderen unendlich nötig hat.

ANTOINE DE SAINT-EXUPÉRY

Nicht die Abschaffung des Egoismus, sondern dessen Steuerung macht Führung aus.

NORBERT STOFFEL

Der Führer ist die Welle, die durch das Schiff vorwärtsgetrieben wird.

GRAF LEO NIKOL
AJEWITSCH TOLSTOI

Führungskräfte

Laß nicht deinen Willen brüllen, wenn deine Macht nur flüstern kann.

THOMAS FULLER

Ein edler Mensch zieht edle Menschen an und weiß, sie festzuhalten.

JOHANN WOLFGANG VON GOETHE

Eine gute Führungskraft gibt jedem Teammitglied das Gefühl, es habe selbst entschieden.

DANIEL GOEUDEVERT

Man muß sich vor dem Siege über Vorgesetzte hüten.

BALTHASAR GRACIÁN Y MORALES

Es gibt einen Satz, den ich in der Bewertung einer Führungskraft nicht lesen möchte: „Er hat Schwierigkeiten beim Umgang mit anderen Menschen." Für mich ist der Mann damit erledigt.

LEE IACOCCA

Wenn ich die Qualitäten, die eine gute Führungskraft ausmachen, in einem Begriff zusammenfassen müßte, dann würde ich sagen, daß es letztlich eine Frage der Tatkraft ist. Am Ende muß man alle Informationen auf einen Nenner bringen, muß einen Zeitplan machen und muß handeln.

LEE IACOCCA

Der Schwache zweifelt vor der Entscheidung; der Starke danach.

KARL KRAUS

Führungskräften, die sich behaupten müssen, fehlt es an Kopf.

RON KRITZFELD

Was uns die Geschichte immer wieder lehrt, ist, daß die Kleinen stets durch die Torheiten der Großen leiden.

JEAN DE LA FONTAINE

Es ist immer verkehrt, zu befehlen, wenn man des Gehorsams nicht sicher ist.

GRAF DE MIRABEAU

Organisieren heißt: eine Generalanweisung bis zum letzten Handgriff detaillieren, die Ausführung überwachen und die Einzeltätigkeiten zu einem sinnvollen Ganzen vereinigen.

HELMAR NAHR

Stellst Du einen Mann an die Spitze, mag er sein, was er will, Jurist oder Techniker; bewährt er sich, so ist er ein Kaufmann.

WALTHER RATHENAU

Was mich anbetrifft, so zahle ich für die Fähigkeit, Menschen richtig zu behandeln, mehr als für irgendeine andere auf der ganzen Welt.

JOHN DAVISON ROCKEFELLER

Die Rivalität ist die Mutter der Ungerechtigkeit.

WILHELM SCHWÖBEL

Wer die anderen neben sich klein macht, ist nie groß.

JOHANN GOTTFRIED SEUME

Wer sich zu wichtig für kleinere Arbeiten hält, ist meistens zu klein für wichtige Aufgaben.

JACQUES TATI

Ein Löwe, welcher immer gut brüllt, bekommt einen guten Leumund.

UNBEKANNT

Funktionär

Die Masse der Funktionäre ist die erstarrte Lava der Revolution.

HANS KASPER

Funktionärsweisheit: Die Ochsen, die da dreschen, sollen uns nicht das Maul verbinden.

HELMAR NAHR

Funktionär: legalisierter Mitläufer.

RUDOLF ROLFS

Furcht

Es ist nichts zu fürchten als die Furcht.

LUDWIG BÖRNE

Die Menschen fürchtet nur, wer sie nicht kennt.

JOHANN WOLFGANG VON GOETHE

Wir müssen immerfort Deiche des Mutes bauen gegen die Flut der Furcht.

MARTIN LUTHER KING

Wir versprechen aus Hoffnung, und wir halten aus Furcht.

LA ROCHEFOUCAULD

Was man nicht zu verlieren fürchtet, hat man zu besitzen nie geglaubt und nie gewünscht.

GOTTHOLD EPHRAIM LESSING

Furcht: die Mutter der Moral.

FRIEDRICH WILHELM NIETZSCHE

Die Furcht hat die Einsicht über die Menschen mehr gefördert als die Liebe, die sich täuschen lassen will.

FRIEDRICH WILHELM NIETZSCHE

Furcht und Intelligenz: Der Grad der Furchtsamkeit ist ein Gradmesser der Intelligenz.

FRIEDRICH WILHELM NIETZSCHE

Furcht: Die Natur will, daß wir etwas tun.

LOTHAR SCHMIDT

G

Gastfreundschaft

Gastfreundschaft: eine Tugend, welche uns veranlaßt, bestimmten Personen Speisen zu geben und Obdach zu gewähren, die beides nicht nötig haben.

AMBROSE BIERCE

Gastfreundschaft besteht aus ein wenig Wärme, ein wenig Nahrung und großer Ruhe.

RALPH WALDO EMERSON

Der Sinn in den Gebräuchen der Gastfreundschaft ist: das Feindliche im Fremden zu lähmen.

FRIEDRICH WILHELM NIETZSCHE

Gedächtnis

Der Ort unserer persönlichen Hölle ist das Gedächtnis und seine unerschöpflichen Tiefen.

MARCEL JOUHANDEAU

Gedächtnis ist Phantasie mit Bewußtsein.

IMMANUEL KANT

Jeder klagt über sein mangelhaftes Gedächtnis, aber niemand über seinen mangelhaften Verstand.

LA ROCHEFOUCAULD

Das Gedächtnis ist der Schattenriß der Leidenschaften unserer Seele.

HANS LOHBERGER

Die Eselsbrücke ist die ideale Verbindung zwischen zwei Gedächtnislücken.

WERNER MITSCH

Ein Kopf ohne Gedächtniskraft ist eine Festung ohne Besatzung.

NAPOLEON I.

Wer ein schlechtes Gedächtnis hat, spart sich viele Gewissensbisse.

JOHN JAMES OSBORNE

Das Gedächtnis ist ein Sieb, in dem wir unser Wissen aufzubewahren trachten. Es empfiehlt sich, ab und zu größere Gedanken zu fassen.

LOTHAR SCHMIDT

Ein schlechtes Gedächtnis hat den Vorzug, daß man die gleichen schönen Dinge ein zweites Mal zum ersten Mal erlebt.

LOTHAR SCHMIDT

Gedächtnis ist das Tagebuch, das wir immer mit uns herumtragen.

OSCAR WILDE

Das Gedächtnis ist der Diener unserer Interessen.

THORNTON NIVEN WILDER

Gedanken

Das Glück im Leben hängt von den guten Gedanken ab, die man hat.

MARC AUREL

Dumme Gedanken hat jeder, aber der Weise verschweigt sie.

WILHELM BUSCH

Ein Gedanke kann nicht erwachen, ohne andere zu wecken.

MARIE VON EBNER-ESCHENBACH

Ein Ansturm von Gedanken ist das einzig denkbare Glück, das uns widerfahren kann.

RALPH WALDO EMERSON

Was wir einen glänzenden Gedanken nennen, ist meist nur ein verfänglicher Ausdruck, der uns mit Hilfe von ein wenig Wahrheit einen verblüffenden Irrtum aufzwängt.

JOHANN WOLFGANG VON GOETHE

Gedanken setzen vielleicht nichts in Bewegung, aber sie setzen sich fest.

ERNST R. HAUSCHKA

Wer ohne Begleitung spazieren geht, kommt in Begleitung vieler Gedanken zurück.

ERNST R. HAUSCHKA

Gedanken ohne Inhalt sind leer, Anschauungen ohne Begriffe sind blind.

IMMANUEL KANT

Wenn ich doch Kanäle in meinem Kopfe ziehen könnte, um den inländischen Handel zwischen meinem Gedankenvorrate zu befördern! Aber da liegen sie zu Hunderten, ohne einander zu nützen!

GEORG CHRISTOPH LICHTENBERG

Die besten Gedanken kommen uns, wenn wir nicht bloß denken.

HANS LOHBERGER

Der Gedanke ist der Umweg des Gefühls auf dem Wege zur Tat.

HANS LOHBERGER

Gedanken sind wie Haare. Die meisten sind wertlos, sobald sie den Kopf verlassen haben.

WERNER MITSCH

Die Verfremdung eines Gedankens beginnt mit dem Versuch, ihn in Worte zu fassen.

HELMAR NAHR

Die größten Gedanken sind die größten Ereignisse.

FRIEDRICH WILHELM NIETZSCHE

Der Gedanke ist nur ein Blitz zwischen zwei langen Nächten; aber dieser Blitz ist alles.

HENRI POINCARÉ

Klar nennen wir die Gedanken, die den gleichen Grad von Konfusion haben wie unsere eigenen.

MARCEL PROUST

Gedanken, welche in Luftschlössern wohnen, arbeiten nicht mehr.

GERHARD UHLENBRUCK

Gedankensplitter entstehen, wenn man sich den Kopf zerbricht.

GERHARD UHLENBRUCK

Zu größerer Klarheit über seine Gedanken gelangt man, indem man sie andern klar zu machen sucht.

JOSEPH UNGER

Die großen Gedanken entspringen dem Herzen.

VAUVENARGUES

Das logische Bild der Tatsachen ist der Gedanke.

LUDWIG WITTGENSTEIN

Geduld

Geduld ist die gezähmte Leidenschaft.

LYMAN ABBOTT

Geduld: eine milde Form der Verzweiflung, verkleidet als Tugend.

AMBROSE BIERCE

Geduld ist ein Pflaster für alle Wunden.

MIGUEL DE CERVANTES

Geduld ist die Stütze der Schwäche, Ungeduld der Ruin der Stärke.

CHARLES CALEB COLTON

Warten lernen wir gewöhnlich erst dann, wenn wir nichts mehr zu erwarten haben.

MARIE VON EBNER-ESCHENBACH

Nicht Kunst und Wissenschaft allein, Geduld will bei dem Werke sein.

JOHANN WOLFGANG VON GOETHE

Ein Schlüssel zum Verständnis der Menschen heißt: Geduld.

ERNST R. HAUSCHKA

Geduld ist die Kraft in der höchsten Potenz.

GERTRUD VON LE FORT

Geduld dient als Schutz gegen Unrecht genau wie Kleidung gegen Kälte.

LEONARDO DA VINCI

Geduld ist die Kunst zu hoffen.

FRIEDRICH ERNST DANIEL SCHLEIERMACHER

Mancher ist mit sich selbst ungeduldig, weil er alle Geduld für andere braucht.

RUPERT SCHÜTZBACH

Geduld ist das Gewürz, das den Tatendrang erst schmackhaft macht.

NORBERT STOFFEL

Gefühle

Die Fertigkeit, Gefühle auszudrücken, ist gesellschaftlich wichtiger als die Fähigkeit, Gefühle zu empfinden.

HANS KRAILSHEIMER

Es ist schwerer, Gefühle, die man hat, zu verbergen, als solche, die man nicht hat, zu heucheln.

LA ROCHEFOUCAULD

Gefühle sind Sprungbretter im Hindernislauf des Denkens.

HANS LOHBERGER

Zwiespalt der Gefühle: das Bewußtsein, daß man eine Sache, die man gar nicht haben will, trotzdem nie kriegen kann.

HELMAR NAHR

Das starke Gefühl beweist nichts für die Wahrheit des Geglaubten.

FRIEDRICH WILHELM NIETZSCHE

Gefühle mögen uns irren lassen; der Verstand dagegen betrügt uns.

CHARLES TSCHOPP

Gegensätze

Alles regelt sich nach einem Gesetz des Gegensatzes, das zugleich ein Gesetz des Ausgleichs ist.

THEODOR FONTANE

Die äußersten Gegensätze berühren sich.

JEAN DE LA BRUYÈRE

Gegensätze soll man nicht auszugleichen trachten, sondern produktiv gestalten.

RICHARD VON SCHAUKAL

Gegensätze werden oft durch Schlagworte verschärft – oder vertuscht.

LOTHAR SCHMIDT

Jede Kehrseite hat ihre Kehrseite.

JAPANISCHES SPRICHWORT

Gegenwart

Gegenwart: jener Teil der Ewigkeit, der die Domäne der Enttäuschung vom Reich der Hoffnung trennt.

AMBROSE BIERCE

Die Hoffnung aufgeben bedeutet, nach der Gegenwart auch die Zukunft preisgeben.

PEARL S. BUCK

Die Zukunft beunruhigt uns, die Vergangenheit hält uns fest, deshalb entgeht uns die Gegenwart.

GUSTAVE FLAUBERT

Kümmern wir uns um das Heute, Gott wird sich um das Morgen kümmern.

MAHATMA GANDHI

Gegenwart: das sinnlich gewordene Stück der Ewigkeit.

HANS LOHBERGER

Die Gegenwart ist das Bargeld der Zukunft.

WERNER MITSCH

Wer die Zukunft fürchtet, verdirbt sich die Gegenwart.

LOTHAR SCHMIDT

Auch die beruhigendste Gegenwart wird bald Vergangenheit sein; das ist immerhin tröstlich.

THORNTON NIVEN WILDER

Keine Gegenwart macht es uns leicht, sie zu lieben.

STEFAN ZWEIG

Geheimnis

Es gibt Situationen, in denen man ein Geheimnis halb preisgeben muß, um den Rest zu bewahren.

LORD PHILIP DORMER
CHESTERFIELD

Wer den kleinsten Teil seines Geheimnisses hingibt, hat den anderen nicht mehr in der Gewalt.

JEAN PAUL

Alles, was sich nicht zur Publizität eignet, ist unrecht.

IMMANUEL KANT

Ein Geheimnis ist wie ein Loch im Gewande. Je mehr man es zu verbergen sucht, um so mehr zeigt man es.

CARMEN SYLVA

Gehorsam

Der Gehorsam ist ein erhabener Vorzug, dessen nur die vernünftige Kreatur fähig ist.

AUGUSTINUS

Wo Verstand befiehlt, ist der Gehorsam leicht.

THEODOR FONTANE

Eine der schwierigsten Fragen unserer Zeit bleibt, ob der Gehorsam noch als Tugend gelten kann oder bereits eine Dummheit geworden ist.

ERNST R. HAUSCHKA

Gehorsam ist der Anfang aller Weisheit; gehorchen muß, wer einst gebieten muß und soll.

GEORG WILHELM FRIEDRICH HEGEL

Unsicherheit im Befehlen erzeugt Unsicherheit im Gehorsam.

HELMUTH GRAF VON MOLTKE

Unbedingter Gehorsam setzt bei den Gehorchenden Unwissenheit voraus.

CHARLES BARON DE LA BRÈDE
ET DE MONTESQUIEU

Geist

Wer seine Ansicht mit anderen Waffen als denen des Geistes verteidigt, von dem muß ich voraussetzen, daß ihm die Waffen des Geistes ausgegangen sind.

OTTO VON BISMARCK

Der Geist ist die Kraft, jedes Zeitliche ideal aufzufassen.

JACOB CHRISTOPH BURCKHARDT

Mit dem Geist ist es wie mit dem Magen: Man sollte ihm nur Dinge zumuten, die er verdauen kann.

SIR WINSTON CHURCHILL

Der Maßstab, den wir an die Dinge legen, ist das Maß unseres eigenen Geistes.

MARIE VON EBNER-ESCHENBACH

Die Richtung unseres Geistes ist wichtiger als sein Fortschritt.

JOSEPH JOUBERT

Geist ist: welche Macht die Erkenntnis eines Menschen über sein Leben hat.

SÖREN AABYE KIERKEGAARD

Der Geist ist die Waffe der Seele.

HANS LOHBERGER

Zwei Mächte gehen durch die Welt, Geist und Degen, aber der Geist ist der mächtigere.

NAPOLEON I.

Der Geist denkt, das Geld lenkt.

OSWALD SPENGLER

Der Geist ist demselben Gesetz unterworfen wie der Körper. Beide können sich nur durch beständige Nahrung erhalten.

VAUVENARGUES

Geist ist die Jugend des Alters.

EMANUEL WERTHEIMER

Geiz

Geizig: ungehörig darauf versessen, das zu behalten, was so viele verdiente Menschen selber gerne haben möchten.

AMBROSE BIERCE

Geiz ist subjektive Armut.

PETER HILLE

Geiz ist der Stachel des Fleißes.

DAVID HUME

Dem Armen geht viel ab, dem Geizigen alles.

SPRICHWORT

Gelassenheit

Die Gelassenheit ist eine anmutige Form des Selbstbewußtseins.

MARIE VON EBNER-ESCHENBACH

Gelassenheit ist die Krone des Alters.

FRIDEL MARIE KUHLMANN

Es sind die schwächsten Bäume nicht, an denen sich die Säue reiben.

HENRY MILLER

Geld

Geld gleicht dem Dünger, der wertlos ist, wenn man ihn nicht ausbreitet.

FRANCIS BACON

Es gibt tausend Möglichkeiten, Geld loszuwerden, aber nur zwei, es zu erwerben: Entweder wir arbeiten für Geld – oder das Geld arbeitet für uns.

BERNARD M. BARUCH

Geld: eine Wohltat, die wir genießen, indem wir uns von ihr trennen. Ein Beweis für Bildung und ein Paß, durch den man Zutritt zur feinen Gesellschaft erlangt. Tragbares Eigentum.

AMBROSE BIERCE

Vielleicht die beste Eigenschaft des Geldes liegt darin, daß man damit Freude bereiten kann. Aber nur die wenigsten nützen das aus.

PEARL S. BUCK

Geld ist eine Form der Energiespeicherung.

JOHN CULKIN

Geld ist geprägte Freiheit.

FJODOR MICHAIJLOWITSCH DOSTOJEWSKI

Geld verdirbt nur den Charakter, der bereits verdorben ist.

EDGAR FAURE

Mach Geld zu deinem Gott und es wird dich plagen wie der Teufel.

HENRY FIELDING

Wo viel Geld ist, geht immer ein Gespenst um.

THEODOR FONTANE

Der Mann, der das Geldproblem löst, hat für die Menschheit mehr getan als die Feldherren aller Zeiten.

HENRY FORD I.

Der oberste Zweck des Kapitals ist nicht, mehr Geld zu schaffen, sondern zu bewirken, daß das Geld sich in den Dienst der Verbesserung des Lebens stellt.

HENRY FORD I.

Wer der Meinung ist, daß man für Geld alles haben kann, gerät leicht in den Verdacht, daß er für Geld alles zu tun bereit sei.

BENJAMIN FRANKLIN

Der Charme des Geldes liegt in seiner Menge.

CARL FÜRSTENBERG

Wenn man kein Geld hat, denkt man immer an Geld. Wenn man Geld hat, denkt man nur noch an Geld.

JEAN PAUL GETTY

Geld bedeutet – je nachdem es da ist oder fehlt – sowohl unabhängige als auch unterwürfige Meinungen.

SIGMUND GRAFF

Beim Geld hört die Gemütlichkeit auf.

DAVID HANSEMANN

Viel Geld verdirbt den Charakter (Regel) oder es stärkt ihn (Ausnahme).

ERNST R. HAUSCHKA

Das Geld ist eines der großartigsten Werkzeuge der Freiheit, die der Mensch erfunden hat.

FRIEDRICH AUGUST VON HAYEK

Sowie einer kein Geld mehr hat, wird er Rothschilds Feind.

HEINRICH HEINE

Die täglichen grenzüberschreitenden Geldbewegungen sind heute 25mal größer als die grenzüberschreitenden Güterbewegungen. Geld wird nicht mehr nur als Transaktionsmittel benutzt zum Zwecke der Finanzierung, sondern Geld wird gehandelt wie eine Ware.

ALFRED HERRHAUSEN

Geld mag die Schale für vieles sein, aber nicht der Kern. Es verschafft dir Essen, aber nicht Appetit, Medizin, aber nicht Gesundheit, Möglichkeiten zum Kennenlernen, aber nicht Freunde, Diener, aber nicht Treue, Tage der Freude, aber nicht Frieden noch Glück.

HENRIK JOHAN IBSEN

Das Geld ist der wahre Apostel der Gleichheit; wo es aufs Geld ankommt, verlieren alle sozialen, politischen, religiösen, nationalen Vorurteile und Gegensätze ihre Geltung.

RUDOLF VON IHERING

Nicht die moralischen Grundsätze, sondern das Geld ist der Leitgedanke der Handelsnationen.

THOMAS JEFFERSON

Wenn man bedenkt, daß das Geld jedes Jahr 5 Prozent von seinem Wert verliert, kann man sagen: Geld verdunstet in 20 Jahren.

DANNY KAYE

Im Deutschen reimt sich Geld auf Welt: Es ist kaum möglich, daß es einen vernünftigeren Reim gebe.

GEORG CHRISTOPH LICHTENBERG

Geld im rechten Augenblick zu haben, das allein ist Geld.

DETLEV FREIHERR VON LILIENCRON

Geld ist das dem Menschen entfremdete Wesen seiner Arbeit und seines Daseins, und dieses fremde Wesen beherrscht ihn, und er betet es an.

KARL MARX

Geld ist der sechste Sinn; der Mensch muß ihn haben – denn ohne ihn kann er die anderen fünf nicht voll ausnützen.

WILLIAM SOMERSET MAUGHAM

Geld ist die Kreditkarte des kleinen Mannes.

HERBERT MARSHALL MCLUHAN

Alles Unheil dieser Welt kommt vom falsch verteilten Geld.

WERNER MITSCH

Geld ist ein Argument. Und oft nicht einmal das schlechteste.

WERNER MITSCH

Aktiv: Geld her oder ich schieße. Passiv: Geld her oder ich mache keinen Finger mehr krumm.

WERNER MITSCH

Geldgeschenke sind phantasielos. Vor allem kleine.

WERNER MITSCH

Man darf kein Träumer sein, wenn man sein Geld im Schlaf verdienen will.

WERNER MITSCH

Als der Teufel das Geld erfunden hatte, konnte er sich getrost zur Ruhe setzen.

WERNER MITSCH

Ohne Geld fehlt Dir was.

ROBERT MUTHMANN

Geld ist das Brecheisen der Macht.

FRIEDRICH WILHELM NIETZSCHE

Das Geld ist nur das Fett des politischen Körpers, wovon ein Zuviel ebenso seine Beweglichkeit behindert, wie ein Zuwenig ihn krank macht.

SIR WILLIAM PETTY

Geldanleger haben das Gedächtnis eines Elefanten, das Herz eines Lammes und die Beine eines Hasen.

KARL-OTTO PÖHL

Man muß das Geld von oben herab betrachten. Und zusehen, daß man es nicht aus den Augen verliert.

ANDRÉ PRÉVOT

Geld ist nicht alles; aber es hat einen Riesenvorsprung vor allem, was danach kommt.

SPRICHWORT

Endlich weiß ich, was den Menschen vom Tier unterscheidet: Geldsorgen.

JULES RENARD

Dieselben Gaben, die den Menschen befähigen, ein Vermögen zu erwerben, verhindern ihn, es zu genießen.

ANTOINE DE RIVAROL

Das Geld, das man besitzt, ist das Mittel zur Freiheit, dasjenige, dem man nachjagt, das Mittel zur Knechtschaft.

JEAN-JACQUES ROUSSEAU

Wer das Geld für sich sprechen läßt, hat einen Demosthenes engagiert.

JACQUES RUEFF

Warum ist bei vielen Menschen Geld der einleuchtendste Grund? Weil er auf der Hand liegt.

MORITZ GOTTLIEB SAPHIR

Gutes Geld ist besser als nur Geld.

FRITZ SCHÄFFER

In der Politik geht es fast immer ums Geld. Der Politiker läßt sich geradezu definieren als ein Mensch, der politische Sachzwänge mit anderer Leute Geld zu lösen versucht.

LOTHAR SCHMIDT

Was man nicht für Geld kaufen kann, muß man gewöhnlich teuer bezahlen.

LOTHAR SCHMIDT

Geld überzeugt leichter als Logik.

LOTHAR SCHMIDT

Geld ist der beste Köder.

LOTHAR SCHMIDT

Gewiß: Geld ist nicht alles. Doch als Ersatz für Vieles ist Geld überaus beliebt.

LOTHAR SCHMIDT

Kein Geld ist vorteilhafter angebracht als das, um welches wir uns haben prellen lassen; denn wir haben dafür unmittelbar Klugheit eingehandelt.

ARTHUR SCHOPENHAUER

Geld ist nichts, aber viel Geld, das ist etwas anderes.

GEORGE BERNARD SHAW

Es stimmt, daß Geld nicht glücklich macht. Allerdings meint man damit das Geld der anderen.

GEORGE BERNARD SHAW

Geld ist die reinste Form des Werkzeugs.

GEORG SIMMEL

Geld ist wie ein Segel in der Tasche.

JAPANISCHES SPRICHWORT

Vielleicht verdirbt Geld den Charakter. Auf keinen Fall aber macht Mangel an Geld ihn besser.

JOHN STEINBECK

Geld ist eine neue Form der Sklaverei.

GRAF LEO NIKOLAJEWITSCH TOLSTOI

Das Geld ist eine dritte Hand.

PAUL-JEAN TOULET

Wenn man keine Kohle mehr hat, sieht man gewöhnlich schwarz.

GERHARD UHLENBRUCK

Manches wäre anders in der Welt, wenn man an manchen Dingen nichts verdienen würde.

GERHARD UHLENBRUCK

Man empfindet es oft als ungerecht, daß Menschen, die Stroh im Kopf haben, auch noch Geld wie Heu besitzen.

GERHARD UHLENBRUCK

Wo Geld ist, da ist der Teufel. Aber wo kein Geld ist, da ist er zweimal.

GEORG WEERTH

Nur ein Mann, der seine Rechnungen nicht bezahlt, darf hoffen, im Gedächtnis der Kaufleute weiterzuleben.

OSCAR WILDE

Wenn man jung ist, denkt man, Geld sei alles, und erst wenn man älter wird, merkt man, daß es alles ist.

OSCAR WILDE

Gelegenheit

Ein kluger Mann wird sich mehr Gelegenheiten verschaffen als sich ihm darbieten.

FRANCIS BACON

Gelegenheit: ein günstiger Anlaß, sich einer Enttäuschung zu bemächtigen.

AMBROSE BIERCE

Nichts wird so unwiederbringlich versäumt wie eine Gelegenheit, die sich täglich bietet.

MARIE VON EBNER-ESCHENBACH

Gelegenheit macht nicht Diebe allein, sie macht auch große Männer.

GEORG CHRISTOPH LICHTENBERG

Es steigt der Mut mit der Gelegenheit.

WILLIAM SHAKESPEARE

Man soll die Gelegenheit beim Schopfe packen, ohne sie an den Haaren herbeizuziehen.

GERHARD UHLENBRUCK

Gelehrte

Gelehrte sind Menschen, die sich von normalen Sterblichen durch die anerworbene Fähigkeit unterscheiden, sich an weitschweifigen und komplizierten Irrtümern zu ergötzen.

ANATOLE FRANCE

Man findet tausend Gelehrte, bis man auf einen weisen Mann stößt.

FRIEDRICH MAXIMILIAN
VON KLINGER

Mancher unserer sehr mittelmäßigen Gelehrten hätte ein größerer Mann werden können, wenn er nicht so viel gelesen hätte.

GEORG CHRISTOPH LICHTENBERG

Der Gelehrte ist wie der Rabe, wenn er seine Jungen füttert und aus seinem Schnabel speit, was er zuvor gegessen hat. Der Denker ist wie der Seidenwurm, welcher keine Maulbeerblätter von sich gibt, sondern Seide.

LIN YUTANG

Gemeinplatz

Gemeinplatz: eine Moral ohne Fabel.

AMBROSE BIERCE

Respekt vor dem Gemeinplatz! Er ist seit Jahrhunderten aufgespeicherte Weisheit.

MARIE VON EBNER-ESCHENBACH

Gemeinplatz: ein Platz für große Tiere.

LOTHAR SCHMIDT

In der Politik spielt sich der geistige Verkehr vorwiegend auf Gemeinplätzen ab.

LOTHAR SCHMIDT

Gemeinwohl

Verbringe den Rest deines Lebens nicht in Gedanken an andere, wenn sie keine Beziehung zum Gemeinwohl haben.

MARC AUREL

Das Gemeinwohl ist ein Kreis, dessen Mittelpunkt überall, dessen Umfang nirgendwo ist.

BLAISE PASCAL

Auf Dauer bringen nur solche Geschäfte Gewinn, die der Allgemeinheit nutzen.

GEORG VON SIEMENS

Sehr weislich geschieht alles, was für das Gemeinwohl geschieht.

DEUTSCHES SPRICHWORT

Genie

Eine Schablone schaffen, das ist Genie.

CHARLES PIERRE BAUDELAIRE

Genie ist nichts als eine bedeutende Anlage zur Geduld.

GEORGES-LOUIS LECLERC
DE BUFFON

Der Genius weist den Weg, das Talent geht ihn.

MARIE VON EBNER-ESCHENBACH

Genie ist zu 10 Prozent Inspiration und zu 90 Prozent Transpiration.

THOMAS ALVA EDISON

Genie ist die Kraft des Menschen, welche durch Handeln und Tun Gesetz und Regel gibt.

JOHANN WOLFGANG VON GOETHE

Wo ein Genie ist, da finden sich Werkzeuge.

HUGO VON HOFMANNSTHAL

Ihre Entstehung verdanken die Meisterwerke dem Genie, ihre Vollendung dem Fleiß.

JOSEPH JOUBERT

Genie ist das Talent der Erfindung dessen, was nicht gelehrt oder gelernt werden kann.

IMMANUEL KANT

Es liegt im Wesen des Genies, die einfachsten Ideen auszunutzen.

CHARLES PIERRE PÉGUY

Gentleman

Der Gentleman ist ein Mann der Wahrheit, Herr über sein eigenes Handeln und fähig, dieses Herrentum in seinem Benehmen zum Ausdruck zu bringen. Er macht sich in keiner Weise abhängig und ist weder Personen noch Meinungen noch dem Reichtum dienstbar.

RALPH WALDO EMERSON

Ein Gentleman ist ein Mensch, der nie die Gefühle eines anderen unabsichtlich verletzt.

OLIVER HERFORD

Ein Gentleman ist ein Mann, der eine unfaire Handlung auch dann bedauert, wenn sie von Erfolg gekrönt war.

HAROLD WILSON

Genug

Wenig brauchen ist besser als viel haben.

AUGUSTINUS

Genug: alles, was es auf der Welt gibt, wenn man es liebt.

AMBROSE BIERCE

Genug ist Überfluß für den Weisen.

EURIPIDES

Genug ist nicht genug. Nur mehr und immer mehr ist genug.

LOTHAR SCHMIDT

Genuß

Der Vernünftige geht auf Schmerzlosigkeit, nicht auf Genuß aus.

ARISTOTELES

Der größte Genuß im Leben ist, das zu tun, von dem die Leute sagen, daß du es nicht tun kannst.

WALTER BAGEHOT

Der vernünftige Genuß der Gegenwart ist die einzig vernünftige Sorge für die Zukunft.

LUDWIG ANDREAS FEUERBACH

Die meisten jagen so sehr dem Genusse nach, daß sie an ihm vorbeilaufen.

SÖREN AABYE KIERKEGAARD

Jedes Ding wird mit mehr Genuß erjagt als genossen.

WILLIAM SHAKESPEARE

Ich schwärme für einfache Genüsse. Sie sind die letzte Zuflucht der Komplizierten.

OSCAR WILDE

Gerechtigkeit

Gerechtigkeit: eine Ware, die der Staat dem Bürger in mehr oder minder verfälschtem Zustand als Belohnung für seine Treue, Steuern und Dienste verkauft.

AMBROSE BIERCE

Gerechtigkeit ist das Brot der Nation; sie hungert immer danach.

FRANCOIS RENÉ DE CHATEAUBRIAND

In der Jugend meinen wir, das Geringste, das die Menschen uns gewähren können, sei Gerechtigkeit. Im Alter erfahren wir, daß es das Höchste ist.

MARIE VON EBNER-ESCHENBACH

Die Gerechtigkeit ist sozusagen eine schöne Jungfrau, die der Prozeßsüchtige maskiert und vorführt, der Staatsanwalt verfolgt, der Advokat tröstet und der Richter verteidigt.

CHARLES ALPHONSE DU FRESNY

Verzögerte Gerechtigkeit ist verweigerte Gerechtigkeit.

WILLIAM EWART GLADSTONE

Gerechtigkeit ist Wahrheit in Aktion.

JOSEPH JOUBERT

Man liebt die Gerechtigkeit, weil man selbst ein Opfer des Unrechts werden könnte.

LA ROCHEFOUCAULD

Man spricht von Gerechtigkeit und denkt an Gewinn.

HANS LOHBERGER

Seid gerecht. Sucht nicht Schuldige, sondern Ursachen.

WERNER MITSCH

Alle Menschen sind einander ähnlich, und alle sind auch wieder voneinander verschieden. Das macht vor allem die Gerechtigkeit so schwierig.

ROBERT MUTHMANN

Es ist eine interessante Erscheinung, daß der idealistische Begriff der Gerechtigkeit im Bereich des Politisch-Wirtschaftlichen vor allem in der Aufteilung der materiellen Güter verwirklicht werden muß.

ROBERT MUTHMANN

Gerechtigkeit ist der Name, welchen wir einer Entscheidung beimessen, die der Mehrzahl der Nichtbetroffenen angenehm ist.

HELMAR NAHR

Zweckmäßigkeit bildet die Voraussetzung und Begrenzung der Gerechtigkeit.

HELMAR NAHR

Es gibt fast nichts Gerechtes und Ungerechtes, dessen Eigenschaft nicht mit dem Wechsel des Klimas wechselt. Drei Breitengrade weiter vom Pol stürzt die ganze Jurisprudenz um. Ein Meridian entscheidet über die Wahrheit, ein paar Jahre über den Besitz. Die Grundgesetze wechseln: Das Recht hat seine Zeitalter. Komische Gerechtigkeit, der ein Fluß oder ein Gebirge Grenzen setzt! Wahrheit diesseits der Pyrenäen, Irrtum jenseits!

BLAISE PASCAL

Die Gerechtigkeit ist ein Inbegriff von Regeln, die einen Menschentyp innerhalb einer Kultur fortbestehen lassen.

ANTOINE DE SAINT-EXUPÉRY

Gerechtigkeit ist eine Form der Lösung sozialer Konflikte.

LOTHAR SCHMIDT

Politische Gerechtigkeit ist das Gleichgewicht der Lobbies.

LOTHAR SCHMIDT

Jeder ist für Gerechtigkeit, weil er glaubt, sie belohne ihn und sorge dafür, daß dem Nachbarn recht geschieht.

LOTHAR SCHMIDT

Es gibt ein unfehlbares Rezept, eine Sache gerecht unter zwei Menschen aufzuteilen: einer von ihnen darf die Portion bestimmen, und der andere hat die Wahl.

GUSTAV STRESEMANN

Gerücht

Gerücht: Lieblingswaffe des Charaktermörders.

AMBROSE BIERCE

Das Gerücht ist wie Falschgeld: rechtschaffene Menschen würden es niemals anfertigen, aber sie geben es bedenkenlos aus.

CLARE B. LUCE

Gerüchte sind die Rauchfahnen der Wahrheit.

HENRY DE MONTHERLANT

Gerichte können kein Gerücht zum Schweigen bringen.

JOHANN NEPOMUK NESTROY

Kein Gerücht ist so gefährlich wie ein Gerücht über eine Währung. Es kann Tatsachen schaffen.

JACQUES RUEFF

Gerücht ist eine Pfeife, die Argwohn, Eifersucht, Vermutung bläst.

WILLIAM SHAKESPEARE

Geschäft

Geschäft: die Kunst, von einem anderen Geld herauszuschlagen, ohne zu Gewaltmitteln Zuflucht nehmen zu müssen.

MAX AMSTERDAM

Geschäfte? Das ist sehr einfach, das bedeutet anderer Leute Geld.

ALEXANDRE DUMAS DER JÜNGERE

Ein Geschäft, das nichts als Geld verdient, ist ein schlechtes Geschäft.

HENRY FORD I.

Führe dein Geschäft, oder es wird dich führen.

BENJAMIN FRANKLIN

Ein tüchtiger Geschäftsmann ist wie ein Kapitän: Er kennt den Kurs, meidet allzu hohes Risiko und rechnet mit allen Eventualitäten.

ERNST R. HAUSCHKA

Sei am Tage mit Lust bei den Geschäften, aber mache nur solche, daß Du des Nachts ruhig schlafen kannst.

THOMAS MANN

Geschäft: eine Kombination von Krieg und Sport.

ANDRÉ MAUROIS

Geschäftserfolg ist der Saldo aus geglückten und mißglückten Entscheidungen. Wesentlich ist der Überschuß.

HANS L. MERKLE

Der Mensch ist ein Tier, das Geschäfte macht; kein anderes Tier tut dies – kein Hund tauscht Knochen mit einem anderen.

ADAM SMITH

Das Geschäft, das sich auf das Glück verläßt, ist ein schlechtes Geschäft.

PUBLILIUS SYRUS

Geschichte

Geschichte ist immer der überlieferte Bericht von der Macht der Minderheiten.

RALPH WALDO EMERSON

Die Geschichte hat noch nie etwas anderes gelehrt, als daß die Menschen aus ihr nichts gelernt haben.

GEORG WILHELM FRIEDRICH HEGEL

Die Geschichte ist ein grenzenloses Frühwarnsystem, das niemand ernst nimmt.

LOTHAR SCHMIDT

Wer macht Geschichte? Die Regierenden oder das Volk, das die Regierenden bestimmt und dem sie verantwortlich sind?

LOTHAR SCHMIDT

Die Geschichte der Völker ist Ideengeschichte, Kriegsgeschichte, Leidensgeschichte.

LOTHAR SCHMIDT

Geschichte ist vergangene Politik und Politik ist gegenwärtige Geschichte.

SIR JOHN ROBERT SEELEY

Die Geschichte ist meistens die Schande des Menschengeschlechts.

JOHANN GOTTFRIED SEUME

Geschichte muß immer wieder neu geschrieben werden, nicht weil neue historische Tatsachen bekannt werden, sondern weil sich der Standpunkt der Betrachter ändert.

ARNOLD JOSEPH TOYNBEE

Geschmack

Geschmack ist nichts als verfeinerter gesunder Menschenverstand.

ANDRÉ MARIE DE CHENIÉR

Der gute Geschmack ist die Fähigkeit, fortwährend der Übertreibung entgegenzuwirken.

HUGO VON HOFMANNSTHAL

Geschmack ist das gebildete Gewissen der Seele.

JOSEPH JOUBERT

Geschmack ist das Beurteilungsvermögen eines Gegenstandes oder einer Vorstellungsart durch ein Wohlgefallen oder Mißfallen ohne alles Interesse. Der Gegenstand eines solchen Wohlgefallens heißt schön.

IMMANUEL KANT

Geschmack ist instinktgewordene Sicherheit im Fühlen.

HANS LOHBERGER

Der Geschmack ist das Gewissen des Schönen, wie das Gewissen der Geschmack des Guten ist.

COMTE JOSEPH MARIE DE MAISTRE

Und ihr sagt mir, Freunde, daß nicht zu streiten sei über Geschmack und Schmecken? Aber alles Leben ist Streit um Geschmack und Schmecken.

FRIEDRICH WILHELM NIETZSCHE

Gesellschaft

Der Rang, den jemand in der Gesellschaft einnimmt, wird durch den Wert seiner Leistungen für sie bestimmt.

EDWARD BELLAMY

Gesellschaften sind Unterhaltungen zwischen Neugierigen und Vorsichtigen.

SIGMUND GRAFF

Der Geist der Wahrheit und der Geist der Freiheit sind die Pfeiler der Gesellschaft.

HENRIK JOHAN IBSEN

Was ist die Quelle der sittlichen Normen? Die Gesellschaft! Was ist der Zweck derselben? Die Gesellschaft! Was ist die Erzeugerin des sittlichen Willens? Die Gesellschaft!

RUDOLF VON IHERING

Die Menschen werden ungleich geboren. Der große Segen der Gesellschaft besteht darin, diese Ungleichheit so weit wie möglich durch die Schaffung von Sicherheit, des erforderlichen Eigentums, der Ausbildung und des Beistands für einen jeden zu mindern.

JOSEPH JOUBERT

Man mag die Gesellschaft nicht lieben oder über sie spotten; man kann sie doch nicht entbehren.

JEAN DE LA BRUYÈRE

Gesellschaft ist die Vereinigung der Menschen und nicht die Menschen selbst.

CHARLES BARON DE LA BRÈDE ET DE MONTESQUIEU

Schopenhauer vergleicht die menschliche Gesellschaft mit einer Gesellschaft von Stachelschweinen, die sich drängen, um sich einander zu erwärmen, aber doch voneinander ferne halten müssen, um einander nicht mit ihren Stacheln zu verletzen. Die mittlere Entfernung, die sie endlich herausfinden, ist bei Schopenhauer die menschliche Höflichkeit. Er hätte auch sagen können: das nach individualistischer Art gefundene Recht.

GUSTAV RADBRUCH

Die Gesellschaft ist wie die Luft: notwendig zum Atmen, aber unzureichend zum Leben.

GEORGE SANTAYANA

Unsere Leistungsgesellschaft ist nicht eine Gesellschaft, in der nur Leistung gilt, sondern eine, welche bestimmt, was Leistung ist und wer sie leisten darf.

GERHARD UHLENBRUCK

Gesetzgeber

Wenn der Richter vom Buchstaben des Gesetzes abweicht, wird er Gesetzgeber.

FRANCIS BACON

Der Gesetzgeber soll denken wie ein Philosoph, aber reden wie ein Bauer.

RUDOLF VON IHERING

Kategorischer Imperativ: Handle so, daß die Maxime deines Willens jederzeit zugleich als Prinzip einer allgemeinen Gesetzgebung gelten könnte.

IMMANUEL KANT

Drei berichtigende Worte des Gesetzgebers, und ganze Bibliotheken werden zu Makulatur.

JULIUS HERMANN VON KIRCHMANN

Sowohl die politische wie die bürgerliche Gesetzgebung proklamieren, protokollieren nur das Wollen der ökonomischen Verhältnisse.

KARL MARX

Gespräch

Gespräch ist gegenseitige distanzierte Berührung.

MARIE VON EBNER-ESCHENBACH

Wenn man einmal weiß, worauf alles ankommt, hört man auf, gesprächig zu sein.

JOHANN WOLFGANG VON GOETHE

Was ist herrlicher als Gold? – Das Licht! Was ist erquicklicher als Licht? – Das Gespräch!

JOHANN WOLFGANG VON GOETHE

In Selbstgesprächen kommt auch der Rechthaberische auf seine Kosten.

LOTHAR SCHMIDT

Wer in Bildern spricht, überzeugt leichter jene, die besser sehen als denken können.

LOTHAR SCHMIDT

Dein Gesprächspartner soll nicht mit dir, sondern mit sich zufrieden sein.

LOTHAR SCHMIDT

Das ist die Kunst des Gesprächs: alles zu berühren und nichts zu vertiefen.

OSCAR WILDE

110

Wovon man nicht sprechen kann, darüber muß man schweigen.

LUDWIG WITTGENSTEIN

Gesunder Menschenverstand

Gesunder Menschenverstand ist Instinkt; genug davon ist Genius.

JOSH BILLINGS

Gesunder Menschenverstand in ungewöhnlichem Maße ist das, was die Welt Weisheit nennt.

SAMUEL TAYLOR COLERIDGE

Der gesunde Menschenverstand ist für den Geist, was die Anmut für den Körper ist.

LA ROCHEFOUCAULD

Bon sens, Menschen-Verstand, common sense wird zu oft für einen vollkommenen Sinn gehalten, in der Tat ist er aber weiter nichts als eine immer wachsam anschauende Erkenntnis von der Wahrheit nützlicher allgemeiner Sätze.

GEORG CHRISTOPH LICHTENBERG

Der gesunde Menschenverstand ist der Türhüter des Geistes: Seine Pflicht ist es, verdächtigen Ideen den Zutritt zu verwehren – und das Verlassen.

DANIEL STERN

Gesundheit

Die Gesundheit ist ein Stück Himmel auf Erden.

ERNST R. HAUSCHKA

Gesundheit ist doch eine häßliche Krankheit, sagen die Bakterien.

PIET HEIN

Krankheit läßt den Wert der Gesundheit erkennen, das Böse den Wert des Guten, Hunger die Sättigung, Ermüdung den Wert der Ruhe.

HERAKLIT

Eine Gesellschaft, in der nur der Gesunde etwas gilt, ist krank.

WERNER MITSCH

Die meisten Menschen sterben an ihren Arzneien, nicht an ihren Krankheiten.

MOLIÈRE

In der ersten Hälfte unseres Lebens opfern wir unsere Gesundheit, um Geld zu verdienen. In der zweiten Hälfte unseres Lebens opfern wir das Geld, um unsere Gesundheit wiederzuerlangen.

VOLTAIRE

Gewalt

Was man mit Gewalt gewinnt, kann man nur mit Gewalt behalten.

MAHATMA GANDHI

Es gibt zwei friedliche Gewalten: das Recht und die Schicklichkeit.

JOHANN WOLFGANG VON GOETHE

Wer nicht den Teufel mit dem Beelzebub austreiben will, der muß der Idee der Gewalt die Gewalt der Idee entgegensetzen.

HANS HABE

Was ist Gewalt anderes als Vernunft, die verzweifelt?

JOSÉ ORTEGA Y GASSET

Jeder, der Gewalt zu seiner Methode gemacht hat, muß zwangsläufig die Lüge zu seinem Prinzip erwählen.

ALEXANDER ISSAJEWITSCH SOL-SCHENIZYN

Mit Gewaltmaßnahmen kann man das Volk unterdrücken, aber nicht regieren.

GRAF LEO NIKOLAJEWITSCH TOLSTOI

Gewerkschaften

Die Gewerkschaften haben viel für ihre Mitglieder getan. Am meisten aber für die Automation.

OLIVER HASSENCAMP

Tarifhoheit: Ihre Majestät thront über den Möglichkeiten.

RON KRITZFELD

Gewerkschaften nutzen ihre Macht selten, wenn überhaupt, zu dem Zweck, gute Arbeit zu garantieren: Fast immer verwenden sie einen Großteil ihrer Macht darauf, schlechte Arbeit zu schützen.

HENRY LOUIS MENCKEN

Die Gewerkschaftsbewegung ist der Kapitalismus der Arbeiterklasse.

GEORGE BERNARD SHAW

Des einen Lohnerhöhung ist des anderen Preiserhöhung.

HAROLD WILSON

Gewinn

Gewinne zu machen ist so wichtig wie die Luft zum Atmen. Es wäre traurig, wenn wir nur auf der Welt wären, um Luft zu atmen, genauso wie es schlimm wäre, würden wir nur Unternehmen führen, um Gewinne zu machen.

HERMANN JOSEF ABS

Gewinn geht doch bei den meisten Menschen, in der Rangordnung, der Ehre vor.

ARISTOTELES

Nach Meinung der Sozialisten ist es ein Laster, Gewinn zu erzielen. Ich bin dagegen der Ansicht, daß es ein Laster ist, Verluste zu machen.

SIR WINSTON CHURCHILL

Der Gewinn soll nicht die Basis, sondern das Resultat der Dienstleistung sein.

HENRY FORD I.

Die soziale Aufgabe des Unternehmens ist es, Gewinne zu machen. Je höher der Gewinn ist, desto sozialer verhält sich der Unternehmer.

MILTON FRIEDMAN

Das schlimmste Verbrechen gegen die arbeitenden Menschen verübt ein Unternehmen, das keine Profite macht.

SAMUEL GOMPERS

Gewinn ist der Ertrag der Unternehmung abzüglich der Kosten für die Zukunftsvorbereitung.

HARALD JÜRGENSEN

Der Gewinn ist Maßstab, nicht Ziel eines Unternehmens.

HANS L. MERKLE

Es wird so viel von Tariflöhnen gesprochen, müßte es da nicht gerechterweise auch so etwas wie Tarifgewinne geben? Gibt es doch schon: Es sind die Bruttogewinne abzüglich der Steuern und Investitionen.

ROBERT MUTHMANN

113

Was ich in 30 Jahren gelernt habe, ist die Erkenntnis, daß Profit die Basis für Eigenkapital ist, das sich in neue Arbeitsplätze umsetzen läßt.

HEINZ NIXDORF

Der Imperativ der Rentabilität hat den kategorischen Imperativ von Kant ersetzt.

DENIS DE ROUGEMENT

Die Erträge von heute sind die Investitionen von morgen und die Investitionen sind die Arbeitsplätze und Masseneinkommen von übermorgen.

HELMUT SCHMIDT

Gewinn ist das Geld, das zählt.

LOTHAR SCHMIDT

Wer arbeitet, strebt nach Gewinn: Geldgewinn, Lustgewinn, Prestigegewinn. Auf die Mischung kommt es an.

LOTHAR SCHMIDT

Kapitalismus und Sozialismus sind für die meisten Menschen Stellvertreterworte für Gewinnstreben und Neid.

LOTHAR SCHMIDT

Es ist nicht alles Gewinn, was man gewonnen zu haben glaubt.

LOTHAR SCHMIDT

Sozial ist nicht, wer das Geld anderer Leute verteilt, sondern wer dafür sorgt, daß es überhaupt etwas zu verteilen gibt.

PAUL SCHNITKER

Was ist Gewinn? Der Gewinn ist der Preis, mit dem in der kapitalistischen Gesellschaft erfolgreiche Innovationen bezahlt werden. Er ist seinem Wesen nach zeitlich beschränkt: Im darauffolgenden Prozeß des Wettbewerbs und der Anpassung wird er schwinden.

JOSEPH ALOIS SCHUMPETER

Gewinn ist Segen, wenn man ihn nicht stiehlt.

WILLIAM SHAKESPEARE

Der Unternehmer mag wollen oder nicht – er muß, wenn er sich nicht selbst aufgeben will, nach Gewinn trachten.

WERNER SOMBART

Ehre und Profit haben nicht im gleichen Sack Platz.

SPANISCHES SPRICHWORT

Der Monarch der Wirtschaft ist
Seine Effizienz der Ertrag.

NORBERT STOFFEL

Der Reingewinn, das ist die Dif-
ferenz zwischen den neuen
Ideen und den alten, zwischen
den modernen Methoden und
den veralteten, zwischen einer
zeitgemäßen Ausstattung und
dem Werkzeug von gestern.

UNBEKANNT

Gewissen

Das, was wir ein böses Gewissen nennen, ist immer ein gutes
Gewissen. Es ist das Gute, was
sich in uns erhebt und uns bei
uns selber verklagt.

THEODOR FONTANE

Der einzige Tyrann, den ich in
dieser Welt anerkenne, ist die
leise innere Stimme.

MAHATMA GANDHI

Das Gewissen ist die Wunde,
die nie heilt und an der keiner
stirbt.

CHRISTIAN FRIEDRICH HEBBEL

Gewissen: das Bewußtsein eines
inneren Gerichtshofes im Menschen.

IMMANUEL KANT

Gewissenlosigkeit ist nicht
Mangel des Gewissens, sondern
der Hang, sich an dessen Urteil
nicht zu kehren.

IMMANUEL KANT

Das Gewissen ist das Gesetz der
Gesetze.

ALPHONSE MARIE LOUIS DE
LAMARTINE

Das Recht ist ein zeitlich Ding,
das zuletzt aufhören muß; aber
das Gewissen ist ein ewig Ding,
das nimmermehr stirbt.

MARTIN LUTHER

Gewissen: die innere Stimme,
die uns warnt, weil jemand zu-
schauen könnte.

HENRY LOUIS MENCKEN

Das schlechte Gewissen ist die
Steuer, welche die Erfindung
des guten Gewissens den Menschen auferlegt.

FRIEDRICH WILHELM NIETZSCHE

Das Gewissen hält uns keineswegs von allen Taten zurück;
doch es verhindert, daß wir
Freude daran haben.

LOTHAR SCHMIDT

Die Stimme des Gewissens muß ohne Lautsprecher auskommen.

LOTHAR SCHMIDT

Die Ehre ist das äußere Gewissen, und das Gewissen ist die innere Ehre.

ARTHUR SCHOPENHAUER

Gewohnheit

Gewohnheit heißt die große Lenkerin des Lebens. Daher sollen wir auf alle Weise erstreben, gute Gewohnheiten einzuimpfen.

FRANCIS BACON

Gewohnheit: eine Fessel der Freien.

AMBROSE BIERCE

Die Gewohnheit ist eine zweite Natur.

MARCUS TULLIUS CICERO

Die Fesseln der Gewohnheit sind zu leicht, als daß man sie spürte, bevor sie zu fest sind, um sie noch abzuschütteln.

SAMUEL JOHNSON

Die Gewohnheit ist eine zweite Schwerkraft.

FRIEDRICH GEORG JÜNGER

Das Gefährliche an der Gewohnheit besteht nicht darin, daß sie unfrei macht, sondern darin, daß sie die Illusion der Freiheit gibt.

HANS KRAILSHEIMER

Gewohnheiten sind der Sieg der Zeit über den Willen.

MICHEL DE MONTAIGNE

Die Gewohnheit ist eine zweite Natur; sie hindert uns, die erste kennenzulernen, deren Grausamkeiten und deren Zauber sie nicht hat.

MARCEL PROUST

Gewohnheit ist ein Hemd aus Eisen.

TSCHECHISCHES SPRICHWORT

Gewöhnung ist Opium für die Einbildungskraft.

ARNOLD JOSEPH TOYNBEE

Glaube

Glaube ist Gewißheit ohne Beweis.

HENRI-FRÉDÉRIC AMIEL

Die Menschen glauben fest an das, was sie sich wünschen.

GAIUS JULIUS CAESAR

Alles Wissen geht aus einem Zweifel hervor und endigt in einem Glauben.

MARIE VON EBNER-ESCHENBACH

Was jemand glaubt, das will er glauben; was er nicht glaubt, dem will er aus dem Weg gehen.

ERNST R. HAUSCHKA

Glaube ist die moralische Denkungsart der Vernunft im Fürwahrhalten desjenigen, was für die theoretische Erkenntnis unzugänglich ist. Er ist ein Vertrauen auf die Verheißung des moralischen Gesetzes.

IMMANUEL KANT

Le credit = der Glaube. Die Wirtschaft ist die Religion im Diesseits.

HANS LOHBERGER

Jeder Glaube ist ein Für-wahr-Halten.

FRIEDRICH WILHELM NIETZSCHE

Glaube nennt man die Angewöhnung geistiger Grundsätze ohne Gründe.

FRIEDRICH WILHELM NIETZSCHE

Der Glaube versetzt Berge, die der Zweifel erschaffen hat.

LOTHAR SCHMIDT

Gläubiger

Gläubiger: Naive, die unerschütterlich daran glauben, ausgeliehenes Geld zurückzuerhalten.

RON KRITZFELD

Pessimisten sind ideale Gläubiger. Sie rechnen nicht damit, ihr Geld zurückzubekommen.

LOTHAR SCHMIDT

Gläubiger sind Leute, die kommen, wenn die Kunden ausbleiben.

LOTHAR SCHMIDT

Gleichgültigkeit

Die Gleichgültigkeit, der innere Tod, ist manchmal ein Zeichen von Erschöpfung, meistens ein Zeichen von geistiger Impotenz und immer – guter Ton.

MARIE VON EBNER-ESCHENBACH

Gleichgültigkeit ist die mildeste Form der Intoleranz.

KARL JASPERS

Jenseits von Gut und Böse steht die Gleichgültigkeit.

WERNER MITSCH

Gleichgültigkeit ist der unbesiegbare Riese der Welt.

LOUISE OUIDA

Apathie: Reizüberflutung verbunden mit der Einsicht, daß man doch nichts ändern kann.

LOTHAR SCHMIDT

Die verbreiteste Form der Anteilnahme ist die Gleichgültigkeit.

NORBERT STOFFEL

Gleichgültigkeit ist der Schlaf des Gemüts.

VAUVENARGUES

Gleichgültigkeit ist die Vergeltung der Welt auf Mittelmäßigkeit.

OSCAR WILDE

Gleichheit

Die Gleichheit ist die Utopie der Empörten.

ÉMILE DE GIRARDIN

Eine über die Gleichheit der Chancen hinausgehende Gleichmachung der Menschen ist die höchste Ungerechtigkeit.

KARL JASPERS

Die Gleichheit, die wir verlangen, ist der erträglichste Grad der Ungleichheit.

GEORG CHRISTOPH LICHTENBERG

Wir sitzen zwar alle in einem Boot, aber mancher sitzt näher an der Kombüse.

HELMAR NAHR

Die Sucht nach Gleichheit kann sich so äußern, daß man die andern zu sich herunterziehen oder sich mit allen hinaufziehen möchte.

FRIEDRICH WILHELM NIETZSCHE

Gleichheit ist nicht gegeben, gegeben sind nur Dinge, so ungleich ‚wie ein Ei dem andern'. Gleichheit ist immer nur Abstraktion von gegebener Ungleichheit unter einem bestimmten Gesichtspunkt.

GUSTAV RADBRUCH

Die rechtliche und politische Gleichheit ist nichts als ein Eingeständnis eines Unvermögens; sie ist das Unvermögen, Verdienste zu klassifizieren.

JOSEPH HENRI ROSNY

Gleichheit am Anfang (Start-gleichheit) kann man im Namen der Gerechtigkeit fordern, Gleichheit am Ende nur im Namen des Neides.

ALEXANDER RÜSTOW

Chancengleichheit bedeutet Gelegenheit zum Nachweis ungleicher Talente.

SIR HERBERT LOUIS SAMUEL

Wer unten ist, fordert Gleichheit. Wer oben ist, behauptet, sie sei erreicht. Das ist alles.

LOTHAR SCHMIDT

Nichts erhält die Gesetze so wirksam wie ihre Anwendung gegen hochgestellte Personen.

PUBLIUS CORNELIUS TACITUS

Glück

Glück ist etwas, das man zum erstenmal wahrnimmt, wenn es sich mit großem Getöse verab-schiedet.

MARCEL ACHARD

Seine Trefflichkeit, welcher Art sie auch sei, ungehindert üben zu können, ist das eigentliche Glück.

ARISTOTELES

Man muß sein Glück teilen, um es zu multiplizieren.

MARIE VON EBNER-ESCHENBACH

Gott, was ist Glück: eine Grieß-suppe, eine Schlafstelle, keine körperlichen Schmerzen – das ist schon viel.

THEODOR FONTANE

Es gibt zwei Wege, um glück-lich zu werden: Wir müssen entweder unsere Wünsche re-duzieren oder unsere Mittel vergrößern – beide sind gleich geeignet. Das Resultat ist je-weils dasselbe, und jedermann muß sich selbst entscheiden und muß das tun, was ihm leichter fällt.

BENJAMIN FRANKLIN

Glück ist die Erfüllung von Kinderwünschen.

SIGMUND FREUD

Sein Glück darin zu finden, für das Glück anderer zu sorgen! Wer diesen Egoismus hat, für den ist es keine Kunst, glücklich zu sein.

GUSTAV FREYTAG

Willst Du glücklich sein im Leben, trage bei zu andrer Glück, denn die Freude, die wir geben, kehrt ins eigne Herz zurück.

JOHANN WOLFGANG VON GOETHE

Die Glückseligkeit ist die verworrene Vorstellung der Befriedigung aller Triebe.

GEORG WILHELM FRIEDRICH HEGEL

Glück heißt, das Ich vergessen bei einer nützlichen Tätigkeit.

ELBERT HUBBARD

Die Glückseligkeit gleicht dem Koks: Sie ist ein Nebenprodukt.

ALDOUS LEONARD HUXLEY

Glück ist nur ein Sammelname für Tüchtigkeit, Klugheit, Fleiß und Beharrlichkeit.

CHARLES FRANKLIN KETTERING

Die Natur gibt einem Menschen seine Fähigkeiten, und das Glück bringt sie zur Wirkung.

LA ROCHEFOUCAULD

Glück: kratzen können, wo es dich juckt.

OGDEN NASH

Glück ist Talent für das Schicksal.

NOVALIS

Aber von allen politischen Idealen ist der Wunsch, die Menschen glücklich zu machen, vielleicht der gefährlichste.

SIR KARL RAIMUND POPPER

Wenn ein Mensch sagt: „Ich bin glücklich", so meint er einfach: „Ich habe keine Sorgen, die mich berühren."

JULES RENARD

Glück ist Verdienst oder Ungerechtigkeit.

RUDOLF ROLFS

Glück ist, wenn Gelegenheit auf Bereitschaft trifft.

LOTHAR SCHMIDT

Glück scheint eine Vorliebe für die Menschen zu haben, die hart arbeiten.

LOTHAR SCHMIDT

Das Glück besteht nicht darin, daß du tun kannst, was du willst, sondern darin, daß du immer willst, was du tust.

GRAF LEO NIKOLAJEWITSCH TOLSTOI

Die einzige dauerhafte Form irdischer Glückseligkeit liegt im Bewußtsein der Produktivität.

CARL ZUCKMAYER

Gold

Gold ist die Vermögensanlage der Pessimisten.

WALTER HESSELBACH

Man schätzt den Staub, ein wenig übergoldet, weit mehr als Gold, ein wenig überstäubt.

WILLIAM SHAKESPEARE

Ohne Gold ist selbst das Licht finster.

LITAUISCHES SPRICHWORT

Grobheit

Grobheit – geistige Unbeholfenheit.

MARIE VON EBNER-ESCHENBACH

Jeder sollte freilich grob sein, aber nur in dem, was er versteht.

JOHANN WOLFGANG VON GOETHE

Grobheit ist die humanste Form des Widerspruchs.

FRIEDRICH WILHELM NIETZSCHE

Größe

Größe heißt, Talent haben und bescheiden darüber sein.

JAMES AGATE

Ein großer Mensch ist einer, der über die Menschheit hinausragt oder der sie unterdrückt.

LORD GEORGE GORDON NOEL BYRON

Zur Größe kann man sich aufringen, aufschwingen, aufdulden, aber nicht – aufblasen.

MARIE VON EBNER-ESCHENBACH

Merkmal großer Menschen ist, daß sie an andere weit geringere Anforderungen stellen als an sich selbst.

MARIE VON EBNER-ESCHENBACH

Größe besitzt, wer uns nie an andere erinnert.

RALPH WALDO EMERSON

Große Menschen sind Inhaltsverzeichnisse der Menschheit.

CHRISTIAN FRIEDRICH HEBBEL

Die wahre Größe besteht darin, daß man nur von sich selbst etwas fordert, ohne etwas von den anderen zu erwarten, nicht einmal zu erwarten, daß sie dies anerkennen.

MARCEL JOUHANDEAU

Um ein großer Mann zu sein, muß man sein Glück ganz auszunützen wissen.

LA ROCHEFOUCAULD

Größe heißt: Richtunggeben.

FRIEDRICH WILHELM NIETZSCHE

Was die Völker groß macht, sind in erster Linie nicht ihre großen Männer, es ist die Höhe des Mittelmäßigen.

JOSÉ ORTEGA Y GASSET

Wir liegen alle in der Gosse, aber einige unter uns blicken zu den Sternen empor.

OSCAR WILDE

Großmut

Der Großmütige gleicht einem Mann, der mit seinem Abendbrot Fische fütterte, aus Unachtsamkeit in den Teich fiel und ersoff.

JOHANN WOLFGANG VON GOETHE

Der eine handelt großmütig, der andere treibt mit dem Großmut Handel.

LOTHAR SCHMIDT

Großherzigkeit ist der Klugheit keine Rechenschaft über ihre Motive schuldig.

VAUVENARGUES

Grundsätze

Der Pragmatiker entscheidet Fälle nicht nach Grundsätzen, sondern grundsätzlich fallweise.

RON KRITZFELD

Das Festhalten und Befolgen der Grundsätze, den ihnen entgegenstehenden Motiven zum Trotz, ist Selbstbeherrschung.

ARTHUR SCHOPENHAUER

Es ist besser, hohe Grundsätze zu haben, die man befolgt, als noch höhere, die man außer acht läßt.

ALBERT SCHWEITZER

Umstände sollten niemals Grundsätze verändern.

OSCAR WILDE

Gut und Böse

Das Gute – dieser Satz steht fest – ist stets das Böse, was man läßt.

WILHELM BUSCH

Das Böse ist das, was mehr Nachteile als Vorteile, und das Gute, was mehr Vorteile als Nachteile hat.

DENIS DIDEROT

Man nennt einen Menschen nicht böse darum, weil er Handlungen ausübt, die böse sind, sondern weil diese so beschaffen sind, daß sie auf böse Maximen in ihm schließen lassen.

IMMANUEL KANT

Alles hat zwei Seiten. Das ist das Gute am Schlechten und das Schlechte am Guten.

WERNER MITSCH

Güte

Güte ist, wenn man das leise tut, was die anderen laut sagen.

FRIEDL BEUTELROCK

Man kann weise sein aus Güte und gut aus Weisheit.

MARIE VON EBNER-ESCHENBACH

Gütig ist der, der in der Beurteilung von andern strenge in der Vernunft und milde im Herzen bleibt.

ALLESSANDRO MANZONI

123

H

Halbwahrheiten

Wer Halbwahrheiten angreift, muß auf die richtige falsche Hälfte zielen.

HELMAR NAHR

Halbwahrheiten: die klügsten Lügen.

RUDOLF ROLFS

Halbwahrheiten sind beliebte Fertigbauteile politischer Institutionen.

LOTHAR SCHMIDT

Wenn wir einer Halbwahrheit nur scharf genug ins Auge sehen, so ist es eine ganze Lüge gewesen.

ARTHUR SCHNITZLER

Handeln

Gute Gesinnung allein, wenngleich sie Gott wohlgefällig ist, hat für die Allgemeinheit wenig mehr Wert als gute Träume, es sei denn, daß sie in Handlungen umgesetzt werden.

FRANCIS BACON

Wer leben will, der muß was tun.

WILHELM BUSCH

Leben heißt handeln.

ALBERT CAMUS

Es ist an sich offenbar, daß die Handlungen der Menschen vom Willen und der Wille von der Hoffnung oder der Furcht ausgehen.

THOMAS HOBBES

Handle so, daß du die Menschheit, sowohl in deiner Person als in der Person eines jeden andern, jederzeit zugleich als Zweck, niemals bloß als Mittel brauchst.

IMMANUEL KANT

Einen Vorsprung im Leben hat, wer da anpackt, wo die anderen erst einmal reden.

JOHN F. KENNEDY

Sein Schicksal schafft sich selbst der Mann.

JOHANN GOTTFRIED KINKEL

Unsere Handlungen sind wie Endreime, die jeder anpaßt, woran er will.

LA ROCHEFOUCAULD

Die Handlungen der Menschen leben fort in den Wirkungen.

GOTTFRIED WILHELM
FREIHERR VON LEIBNIZ

Sobald ihr handeln wollt, müßt ihr die Tür zum Zweifel verschließen.

FRIEDRICH WILHELM NIETZSCHE

Die Naturwissenschaften braucht der Mensch zum Erkennen, den Glauben zum Handeln.

MAX PLANCK

Handeln heißt Widerstand abbauen.

LOTHAR SCHMIDT

Unsere Zweifel bestimmen unser Leben mehr als unsere Gewißheiten.

LOTHAR SCHMIDT

Richtig zu leben heißt, energisch zu handeln.

SAMUEL SMILES

Handeln ist nichts als das gemeinsame Anbequemen an die Tatsachen.

OSCAR WILDE

Wer seinen Gedanken nicht befiehlt..., wird bald das Kommando über seine Handlungen verlieren.

THOMAS WOODROW WILSON

Haß

Haß: ein angemessenes Gefühl angesichts der Überlegenheit eines anderen.

AMBROSE BIERCE

Der Haß ist die Wut des Herzens.

LORD GEORGE GORDON
NOEL BYRON

Weniges auf dieser Welt verbindet so stark wie gemeinsame Abneigung gegen einen Dritten.

RENÉ CLAIR

Der Haß ist ein fruchtbares, der Neid ein steriles Laster.

MARIE VON EBNER-ESCHENBACH

Der Haß ist ein aktives Mißvergnügen, der Neid ein passives; deshalb darf man sich nicht wundern, wenn der Neid so schnell in Haß übergeht.

JOHANN WOLFGANG VON GOETHE

Der Haß ist die Liebe, die gescheitert ist.

SÖREN AABYE KIERKEGAARD

Man haßt nicht, solange man noch geringschätzt, sondern erst, wenn man gleich oder höher schätzt.

FRIEDRICH WILHELM NIETZSCHE

Wenn der Haß feige wird, geht er maskiert in Gesellschaft und nennt sich Gerechtigkeit.

ARTHUR SCHNITZLER

Haß ist Sache des Herzens, Verachtung des Kopfs.

ARTHUR SCHOPENHAUER

Haushalt

Der Staatshaushalt ist ein Haushalt, in dem alle essen möchten, aber niemand Geschirr spülen will.

WERNER FINCK

Beim Griff in die eigene Tasche stellt man immer wieder fest, daß die öffentliche Hand schon vorher drin war.

GRAFFITO

Haushaltsplanung: die Kunst, ein Faß ohne Boden zum Überlaufen zu bringen.

WERNER MITSCH

Der Haushalt ist der Nerv des Staates. Daher muß er den profanen Augen der Untertanen entzogen werden.

RICHELIEU

Kostenexplosionen reißen tiefe Löcher in die Kassen.

RUPERT SCHÜTZBACH

Hektik

Die Krankheit unserer Zeit ist Aktionismus und Hektik.

ALFRED HERRHAUSEN

Eilen hilft nicht; zur rechten Zeit fortgehen, das ist die Hauptsache.

JEAN DE LA FONTAINE

Hektik ist eine Rhythmusstörung der Zeit.

WERNER MITSCH

Nicht die Zeit macht uns fertig, sondern das Tempo.

WERNER MITSCH

Allgemein ist die Hast, weil jeder auf der Flucht vor sich selbst ist.

FRIEDRICH WILHELM NIETZSCHE

Hektik weist auf ein krankes Gemüt. Hauptmerkmal eines geordneten Verstandes ist Beharrungsvermögen und die Fähigkeit, mit sich selbst umgehen zu können.

SENECA

Herrschen

Die Herrschaft über den Augenblick ist die Herrschaft über das Leben.

MARIE VON EBNER-ESCHENBACH

Wer klare Begriffe hat, kann befehlen.

JOHANN WOLFGANG VON GOETHE

Herrschen und genießen geht nicht zusammen. Genießen heißt, sich und andern in Fröhlichkeit angehören; herrschen heißt, sich und anderen im ernstlichsten Sinne wohltätig sein.

JOHANN WOLFGANG VON GOETHE

Eine auf Waffen gegründete Herrschaft muß sich auf Waffen stützen.

CHARLES BARON DE LA BRÈDE
ET DE MONTESQUIEU

Herrschen ist: das Gegengewicht der schwächeren Kraft ertragen – also eine Art Fortsetzung des Kampfes.

FRIEDRICH WILHELM NIETZSCHE

Herrschen ist nicht die Gebärde, welche die Macht an sich reißt, sondern ihre ruhige Ausübung, kurz, herrschen heißt sitzen – auf dem Thron, der sella curulis, dem Ministersitz, dem Heiligen Stuhl. Entgegen einem harmlosen Zeitungsschreiber-Standpunkt ist Herrschen weniger eine Angelegenheit der Faust als des Sitzfleisches. Der Staat ist der Status, die Statik, die Gleichgewichtslage der Meinung.

JOSÉ ORTEGA Y GASSET

Herrschaft ist der zum Gesetz erhobene politische Wille. Das Gesetz beherrscht die strategischen Höhen der Politik.

LOTHAR SCHMIDT

Jedes Herrschaftssystem wird danach beurteilt, um wie viel der Lebensstandard der Funktionäre den der Durchschnittsbürger übertrifft.

LOTHAR SCHMIDT

Die Hierarchie ist revolutionsresistent.

LOTHAR SCHMIDT

Für die herrschenden Zustände sind nicht immer die zuständigen Herrscher verantwortlich.

GERHARD UHLENBRUCK

Die Herrschenden zimmern ihren Thron nicht mehr selber. Darum wissen sie auch nicht, wo er brüchig ist.

KARL-HEINRICH WAGGERL

Herrschsucht

Herrschsucht ist die Freiheitsliebe einzelner; Freiheitsliebe ist die Herrschsucht aller.

LUDWIG BÖRNE

Was die Individualität vernichtet, ist Herrschsucht, gleich welchen Namen man wählt.

JOHN STUART MILL

Herrschsucht: die boshafte Bremse, die den eitelsten Völkern aufgesetzt wird.

FRIEDRICH WILHELM NIETZSCHE

Heuchelei

Heuchelei: dem Charakter ein sauberes Hemd überziehen.

AMBROSE BIERCE

Heuchler: jemand, der Tugenden zur Schau trägt, die er nicht respektiert, und der sich so den Vorteil verschafft, das zu sein, was er verabscheut.

AMBROSE BIERCE

Ein Heuchler ist für sich selbst Bogenschütze und Ziel zugleich; mit all seinem Tun zielt er nach Eigenlob oder Gewinn.

THOMAS FULLER

Heuchelei ist eine Huldigung, welche das Laster der Tugend darbringt.

LA ROCHEFOUCAULD

Die Heuchelei ist ein Modelaster und die Modelaster gelten für Tugenden.

MOLIÈRE

Die Heuchelei ist eine Huldigung, welche die Wahrheit dem Irrtum darbringt.

GEORGE BERNARD SHAW

Hierarchie

Die Hierarchie ist eine Pyramide mit nach innen gekehrter Spitze.

HELMAR NAHR

Wer auf seinen Rang pocht, hat ihn schon eingebüßt und fühlt es.

MAX RYCHNER

Hilfe

Wenn jeder dem anderen helfen wollte, wäre allen geholfen.

MARIE VON EBNER-ESCHENBACH

Wer nicht im Augenblick hilft, scheint mir nie zu helfen.

JOHANN WOLFGANG VON GOETHE

Wohltaten hören auf, Wohltaten zu sein, wenn man sucht, sich für sie bezahlt zu machen.

GOTTHOLD EPHRAIM LESSING

Man hilft den Menschen nicht, wenn man für sie tut, was sie selbst tun können.

ABRAHAM LINCOLN

Alle schlechten Menschen helfen einander, darin liegt ihre größte Stärke.

ALEXANDER ISSAJEWITSCH
SOLSCHENIZYN

Wer nach einer hilfreichen Hand Ausschau halten will, findet sie am besten am Ende des eigenen Armes.

SPRICHWORT

Himmel

Himmel: ein Ort, wo die Bösen aufhören, dich mit ihren persönlichen Angelegenheiten zu behelligen, und wo die Guten aufmerksam zuhören, wenn du deine Angelegenheiten darlegst.

AMBROSE BIERCE

Der Himmel ist das tägliche Brot der Augen.

RALPH WALDO EMERSON

Wer den Himmel auf Erden sucht, hat im Erdkundeunterricht geschlafen.

STANISLAW JERCY LEC

Hindernisse

Hindernisse machen uns groß.

ANDRÉ MARIE DE CHENIÉR

Nur ein feuriges Anspringen wirft große Hindernisse zu Boden.

JOHANN JAKOB ENGEL

Hindernisse überwinden ist der Vollgenuß des Daseins.

ARTHUR SCHOPENHAUER

Hoffnung

Hoffnung ist ein gutes Frühstück, aber ein schlechtes Abendbrot.

FRANCIS BACON

Die Hoffnung ist die Blüte des Wunsches, der Glaube die Frucht der Gewißheit.

HONORÉ DE BALZAC

Hoffnung: die Verquickung von Wunsch und Erwartung.

AMBROSE BIERCE

Wenn wir aufhören, lebhaft zu hoffen, fangen wir an, uns lebhaft zu erinnern.

MARIE VON EBNER-ESCHENBACH

Hoffnung: Mut der Ohnmächtigen.

HATTO EGERER

Der Mensch kann sich von allem trennen, nur nicht von der Hoffnung.

ILJA GREGORJEWITSCH EHRENBURG

Die Schienbeine und die Hoffnungen soll man nicht zu weit hinausstrecken.

EPIKTET

Die Hoffnung rechnet mit Gottes Hilfe; die Utopie rechnet mit der menschlichen Leistung allein.

ERNST R. HAUSCHKA

Hoffnung ist eine Art von Glück; vielleicht das größte Glück, das diese Welt bereit hat.

SAMUEL JOHNSON

Wir versprechen aus Hoffnung, und wir halten aus Furcht.

LA ROCHEFOUCAULD

Hoffnung: so heißt der Wanderschritt des Lebens.

HANS LOHBERGER

Die Hoffnung ist ein viel größeres Stimulans des Lebens als irgendein Glück.

FRIEDRICH WILHELM NIETZSCHE

Die Hoffnung ist der Regenbogen über dem herabstürzenden Bach des Lebens.

FRIEDRICH WILHELM NIETZSCHE

Von der Hoffnung allein läßt es sich nicht leben – und ohne Hoffnung auch nicht.

LOTHAR SCHMIDT

Wir hoffen das Beste, befürchten das Schlimmste und nehmen alles, wie es kommt: mit einem gequälten Lächeln.

LOTHAR SCHMIDT

Man sollte nicht auf Selbstverwirklichung hoffen, sondern Hoffnung selbst verwirklichen.

GERHARD UHLENBRUCK

Jeder Schatten ist im letzten doch ein Kind des Lichts.

STEFAN ZWEIG

Höflichkeit

Die Höflichkeit ist nichts als eine Gymnastik gegen die Leidenschaften.

ALAIN

Die Höflichkeit ist eine natürliche Tugend, die eine große Kaufkraft besitzt.

AMOS BRONSON ALCOTT

Höflichkeit: die annehmbarste Heuchelei.

AMBROSE BIERCE

Höflichkeit ist Staatspapier des Herzens, das oft um so größere Zinsen trägt, je unsicherer das Kapital ist.

LUDWIG BÖRNE

Es gibt keinen besseren Grund, höflich zu sein, als die Überlegenheit.

MARIE VON EBNER-ESCHENBACH

Höflichkeit ist fiktives Wohlwollen.

SAMUEL JOHNSON

Höflichkeit ist, wie die Rechenpfennige, eine offenkundig falsche Münze: mit einer solchen sparsam zu sein, beweist Unwissen; hingegen Freigebigkeit mit ihr Verstand.

ARTHUR SCHOPENHAUER

Höflichkeit ist wie ein Luftkissen; es mag wohl nichts drin sein, aber es mildert die Stöße des Lebens.

ARTHUR SCHOPENHAUER

Humor

Humor ist: mit einer Träne im Auge lächelnd dem Leben beipflichten.

FRIEDL BEUTELROCK

Humor ist, wenn man trotzdem lacht.

OTTO JULIUS BIERBAUM

Humor ist keine Gabe des Geistes, er ist eine Gabe des Herzens.

LUDWIG BÖRNE

Humor ist Sonnenschein des Geistes.

EARL EDWARD GEORGE
BULWER-LYTTON

Wer Humor hat, der lacht über das, was nicht so ist, wie es sein soll; wer spottet, der lacht über das, was nicht so sein kann, wie es sein soll.

ERNST R. HAUSCHKA

Humor ist Erkenntnis der Anomalien.

CHRISTIAN FRIEDRICH HEBBEL

Humor ist überwundenes Leiden an der Welt.

JEAN PAUL

Humor ist der Schwimmgürtel auf dem Strom des Lebens.

WILHELM RAABE

Der Humor ist der edlere Bruder des Witzes.

LUDWIG REINERS

Humor ist der Knopf, der verhindert, daß uns der Kragen platzt.

JOACHIM RINGELNATZ

Humor ist eines der besten Kleidungsstücke, die man in Gesellschaft tragen kann.

WILLIAM MAKEPEACE THACKERAY

Hypothesen

Hypothesen sind Gerüste, die man vor dem Gebäude aufführt und die man abträgt, wenn das Gebäude fertig ist. Sie sind dem Arbeiter unentbehrlich; nur muß er das Gerüst nicht für das Gebäude ansehen.

JOHANN WOLFGANG VON GOETHE

Hypothesen sind Wiegenlieder, womit der Lehrer seine Schüler einlullt.

JOHANN WOLFGANG VON GOETHE

Es gibt Hypothesen, wo Verstand und Einbildungskraft sich an die Stelle der Idee setzen.

JOHANN WOLFGANG VON GOETHE

Hypothesen sind Netze; nur der wird fangen, der auswirft.

NOVALIS

Eine gefaßte Hypothese gibt uns Luchsaugen für alles sie Bestätigende und macht uns blind für alles ihr Widersprechende.

ARTHUR SCHOPENHAUER

I

Ich

Das Ich ist ein Staat, der wie jeder andere seine inneren Schwierigkeiten in äußeren Konflikten abreagieren will.

RON KRITZFELD

Das Ich ist die Spitze eines Kegels, dessen Boden das All ist.

CHRISTIAN MORGENSTERN

Das Ich ist nichts anderes als Wollen und Vorstellen.

NOVALIS

Ich! Das heißt das dauerndste, das gehorsamste Du, das erste, das erwacht, und das letzte, das sich zur Ruhe legt.

PAUL VALÉRY

Ideale

Ideale sind unsere besseren Ichs.

AMOS BRONSON ALCOTT

Wohin kämen wir, bitte, wenn wir immer nur Idealen nachhängen würden? Zu den Idealen!

PETER ALTENBERG

Ein Ideal ist oft nichts als eine flammende Vision der Wahrheit.

JOSEPH CONRAD

Das Ideal ist ... das Wirkliche in seiner höchsten Wahrheit.

GEORG WILHELM FRIEDRICH HEGEL

Erstaunlich kurz ist der Weg des Ideals vom Glaubensartikel zum Handelsartikel.

HANS KRAILSHEIMER

Das Ideal ist nicht anderes als die Wahrheit von weitem.

ALPHONSE MARIE LOUIS DE LAMARTINE

Das Idealisieren ist ein ungeheueres Heraustreiben der Hauptzüge.

FRIEDRICH WILHELM NIETZSCHE

Ideale sind Tatsachen, von denen man träumt.

LOTHAR SCHMIDT

Ideale sind wie Sterne. Wir können sie nie erreichen, bestimmen aber wie Seeleute mit ihrer Hilfe unseren Kurs.

CARL SCHURZ

Idealismus

Extreme Idealisten sind immer Feiglinge; sie nehmen vor der Wirklichkeit Reißaus.

JAKOB BOSSHART

Der Idealismus ist eine konventionelle Form der Hoffnung.

GEORGES BRACQUE

Weltverbesserung fängt zu Hause an.

PEARL S. BUCK

Idealisten sind Menschen, die so tun, als könnte man Ideale verwirklichen.

WILLIAM HARRISON FAULKNER

Der Idealist ist ein Mensch, der anderen Leuten zu Wohlstand verhilft.

HENRY FORD I.

Idealismus ist ein Maß der Vollkommenheit, das in direktem Verhältnis zur eigenen Entfernung vom Problem zunimmt.

JOHN GALSWORTHY

Auch Realisten wissen, daß Idealismus eine Realität sein kann.

MAHATMA GANDHI

Idealismus ist die Fähigkeit, die Menschen so zu sehen, wie sie sein könnten, wenn sie nicht so wären, wie sie sind.

CURT GOETZ

Idealismus ist eine prächtige Toga, welche die Politiker um ihren Willen zur Macht drapieren.

ALDOUS LEONARD HUXLEY

Der Idealist: ein Wesen, welches Gründe hat, über sich dunkel zu bleiben.

FRIEDRICH WILHELM NIETZSCHE

Idealist sein heißt: Kraft haben für andere.

NOVALIS

Der Jammer mit den Weltverbesserern ist, daß sie nicht bei sich selber anfangen.

MARK TWAIN

Idee

Die Idee ist ein dingfest gemachter Gedanke.

HENRI BERGSON

Ein Gedanke, der richtig ist, kann auf die Dauer nicht niedergelogen werden.

OTTO VON BISMARCK

Der Mensch ist bereit, für jede Idee zu sterben, vorausgesetzt, daß ihm die Idee nicht ganz klar ist.

GILBERT KEITH CHESTERTON

Nur die Weisen sind im Besitz von Ideen; die meisten Menschen sind von Ideen besessen.

SAMUEL TAYLOR COLERIDGE

Widersinnigkeiten sind nützlich, um die Aufmerksamkeit für Ideen anzuziehen.

MANDELL CREIGHTON

Gedanken, die schockweise kommen, sind Gesindel. Gute Gedanken erscheinen in keiner Gesellschaft. Ein göttlicher Gedanke kommt allein.

MARIE VON EBNER-ESCHENBACH

Ideen sind Maßkleidung, die man für die Konfektion zurechtgeschnitten hat.

LÉON PAUL FARGUE

Jede große Idee, sobald sie in Erscheinung tritt, wirkt tyrannisch.

JOHANN WOLFGANG VON GOETHE

Die Idee ist die Einheit des Begriffs und der Realität.

GEORG WILHELM FRIEDRICH HEGEL

Die Ideen sind nicht verantwortlich für das, was die Menschen aus ihnen machen.

WERNER HEISENBERG

Es gibt Ideen, denen man nicht entrinnen kann. Man engagiert sich, wenn man ja sagt, wenn man nein sagt und wenn man gar nichts sagt.

THEODOR HERZL

So oft einer meiner Leute eine Idee hat, bitte ich ihn, sie schriftlich niederzulegen. Ich möchte nicht, daß mich jemand bloß durch seine schöne Stimme oder seinen Charme für einen Plan einnimmt. Man kann sich das wirklich nicht leisten.

LEE IACOCCA

Alle neuen, großartigen Ideen üben dieselbe Wirkung aus, es sind die Sonnenaufgänge in der Geschichte. Die Mittagssonne begeistert nicht, nur die Morgensonne.

RUDOLF VON IHERING

Eine Idee ist nichts anderes als der Begriff von einer Vollkommenheit, die sich in der Erfahrung noch nicht vorfindet.

IMMANUEL KANT

Es hätte etwas aus seinen Ideen gemacht werden können, wenn sie ihm ein Engel zusammengesucht hätte.

GEORG CHRISTOPH LICHTENBERG

Was beweist die Geschichte der Ideen anderes, als daß die geistige Produktion sich mit der materiellen umgestaltet? Die herrschenden Ideen einer Zeit waren stets nur die Ideen der herrschenden Klasse.

KARL MARX

Je weiter sich eine Idee von ihrem Urheber entfernt, um so mehr wird an ihr verdient.

WERNER MITSCH

Tritt eine Idee in einen hohlen Kopf, so füllt sie ihn völlig aus – weil keine andere da ist, die ihr den Rang streitig machen könnte.

CHARLES BARON DE LA BRÈDE
ET DE MONTESQUIEU

Die Idee ist ein Schach, das man der Wahrheit bietet.

JOSÉ ORTEGA Y GASSET

Nichts ist bezeichnender für das Wertesystem unserer Tage, als daß man die Wichtigkeit einer Idee an der Statistik ihrer Anwendungsfälle messen zu können glaubt.

GUSTAV RADBRUCH

Neue Ideen drücken oft ebenso wie neue Schuhe.

LOTHAR SCHMIDT

Ideen sind wie Kinder: die eigenen liebt man am meisten.

LOTHAR SCHMIDT

Ideen werden gewöhnlich nach dem Menschen beurteilt, der sie vorträgt.

LOTHAR SCHMIDT

Wer hochfliegende Ideen hat, sollte nicht vergessen, daß sie auf dem Boden der Tatsachen landen müssen.

LOTHAR SCHMIDT

Wortbilder machen Ideen sichtbar, Wortspiele geben ihnen Spielraum.

LOTHAR SCHMIDT

Ideen sind mächtiger als Körperkraft.

SOPHOKLES

Ein Mann mit einer neuen Idee gilt solange als verschroben, bis er Erfolg hat.

MARK TWAIN

Eine Idee wird darum noch nicht wahr, weil jemand sich dafür geopfert hat.

OSCAR WILDE

Nichts auf der Welt ist so kraftvoll wie eine Idee, deren Zeit gekommen ist.

VICTOR HUGO

Ideologie

Wir brauchen ein Mistbeet für Initiativen, aber wir haben eine Betonlandschaft von Ideologien.

NORBERT BLÜM

Eine Ideologie kann nur noch durch eine einfältigere Ideologie besiegt werden.

PIERRE GAXOTTE

Ideologie ist der Versuch, die Straßenbeschaffenheit zu ändern, indem man neue Wegweiser aufstellt.

CARLO MANZONI

Ideologen sind Leute, die glauben, daß die Menschheit besser sei als der Mensch.

ITALO SVEVO

Eine Ideologie ist ein Vorurteil, welches öffentlich im Namen des Volkes gefällt wird.

GERHARD UHLENBRUCK

Ignorieren

Ignorieren ist der Königsweg des Tabuisierens.

LUDWIG MARCUSE

Ignoranz ist nicht Nichtwissen, sondern Nichtwissenwollen.

WERNER MITSCH

Manch einer hält sich für unbestechlich, weil er Argumente ignoriert.

HELMAR NAHR

Vieles wird zusehends schlechter, anderes wegsehends nicht besser.

HELMUT QUALTINGER

Illusion

Die Illusion ist der billige Traum aus Zwirn und Baumwolle, der zu oft auf eine frühreife Erfahrung gepfropfte Traum, der Traum der zukünftigen Notare.

GEORGES BERNANOS

Wenn jemand Illusionen hat, so frage ihn, wie diese konkret aussehen.

ERNST R. HAUSCHKA

Luftschlösser verursachen keine Baukosten, aber ihre Zerstörung ist oft sehr teuer.

FRANÇOIS MAURIAC

Sind Illusionen einmal verflogen, kommen sie nie wieder.

GUISEPPE MAZZINI

Alle Illusionen sterben, aber nur die Schwächlinge sterben mit ihnen.

CHARLES MORGAN

Die Illusion ist der Glaube an eine Phantasterei.

ROBERT MUTHMANN

Wer behauptet, daß er keine Illusionen habe, hat die Illusion, er habe keine.

LOTHAR SCHMIDT

Von der Ideologie zur Illusion ist nur ein Schritt.

LOTHAR SCHMIDT

Illusionen sind die Schmetterlinge des Lebensfrühlings.

PETER SIRIUS

Die regelmäßige Verabreichung von Illusionen drückt den Protestspiegel.

NORBERT STOFFEL

Trenne dich nie von deinen Illusionen! Wenn sie verschwunden sind, wirst du weiter existieren, aber aufgehört haben zu leben.

MARK TWAIN

Image

Wer sich ein Image gibt, muß kein Snob sein. Aber jeder Snob gibt sich ein Image.

OLIVER HASSENCAMP

Mancher pflegt sein Image so lange, bis er keines mehr hat.

DANNY KAYE

Das Image ist eine bemerkenswert gut gelungene Kopie. Sie übertrifft das Original bei weitem.

LOTHAR SCHMIDT

Individualismus

Individualismus ist ein System, in welchem die menschliche Dummheit den geringsten Schaden anrichten kann.

JOHN MAURICE CLARK

Individualismus ist die Sünde der politischen Freiheit.

JAMES FENIMORE COOPER

Die Individualität ist die eigentliche Quelle allen Fortschritts.

MAHATMA GANDHI

Die ausgewogenste Ordnung zwischen Individualismus und Kollektivismus bringt der Friedhof: Hier ist jeder für sich allein und keiner für sich allein.

ERNST R. HAUSCHKA

Die Freude verallgemeinert, der Schmerz individualisiert den Menschen.

CHRISTIAN FRIEDRICH HEBBEL

Das Geheimnis, mit allen Menschen in Frieden zu leben, besteht in der Kunst, jeden seiner Individualität nach zu verstehen.

FRIEDRICH LUDWIG JAHN

Individualität ist das, was dich von der Welt absondert; Liebe ist das, was dich ihr verbindet. Je stärker die Individualität, desto stärker erfordert sie Liebe.

WALTHER RATHENAU

Individualismus: auf das, was andere sagen, nicht hören und doch darauf antworten.

RUDOLF ROLFS

Durch die Individualität des Menschen ist das Maß seines möglichen Glückes zum voraus bestimmt.

ARTHUR SCHOPENHAUER

Inflation

Leider muß aber gesagt werden, daß die Inflation für viele Politiker – aber nicht nur für diese – das zu sein scheint, was man im Sport einen ‚Angstgegner‘ nennt; ein Gegner nämlich, an den man sich angesichts seiner vermeintlichen Kraft nur zögernd und nur halben Mutes heranwagt.

HERMANN JOSEF ABS

Inflation ist Nichtanerkennung.

CALVIN COOLIDGE

Die Inflation ist eine Antriebskraft, welche die Wirtschaft derart in Fahrt bringt, daß sie nicht mehr zu bremsen ist.

GEORGES ELGOZY

Inflation ist das erste Wundermittel des schlecht geführten Staates. Das zweite Wundermittel ist der Krieg. Beide führen zu zeitweiligem Wohlstand, und beide führen zu völligem Zusammenbruch.

ERNEST MILLER HEMINGWAY

Ein wenig Inflation, das ist wie ein wenig Schwangerschaft – beide nehmen langsam, aber stetig zu.

LEON HENDERSON

In Zeiten der Inflation pflegt der Mensch rascher zu sinken als die Währung.

HANS KRAILSHEIMER

Inflationen kann man wie Diktaturen nur bekämpfen, ehe sie die Macht übernommen haben.

ALFRED MÜLLER-ARMACK

Inflation: periodisch wiederkehrender Beweis für die Tatsache, daß bedrucktes Papier bedrucktes Papier ist.

HELMAR NAHR

Alles klar? Stabilität ist, wenn die Löhne um 4,3 Prozent steigen. Inflation ist, wenn die Preise um 3,9 Prozent steigen.

HELMAR NAHR

Inflation ist wie eine Droge: Für kurze Zeit macht sie unsere Gesellschaft ‚high'.

KARL SCHILLER

Inflation ist in den meisten Fällen eine subtile Form der entschädigungslosen Enteignung derjenigen, die Geldvermögen besitzen.

HELMUT SCHLESINGER

Inflation erzeugt Haßliebe: Die meisten Menschen hassen die Inflation, lieben aber alles, was sie hervorruft.

LOTHAR SCHMIDT

Wenn die Regierung das Geld verschlechtert, um alle Gläubiger zu betrügen, so gibt man diesem Verfahren den höflichen Namen Inflation.

GEORGE BERNARD SHAW

Die Regierungen haben eine Inflation der Hoffnungen erweckt und eine Inflation des Geldes erzeugt.

FRANZ-JOSEF STRAUSS

Inflation: Wenn einer zuviel Geld hat, verliert er an Wert – als Mensch.

GERHARD UHLENBRUCK

Inflation ist nicht Schicksal, sondern Betrug am Volk. Eine harte Währung kann nicht mit weichen Maßnahmen gehalten oder verteidigt werden.

WILHELM VOCKE

Information

Informationen sind notwendig. Wo sie fehlen, entsteht kein Vakuum, da machen sich viel eher Gerüchte, Klatsch und Mißverständnisse breit.

HANS CHRISTIAN ALTMANN

Der Erfolgreichste ist im Leben der, welcher die beste Information besitzt.

BENJAMIN DISRAELI

Die neue Quelle der Macht ist nicht mehr Geld in der Hand von wenigen, sondern Information in den Händen von vielen.

JOHN NAISBITT

Die überwältigende Mehrheit aller im sogenannten Dienstlei-

stungsbereich Tätigen ist in Wirklichkeit mit der Erstellung, Verarbeitung und dem Vertrieb von Informationen befaßt.

JOHN NAISBITT

Obwohl wir weiterhin fest davon überzeugt sind, in einer Industriegesellschaft zu leben, sind wir in Wirklichkeit auf dem Weg zu einer Gesellschaft, die auf Erstellung von Informationen und deren Verbreitung basiert.

JOHN NAISBITT

Wir ertrinken in Informationen, aber wir hungern nach Wissen.

JOHN NAISBITT

Ohne Führerschein kommt man heute nicht mehr weit. Kenntnisse der Informations- und Kommunikationstechnik, der Umgang mit Computern und Steuerungen sind zum Führerschein für die Zukunft geworden.

TYLL NECKER

Mit Schlagzeilen erobert man Leser. Mit Informationen behält man sie.

ALFRED NORTHCLIFF

Die beste Informationsquelle sind Leute, die versprochen haben, nichts weiterzuerzählen.

LOTHAR SCHMIDT

Bei vielen Reden ist die Informationsübertragung nur eine Randerscheinung.

LOTHAR SCHMIDT

Der Entzug von Informationen führt zum Optimismus.

NORBERT STOFFEL

Wer informiert ist, bleibt nicht ruhig.

NORBERT STOFFEL

Werden wir richtig informiert? Ich übertreibe nicht, wenn ich behaupte, daß von der Antwort auf diese Frage die Zukunft der menschlichen Gesellschaft abhängt.

ARNOLD JOSEPH TOYNBEE

Die ganz in Information verwandelte Sprache ist die gehärtete Spitze einer nicht gehärteten Masse.

CARL FRIEDRICH VON WEIZSÄCKER

Information … ein Name für den Inhalt dessen, was mit der äußeren Welt ausgetauscht wird, wenn wir uns ihr anpassen und sie dies spüren lassen … Tätig leben heißt, mit angemessener Information leben.

NORBERT WIENER

Information ist der Kitt der Gesellschaft.

NORBERT WIENER

Initiative

Der eine wartet, daß die Zeit sich wandelt, der andere packt sie kräftig an und handelt.

DANTE ALIGHIERI

Ich vertraue der privaten Initiative und glaube, daß sie die stärkste Kraft ist, um aus den jeweiligen Gegebenheiten den höchsten Effekt herauszuholen.

LUDWIG ERHARD

Es ist nicht genug zu wissen, man muß es auch anwenden. Es ist nicht genug zu wollen, man muß es auch tun.

JOHANN WOLFGANG VON GOETHE

Wenn ein Schuß kracht, fliegen die Sperlinge auf; so geht es den Bedenken, wenn ein Entschluß gefaßt wird.

ERNST R. HAUSCHKA

Initiative heißt, das Richtige tun, ohne daß es angeschafft und erklärt werden muß.

ELBERT HUBBARD

Bürgerinitiativen sind die Marktlücken der parlamentarischen Demokratie.

HELMAR NAHR

Innovation

Wenn man die Entwicklungsgeschichte neuer Ideen verfolgt, so fehlt die Periode der Verhöhnung niemals.

HONORÉ DE BALZAC

Innovationsstärke wird mehr als früher zum Schlüssel einer höheren Wettbewerbsfähigkeit. Die Hälfte aller Produkte, die wir in fünf Jahren verkaufen wollen, müssen wir erst entwickeln.

KARL HEINZ BECKURTS

Wer wirklich Neues erdenken will, kann gar nicht genug ‚verrückt' sein.

NIELS BOHR

Die meisten Nachahmer lockt das Unnachahmliche.

MARIE VON EBNER-ESCHENBACH

Alles Alte, soweit es Anspruch darauf hat, sollen wir lieben, aber für das Neue sollen wir recht eigentlich leben.

THEODOR FONTANE

Jede Lösung eines Problems ist ein neues Problem.

JOHANN WOLFGANG VON GOETHE

Man braucht die Fähigkeit, Fehler zu machen. Man kann nicht Innovationen schaffen, wenn man nicht gewillt ist, Irrtümer zu akzeptieren.

CHARLES KNIGHT

Nicht die Klügsten haben immer die besten Einfälle. Gute Einfälle sind Geschenke des Glücks.

GOTTHOLD EPHRAIM LESSING

Statt unablässig den Verlust der alten Industrien zu bejammern, müssen wir uns einfach dem Abenteuer stellen, neue Industrien zu entwickeln.

JOHN NAISBITT

Innovationen sind Pfeiler, die die Zukunft tragen.

NORBERT STOFFEL

Ideen bringen Geld, aber Geld nicht Ideen.

UNBEKANNT

Ein guter Einfall ist wie ein Hahn am Morgen. Gleich krähen andere Hähne mit.

KARL-HEINRICH WAGGERL

Instinkt

Instinkt ist ungelernte Fähigkeit.

ALEXANDER BAIN

Der Instinkt ist nichts anderes als das von Generation zu Generation vererbte Gedächtnis des Menschengeschlechts.

FRANÇOIS ALPHONSE FOREL

Instinkt ist die Nase des Geistes.

ÉMILE DE GIRARDIN

Instinkt bezeichnet ein zweckgerichtetes Handeln, bei dem wir keine genaue Vorstellung davon haben, was der Zweck ist.

NICOLAI HARTMANN

Instinkt ist vergangene Erfahrung, unbewußt gewordene Vernunft.

HANS LOHBERGER

Die Instinkte sind bereits das Erzeugnis endlos lang fortgesetzter Prozesse.

FRIEDRICH WILHELM NIETZSCHE

Der Instinkt ist das dauernde Wesen der Art.

EDGAR QUINET

Instinkt ist Intelligenz, die unfähig ist, sich ihrer selbst bewußt zu werden.

JOHN STERLING

Institution

Bei allen Dingen dieser Welt, die der Mühe Wert sind, getan zu werden, gibt es einen Punkt, wo keiner sie tun würde, außer aus Notwendigkeit oder um der Ehre willen. Das ist der Augenblick, wo die Institution einen Menschen hält.

GILBERT KEITH CHESTERTON

Die Institution ist der verlängerte Schatten der Menschen.

RALPH WALDO EMERSON

Institutionen sind Aufbewahrungsorte für Werte.

CARLYLE MARNEY

Wie eine Schneewehe entsteht, wenn sich der Wind legt, so entsteht eine Institution, wenn sich die Wahrheit hat einlullen lassen; doch die Wahrheit bläst über die Institution hinweg und bläßt sie schließlich fort.

HENRY DAVID THOREAU

Intelligenz

Intelligenz ist nur eine zufällige Begleiterscheinung des Lebens und vielleicht nicht einmal eine sehr nützliche.

ISAAC ASIMOV

Intelligenz entsteht dadurch, daß Verstand mit Verstand zu tun bekommt.

ERNST BACMEISTER

Es scheint, daß eine bestimmte Art des Nichtwissens oder Vergessens, die Herauslösung des Wesentlichen aus dem Erscheinungshaften, Intelligenz ist.

PAUL BERTOLOLY

Wenn ein intelligenter Mensch die falsche Sache vertritt, ist das noch schlimmer als wenn ein Dummkopf für die richtige eintritt.

GEORGES BENJAMIN CLEMENCEAU

Der Intellekt hat ein scharfes Auge für Methoden und Werkzeuge, aber er ist blind gegen Ziele und Werte.

ALBERT EINSTEIN

Intelligenz macht schüchtern.

ERASMUS VON ROTTERDAM

Die Intelligenz ist ein Heerführer, der immer zu spät in die Schlacht kommt, und der nach der Schlacht diskutiert.

LÉON PAUL FARGUE

Wohl führt letzten Endes die Intelligenz die Welt, aber wahrlich nur von weitem. Die Schöpfer der Ideen sind längst wieder zu Staub geworden, wenn … ihr Gedanke schließlich triumphiert.

GUSTAVE LE BON

Die Intelligenz ist die Fähigkeit, die bewirkt, daß man Abstand nimmt.

HENRY DE MONTHERLANT

Der beste brain-trust ist ein intelligentes Gehirn.

HELMAR NAHR

Furcht und Intelligenz: Der Grad der Furchtsamkeit ist ein Gradmesser der Intelligenz.

FRIEDRICH WILHELM NIETZSCHE

Die Intelligenz ist die Magd des Willens.

ARTHUR SCHOPENHAUER

Interesse

Ich glaube, daß niemand etwas für uns tut, der nicht zugleich sein Interesse dabei findet.

OTTO VON BISMARCK

Es gibt keine uninteressanten Dinge, nur uninteressierte Leute.

GILBERT KEITH CHESTERTON

Wie hoch ist doch jede wahre Neigung zu schätzen in einer Welt, wo Gleichgültigkeit und Abneigung eigentlich recht zu Hause sind.

JOHANN WOLFGANG VON GOETHE

Es kommt nichts ohne Interesse zustande.

GEORG WILHELM FRIEDRICH HEGEL

Das Interesse ist auf der Erde jener mächtige Zauber, der in den Augen aller Geschöpfe die Gestalt aller Gegenstände verwandelt.

CLAUDE-ADRIEN HELVÉTIUS

Alles, was sich zu lange hinschleppt, ehe es zu etwas nur irgend Sichtbarem führt, verliert an Interesse.

WILHELM VON HUMBOLDT

Interessenvertreter sind Leute, die in unserem Namen ihre Interessen vertreten.

HELMAR NAHR

Nichts ist gefährlicher als der Einfluß der Privatinteressen in den öffentlichen Angelegenheiten.

JEAN-JACQUES ROUSSEAU

Die Reichweite der Interessenlage bestimmt die Dauerhaftigkeit politischer Grundsätze.

LOTHAR SCHMIDT

Parteien und Verbände unterscheiden sich durch die Schwankungsbreite ihrer Interessen.

LOTHAR SCHMIDT

Was nützt die Politik als Kunst des Möglichen, wenn sich das Mögliche gegen bestehende Interessen richtet?

LOTHAR SCHMIDT

Wenn nicht jeder ein so ganz übertriebenes Interesse an sich selbst nähme, so wäre das Leben so uninteressant, daß es keiner darin aushielte.

ARTHUR SCHOPENHAUER

Freundschaften vergehen über Nacht, aber Interessen bleiben.

FRANZ-JOSEF STRAUSS

Wenn wir uns für die anderen interessieren, interessieren sie sich für uns.

PUBLILIUS SYRUS

Interessiert sind immer nur die Leute mit eigenem Interesse.

GERHARD UHLENBRUCK

Der Mensch ist das Produkt seiner Interessen.

GÜNTHER WEISENBORN

Intuition

Das eigentlich Wertvolle ist im Grunde die Intuition.

ALBERT EINSTEIN

Intuition ist Vernunft in Eile.

HOLBROOK JACKSON

Intuitionen sind Oasen in der Wüste des reinen Verstandes. Kein Weg zu ihnen, der nicht durch die Wüste führt.

HANS KUDSZUS

Intuition ist eine Vermutung, die es geschafft hat.

LOTHAR SCHMIDT

Investition

Eine Investition in Wissen bringt immer noch die besten Zinsen.

BENJAMIN FRANKLIN

Die älteste Form der Investitionslenkung ist der Flirt.

OLIVER HASSENCAMP

Ironie

Die Ironie ist die Tapferkeit der Schwachen und die Feigheit der Starken.

ANDRÉ BERTHET

Die Ironie ist eine gefährliche Waffe, weil sie eine vergiftete

Waffe ist. Die Maske, die der Angreifer sich vorbindet, erbittert den andern viel mehr als ein offener Hieb; die Menschen ertragen Beschimpfung und Drohung eher als Spott und Ironie. Deshalb soll man gegen Untergebene und Kinder nie ironisch werden.

OTTO VON BISMARCK

Ironie ist die letzte Phase der Enttäuschung.

ANATOLE FRANCE

Ironie ist das Körnchen Salz, das das Aufgetischte überhaupt erst genießbar macht.

JOHANN WOLFGANG VON GOETHE

Die Ironie ist die Kaktuspflanze, die über dem Grab unserer toten Illusionen wuchert.

ELBERT HUBBARD

Ironie: Wettstreit der Gefühle.

HANS LOHBERGER

Ironie heißt fast immer, aus einer Not eine Überlegenheit machen.

THOMAS MANN

Ironie ist keine Waffe, eher ein Trost der Ohnmächtigen.

LUDWIG MARCUSE

Der Ironiker ist meist nur ein beleidigter Pathetiker.

CHRISTIAN MORGENSTERN

Ironie ist die Fähigkeit, noch an Mißständen seinen Spaß zu haben.

ROBERT MUTHMANN

Ironie ist die Rache des menschlichen Geistes an der uneinsichtigen Gesellschaft.

HELMAR NAHR

Ironie ist Verteidigung unserer Identität.

LOTHAR SCHMIDT

Selbstironie ist ein homöopathisches Mittel gegen Selbstgefälligkeit.

RUPERT SCHÜTZBACH

Ich gelte überall für einen Meister der Ironie. Aber auf den Gedanken, eine Freiheitsstatue im Hafen von New York zu errichten, wäre selbst ich nicht gekommen.

GEORGE BERNARD SHAW

Die Ironie ist eine Beleidigung in Form eines Kompliments.

EDWIN PERCY WHIPPLE

Irrtum

Die Irrtümer eines großen Geistes sind belehrender als die Wahrheiten eines kleinen.

LUDWIG BÖRNE

Jeder Mensch kann irren. Im Irrtum verharren wird nur der Tor.

MARCUS TULLIUS CICERO

Wenn man einen falschen Weg einschlägt, verirrt man sich um so mehr, je schneller man geht.

DENIS DIDEROT

Sobald man spricht, beginnt man schon zu irren.

JOHANN WOLFGANG VON GOETHE

Die Irrtümer des Menschen machen ihn gelegentlich liebenswürdig.

JOHANN WOLFGANG VON GOETHE

Der Irrtum verhält sich gegen das Wahre wie der Schlaf gegen das Wachen. Ich habe bemerkt, daß man aus dem Irren sich wie erquickt wieder zu dem Wahren hinwende.

JOHANN WOLFGANG VON GOETHE

Es irrt der Mensch, so lang er strebt.

JOHANN WOLFGANG VON GOETHE

Jeder Irrtum hat drei Stufen; auf der ersten wird er ins Dasein gerufen, auf der zweiten will man ihn nicht eingestehen, auf der dritten macht nichts ihn ungeschehen.

FRANZ GRILLPARZER

Wer tiefer irrt, der wird auch tiefer weise.

GERHART HAUPTMANN

Unsere Irrtümer sind unsere Wegweiser. Mag sein. Das Unglück ist nur, daß wir in jedem so gern ein Ziel erblicken.

CARL GUSTAV JOCHMANN

Irrtümer entspringen nicht allein daher, weil man gewisse Dinge nicht weiß, sondern weil man sich zu urteilen unternimmt, obgleich man doch nicht alles weiß, was dazu erfordert wird.

IMMANUEL KANT

Aller Irrtum besteht darin, daß wir unsere Art, Begriffe zu bestimmen oder abzuleiten oder einzuteilen, für Bedingungen der Sachen an sich selbst halten.

IMMANUEL KANT

Irrtümer haben ihren Wert, jedoch nur hier und da. Nicht jeder, der nach Indien fährt, entdeckt Amerika.

ERICH KÄSTNER

Menschen irren, aber nur große Menschen erkennen ihren Irrtum.

AUGUST VON KOTZEBUE

Zu erkennen, daß man sich geirrt hat, ist ja nur das Eingeständnis, daß man heute schlauer ist als gestern.

JOHANN CASPAR LAVATER

Alle Menschen neigen zum Irrtum; und die meisten von ihnen sind in vielerlei Hinsicht der Versuchung des Irrtums durch Leidenschaft oder Interesse ausgesetzt.

JOHN LOCKE

Ich denke so, sagt die Meinung. Es ist so, sagt die Wahrheit. Aber irren können sich beide.

ROBERT MUTHMANN

Der Irrtum ist die wohnliche Insel der Gewißheit im tückischen Meer der Tatsachen.

HELMAR NAHR

Auf dem Floß unserer Irrtümer rudern wir von Halbwahrheiten zu Halbwahrheiten.

HELMAR NAHR

Irrlehren der Wissenschaft brauchen 50 Jahre, bis sie durch neue Erkenntnisse abgelöst werden, weil nicht nur die alten Professoren, sondern auch deren Schüler aussterben müssen.

MAX PLANCK

Irrtümer sind ironische Wegweiser zur Wahrheit.

ADOLF REITZ

Irren ist menschlich, das ist jedenfalls tröstlich.

LOTHAR SCHMIDT

Was gestern der Irrtum, ist heute die computergestützte Milchmädchenrechnung.

LOTHAR SCHMIDT

Irren ist verständlich; den Irrtum zugeben unwahrscheinlich.

LOTHAR SCHMIDT

IRRTUM

Vor dem Bündnis zwischen Vernunft und Experiment flieht der Irrtum.

LOTHAR SCHMIDT

Irren ist menschlich; noch menschlicher ist es, den Irrtum unter den Teppich kehren zu wollen.

LOTHAR SCHMIDT

Irren ist menschlich, auf einem Irrtum beharren unmenschlich.

GERHARD UHLENBRUCK

J

Journalismus

Journalismus ist Literatur in Eile.

MATTHEW ARNOLD

Der wichtigste Dienst, den uns die Presse erwiesen hat, ist der, daß sie die Menschen dazu erzogen hat, an Gedrucktes mit Mißtrauen heranzutreten.

SAMUEL BUTLER DER JÜNGERE

Journalismus ist in Wirklichkeit Geschichte, die dahinstürmt.

THOMAS GRIFFITH

Der Journalismus ist ein Terminhandel, bei dem das Getreide auch in der Idee nicht vorhanden ist, aber effektives Stroh gedroschen wird.

KARL KRAUS

Jugend und Alter

Die junge Generation hat heute noch Respekt vor dem Alter. Allerdings nur beim Wein, beim Whisky und bei den Möbeln.

TRUMAN CAPOTE

Man sagt ‚in jungen Jahren' und ‚in alten Tagen'. Weil die Jugend Jahre und das Alter nur noch Tage vor sich hat.

MARIE VON EBNER-ESCHENBACH

Jugend ist Trunkenheit ohne Wein.

JOHANN WOLFGANG VON GOETHE

Jugend ist beständige Trunkenheit: Sie ist das Fieber der Vernunft.

LA ROCHEFOUCAULD

Die Jugend überschätzt das Neueste, weil sie sich mit ihm gleichaltrig fühlt. Deshalb ist es ein zweifaches Unglück, wenn das Neueste zu ihrer Zeit schlecht ist.

ROBERT MUSIL

Was ist eigentlich alt? Was jung? Jung, wo die Zukunft vorwaltet. Alt, wo die Vergangenheit die Übermacht hat.

NOVALIS

Die Jugend ist die Zeit, Weisheit zu lernen, das Alter die Zeit, sie auszuüben.

JEAN-JACQUES ROUSSEAU

153

Im Alter versteht man besser,
die Unglücksfälle zu verhüten –
in der Jugend, sie zu ertragen.

ARTHUR SCHOPENHAUER

Die Jugend ist etwas Wunder-
volles. Es ist ein Jammer, daß
man sie an die Kinder vergeudet.

GEORGE BERNARD SHAW

In seiner Jugend bekennt man
Farbe, im Alter färbt man sein
Bekenntnis.

GERHARD UHLENBRUCK

Junge Leute leiden weniger unter eigenen Fehlern als unter der
Weisheit der Alten.

VAUVENARGUES

Juristen

Der Juristentraum vom Himmel: Alle beanspruchen bei der
Auferstehung ihr Vermögen,
und jeder versucht, es von seinen Vorvätern wieder zu erlangen.

SAMUEL BUTLER DER JÜNGERE

Die Phantasie trainiert man am
besten durch juristische Studi-
en. Kein Dichter hat jemals die
Natur so frei ausgelegt wie Juristen die Gesetze.

JEAN GIRAUDOUX

Rechtssysteme sind vom Gesetzgeber legalisierte Ideologi-
en.

ROBERT MUTHMANN

Die großen Zweifler an der
Wissenschaft und dem Werte
des Rechts, ein Tolstoi, ein Dau-
mier, ein Anatole France und so
auch ein Kirchmann, sind für
den werdenden Juristen un-
schätzbare Mahner zur Selbst-
besinnung. Denn ein guter Jurist kann nur der werden, der
mit einem schlechten Gewissen
Jurist ist.

GUSTAV RADBRUCH

Juristenarbeit ist Verstandesar-
beit. Beherrschung der ver-
schwommenen Wirrsal menschlicher Beziehungen durch die
Schärfe klarer Begriffe.

GUSTAV RADBRUCH

K

Kalkulation

Die höchste Klugheit besteht darin, den Wert der Dinge genau zu kennen.

LA ROCHEFOUCAULD

Wer billig gibt und teuer kauft, der hat am Markt bald ausgeschnauft.

UNBEKANNT

Management nennt man den organisierten Wettlauf zwischen dem Anstieg der Kosten und der Erschließung neuer Kreditquellen.

UNBEKANNT

Kampf

Im Kampf zwischen dir und der Welt unterstütze die Welt.

FRANZ KAFKA

Der Kampf ist der Vater aller Dinge, die zur Harmonie nicht taugen.

MAX RYCHNER

Man kämpft nicht nur mit dem Schwert, sondern auch mit dem Herzen.

GUSTAV STRESEMANN

Man muß eine Schlacht oft mehr als einmal schlagen, um sie zu gewinnen.

MARGRET THATCHER

Kapital

Das höchste Ziel des Kapitals ist nicht, Geld zu verdienen, sondern der Einsatz von Geld zur Verbesserung des Lebens.

HENRY FORD I.

Was ist Kapital? Das, was übrigbleibt, wenn die Hauptbedürfnisse der Gesellschaft befriedigt sind.

ALDOUS LEONARD HUXLEY

Kapital ist akkumulierte Arbeit. Arbeit ist Kapital, das sich nicht akkumuliert.

PAUL LAFFITTE

Das Kapital hat das Herz eines Hasen, die Beine eines Rennpferds und das Gedächtnis eines Elefanten.

GIUSEPPE PELLA

Kapitalflucht geht der Menschenflucht voraus. Es gibt keine Asylantenprobleme.

LOTHAR SCHMIDT

Kapitalismus

Kapitalismus: inferiore Wirtschaftsordnung, welche die Verheißungen des Sozialismus nur unvollständig realisiert.

HELMAR NAHR

Im Kapitalismus gibt es Leute, die bereit sind, für Geld alles zu tun, im Sozialismus tut man auch für Geld nichts.

ŽARKO PETAN

Moderne Kapitalisten sind freundliche Ausbeuter, moderne Sozialisten sind unfreundliche Austeiler.

LOTHAR SCHMIDT

Kapitalismus: Die einen arbeiten für ihr Geld, die anderen lassen ihr Geld für sich arbeiten.

GERHARD UHLENBRUCK

Was ist Kapitalismus? Die Ausbeutung des Menschen durch den Menschen. Und was ist Kommunismus? Das Gegenteil.

UNBEKANNT

Karikatur

Karikaturen sind gezeichnete Leitartikel.

LOTHAR SCHMIDT

Karikaturen sind geistige Akupunktur ohne therapeutische Absicht.

RONALD SEARLE

Karikatur ist eine Huldigung, welche die Mittelmäßigkeit dem Genius darbringt.

OSCAR WILDE

Karriere

Es gibt zwei Wege für den politischen Aufstieg: Entweder man paßt sich an oder man legt sich quer.

KONRAD ADENAUER

Jeder Aufstieg in große Höhen geschieht auf einer Wendeltreppe.

FRANCIS BACON

Die Karriere ist ein Pferd, das bisweilen auch gute Reiter abwirft.

JAMES BALDWIN

Emporkömmlinge sind Menschen, die oben stehen wollen, ohne emporgekommen zu sein.

FRIEDL BEUTELROCK

Glück gehört zu jeder Karriere. Glück öffnet die Tür. Doch jenseits der Schwelle wartet die Aufgabe – und die lösen nur Planung, Tatkraft und Führungskönnen.

HELLMUTH BUDDENBERG

Die Räder der Karriere werden am besten mit dem Fett der Schmeichelei geschmiert.

SIGMUND GRAFF

Karriere ist ein Pferd, das ohne Reiter vor dem Tor der Ewigkeit anlangt.

KARL KRAUS

Am sichersten macht man Karriere, wenn man den anderen den Eindruck vermittelt, es sei von Nutzen, einem zu helfen.

JEAN DE LA BRUYÈRE

Die Menschen drängen sich zum Lichte, nicht um besser zu sehen, sondern um besser zu glänzen.

FRIEDRICH WILHELM NIETZSCHE

Es lohnt sich, beim gesellschaftlichen Aufstieg freundlich zu den Mitmenschen zu sein, denn man begegnet ihnen später beim Abstieg wieder.

RICHARD MILHOUS NIXON

Türen öffnen sich leicht dem, der eine Schlüsselposition innehat.

LOTHAR SCHMIDT

Wer nach oben kommen will, stellt sich gerne auf die Zehen anderer.

LOTHAR SCHMIDT

Wer die Erfolgsleiter emporsteigt, sollte sich nicht auf die eigene Schulter klopfen.

LOTHAR SCHMIDT

Angst vor dem Abstieg hält manchen auf den Gipfeln des Vorgebirges fest.

LOTHAR SCHMIDT

Wem Gott ein Amt gibt, den verändert er auch.

LOTHAR SCHMIDT

Im Konkurrenzkampf um gute Posten entfallen auf Parteilose gewöhnlich Nieten.

LOTHAR SCHMIDT

Alle Welt liebt den Menschen, der sein Licht leuchten läßt, indem er es unter den Scheffel stellt.

LOTHAR SCHMIDT

Zu einer Blitzkarriere kommt es selten ohne Donnerwetter.

RUPERT SCHÜTZBACH

Am schnellsten kommt man auf dem Steckenpferd seines Vorgesetzten voran.

RUMÄNISCHES SPRICHWORT

Manche Karrieren sind wie Efeu: kriechend steigen sie auf.

HENRI TISOT

Karrieristen sind Leute welche andere Leute vor ihren Karren spannen.

GERHARD UHLENBRUCK

Klarheit

Es gibt nämlich Menschen, die an Unklarheiten ihr Gefallen haben und es als lästig empfinden, wenn sie sich auf eine Begriffserklärung festlegen sollen.

FRANCIS BACON

Klarheit ist so sicher eines der Attribute der Wahrheit, daß sie oft selbst für die Wahrheit gehalten wird.

JOSEPH JOUBERT

Klarheit in den Worten, Brauchbarkeit in den Sachen.

GOTTFRIED WILHELM
FREIHERR VON LEIBNIZ

Klar nennt man die Ideen, die dasselbe Maß an Verwirrung haben wie unser eigener Geist.

MARCEL PROUST

Um klar zu sehen, genügt ein Wechsel der Blickrichtung.

ANTOINE DE SAINT-EXUPÉRY

Klarheit ist die Ehrlichkeit des Politikers.

LOTHAR SCHMIDT

Ich würde tausend Originalitäten des Ausdrucks hergeben für eine Klarheit.

MANÈS SPERBER

Klarheit schmückt tiefe Gedanken.

VAUVENARGUES

Alles, was sich aussprechen läßt, läßt sich klar aussprechen.

LUDWIG WITTGENSTEIN

Klasse

„Klasse!" sagte Marx, als er die Bourgeoisie zu sehen bekam.

STANISLAW JERCY LEC

Klassen sind Gruppen von Menschen, von denen die eine sich die Arbeit der anderen aneignen kann infolge der Verschiedenheit ihres Platzes in einem bestimmten System der gesellschaftlichen Wirtschaft.

LENIN

Es gibt zwei Klassen von Menschen – die Löwen und die Lämmer.

ROBERT LOUIS BALFOUR STEVENSON

Die Welt ist in zwei Klassen geteilt, in diejenigen, welche das Unglaubliche glauben, und diejenigen, welche das Unwahrscheinliche tun.

OSCAR WILDE

Klatsch

Klatschen heißt, anderer Leute Sünden beichten.

WILHELM BUSCH

Klatsch ist ein Laster, das keiner für sich beansprucht, das aber jeden erfreut.

JOSEPH CONRAD

Klatsch nennt man die Umlaufgeschwindigkeit der Gerüchte.

DAVID FROST

Klatsch ist Mangel eines lohnenden Themas.

ELBERT HUBBARD

Wir sind geborene Polizisten. Was ist Klatsch anderes als Unterhaltung von Polizisten ohne Exekutivgewalt?

CHRISTIAN MORGENSTERN

Wenn die andern wären, wie sie sein sollten, über wen lohnte es sich dann noch zu sprechen?

ROBERT MUTHMANN

Klatschmaul: Gerüchtsvollzieher.

RUPERT SCHÜTZBACH

Die Basis für einen Klatsch ist eine unmoralische Gewißheit.

OSCAR WILDE

Klatschen ist die Kunst, in so einer Weise nichts zu sagen, daß praktisch nichts ungesagt bleibt.

WALTER WINCHELL

Klugheit

Ich bin immer der Meinung der Klugen, wenn sie zuerst sprechen.

WILLIAM CONGREVE

Der Verstand kann ein Held sein, die Klugheit ist meistens ein Feigling.

MARIE VON EBNER-ESCHENBACH

Ein Kluger bemerkt alles. Ein Dummer macht über alles eine Bemerkung.

HEINRICH HEINE

Kluge Menschen suchen sich selbst die Erfahrungen aus, die sie machen wollen.

ALDOUS LEONARD HUXLEY

Wer Urteilskraft in Geschäften zeigt, ist gescheit. Hat er dabei zugleich Witz, so heißt er klug.

IMMANUEL KANT

Klug sein heißt, angewandte Seelenkunde treiben. Wer einen anderen gar nicht zu behandeln versteht, der beweist, daß er in sein Wesen und seine Bedürfnisse keinen Einblick hat.

ISOLDE KURZ

Der Wunsch, klug zu erscheinen, verhindert oft, es zu werden.

LA ROCHEFOUCAULD

Die höchste Klugheit besteht darin, den Wert der Dinge genau zu kennen.

LA ROCHEFOUCAULD

Die Klugheit eines Menschen läßt sich aus der Sorgfalt ermessen, womit er das Künftige oder das Ende bedenkt.

GEORG CHRISTOPH LICHTENBERG

Klug ist, wer sich dumm stellt; wer sich klug stellt, ist meistens der Dumme.

WALTER LIPPMANN

Es ist nie ganz richtig, irgend etwas für ganz falsch zu halten.

HEINZ POL

Immer lernt der Kluge von Dummen mehr als der Dumme von Klugen.

PETER ROSEGGER

Der Klügere gibt nach. Das ist ja das Dumme!

LOTHAR SCHMIDT

Der Klügere gibt nach, aber nicht auf.

RUPERT SCHÜTZBACH

Wer nicht auf den Kopf gefallen ist, fällt immer auf die Füße.

RUPERT SCHÜTZBACH

Kluge Leute lernen aus den Fehlern der anderen, die Dummen aus ihren eigenen.

ENGLISCHES SPRICHWORT

Der Vorteil der Klugheit besteht darin, daß man sich dumm stellen kann. Das Gegenteil ist schon schwieriger.

KURT TUCHOLSKY

Alle Menschen sind klug – die einen vorher, die anderen nachher.

VOLTAIRE

Der originelle Kopf bemerkt, was der gewöhnliche nur sieht.

EMANUEL WERTHEIMER

Koalition

Jede Koalition ist ein Wackelkontakt mit der Macht.

GEORGE LASUEUR

Koalition ist das Kunststück, den rechten Schuh auf dem linken Fuß zu tragen, ohne Hühneraugen zu bekommen.

GUY MOLLET

Koalition: Eine Partei wäscht die andere.

LOTHAR SCHMIDT

Die Koalition ist die intimste Form der Gegnerschaft, ein Bündnis widerstreitender Kooperation.

LOTHAR SCHMIDT

Zwischen Siegern und Besiegten kann es niemals eine erfolgreiche Koalition geben.

PUBLIUS CORNELIUS TACITUS

Kollegen

Nie zeichnet der Mensch den eigenen Charakter schärfer als in seiner Manier, einen fremden zu zeichnen.

JEAN PAUL

Man kann es auf zweierlei Art zu etwas bringen: durch eigenes Können und durch die Dummheit der anderen.

JEAN DE LA BRUYÈRE

Wenn wir keine Fehler hätten, würden wir nicht mit so großem Vergnügen Fehler an anderen entdecken.

LA ROCHEFOUCAULD

Der Mensch is gut, aber die Leut san a Bagasch.

JOHANN NEPOMUK NESTROY

Kommunikation

Der Ausdruck der Persönlichkeit erreicht seine Erfüllung nur durch Kommunikation.

PEARL S. BUCK

Worte sind das, was die Gesellschaft zusammenhält.

STUART CHASE

Sage nicht alles, was du weißt, aber wisse immer, was du sagst.

MATTHIAS CLAUDIUS

Nicht Tatsachen, sondern Meinungen über Tatsachen bestimmen das Zusammenleben.

EPIKTET

Man muß nicht bloß die offensichtliche, sondern auch die geheime Macht des Wortes kennen und erkennen.

KNUT HAMSUN

Wir müssen sagen, was wir denken, müssen tun, was wir sagen, und müssen sein, was wir tun.

ALFRED HERRHAUSEN

Die Welt ist nicht schlechter geworden; wir haben nur ein besseres Kommunikationsnetz.

KIN HUBBARD

Man könnte den kategorischen Imperativ von Kant für die Kommunikationspolitik abwandeln und sagen:„Führe dein Unternehmen so, daß alles, was du tust, morgen auch in der Zeitung stehen kann."

HELMUT MAUCHER

Ein Vakuum, geschaffen durch fehlende Kommunikation, füllt sich in kürzester Zeit mit falscher Darstellung, Gerüchten, Geschwätz und Gift.

CYRIL NORTHCOTE PARKINSON

Man überzeugt im allgemeinen besser durch Gründe, die man

selber gefunden hat, als durch die, die anderen eingefallen sind.

BLAISE PASCAL

Das Beste, was man hoffen kann zu vollbringen, ist, den anderen an das zu erinnern, was er bereits weiß.

PLATON

Wir wissen alle mehr, als wir sagen können.

MICHAEL POLANYI

Man soll schweigen oder Dinge sagen, die noch besser sind als das Schweigen.

PYTHAGORAS

Ein dichtes Kommunikationsnetz bewirkt auch, daß vieles gesagt wird, was nicht viel besagt.

LOTHAR SCHMIDT

Nichts ist schwerer als bedeutende Gedanken so auszudrücken, daß sie jeder verstehen muß.

ARTHUR SCHOPENHAUER

Manchmal hilft eine härtere Sprache, Verständigungsschwierigkeiten abzubauen.

RUPERT SCHÜTZBACH

Leih jedermann dein Ohr, aber wenigen deine Stimme.

WILLIAM SHAKESPEARE

Im Geschäft soll man schwerhörig sein; dadurch wird der andere zur Deutlichkeit gezwungen.

CORNELIUS STÜSSGEN

Es kommt nicht darauf an, wie eine Sache ist, es kommt darauf an, wie sie wirkt.

KURT TUCHOLSKY

Kommunismus

Kommunismus: Keiner bekommt etwas, aber alle arbeiten.

FRED ALLEN

Ein Kommunist ist ein Sozialist ohne Sinn für Humor.

GEORGE BARTON CUTTEN

Jede Form der Freiheit innerhalb des Kommunismus bedeutet das Ende der Ideologie.

MILOVAN DJILAS

What is a communist? One who has yearnings for equal division of unequal earnings. Was ist ein

Kommunist? Einer, der Sehnsucht hat nach gleicher Verteilung ungleicher Einkommen.

EBENEZER ELLIOTT

Was heißt Kommunist? Kommunist ist ein lateinisches Wort. Communis heißt gemeinsam. Kommunistische Gesellschaft, das heißt – alles ist gemeinsam: der Grund und Boden, die Fabriken, und auch die Arbeit ist gemeinsam – das ist Kommunismus.

LENIN

Ein Kommunist ist ein Mensch, der solange seine demokratischen Rechte fordert, bis er sie den anderen genommen hat.

HELMAR NAHR

Kommunismus: die Ausbeutung der Starken durch die Schwachen.

PIERRE JOSEPH PROUDHON

Kommunismus ist die Korruption des Freiheitsraumes.

ADLAI EWING STEVENSON

Kompliment

Kompliment – ein Kuß durch einen Schleier.

VICTOR HUGO

Wie es selten Komplimente gibt ohne Lüge, so finden sich auch selten Grobheiten ohne alle Wahrheit.

GOTTHOLD EPHRAIM LESSING

Komplimente: übertriebene Wahrheiten.

LOTHAR SCHMIDT

Nacheifern ist die aufrichtigste Form des Kompliments.

LOTHAR SCHMIDT

Von einem schönen Kompliment kann ich zwei Monate leben.

GEORGE BERNARD SHAW

Kompliment: ein Applaus, der erfrischt.

JOHN W. WIERLEIN

Kompromiß

Kompromiß: der Ausgleich widerstreitender Interessen, wobei jeder die Genugtuung hat, zu meinen, er erhalte, was er eigentlich nicht haben dürfte, und ihm sei nur das vorenthalten, was ihm rechtens zukäme.

AMBROSE BIERCE

Keine Verfassung kann ohne Kompromiß existieren.

OTTO VON BISMARCK

Ein Kompromiß ist dann vollkommen, wenn alle unzufrieden sind.

ARISTIDE BRIAND

Ein Kompromiß ist ein Zusammenprall unter Anwendung von Stoßdämpfern.

MAURICE COUVE DE MURVILLE

Ein Kompromiß, das ist die Kunst, einen Kuchen so zu teilen, daß jeder meint, er habe das größte Stück.

LUDWIG ERHARD

Ein Kompromiß ist dann vollkommen, wenn beide das bekommen, was sie nicht haben wollen.

EDGAR FAURE

Grundlage der Politik ist der Kompromiß.

GUSTAV FREYTAG

Ein Kompromiß ist nur dann gerecht, brauchbar und dauerhaft, wenn beide Parteien damit gleich unzufrieden sind.

HENRY ALFRED KISSINGER

Der Kompromiß ist ein guter Schirm, aber ein schlechtes Dach.

JAMES RUSSELL LOWELL

Wo Kompromisse fehlen, dominieren die Faustregeln.

WERNER MITSCH

Wer könnte leben, wenn seine tiefsten Gegensätze keine Kompromisse schlössen?

ROBERT MUTHMANN

Wer weg vom Fenster ist, dem bleiben die Türen verschlossen.

NORBERT STOFFEL

Ein vernünftiger Beschluß ist gewöhnlich der Kompromiß zwischen unvernünftigen Wünschen.

CHARLES TSCHOPP

Konferenz

Eine Konferenz ist eine Sitzung, bei der viele hineingehen und wenig herauskommt.

WERNER FINCK

Konferenz: ein Treffen, bei dem entschieden wird, wann das nächste Treffen stattfinden wird.

HENRY GINSBERG

Konferenzschaltungen ersetzen kein Händeschütteln.

LOTHAR SCHMIDT

Konflikte

Eine sich demokratisierende Weltgesellschaft würde die Konflikte sicherlich nicht von heute auf morgen aus der Welt schaffen, sie aber doch so weit unter Kontrolle bringen, daß sie gewaltfrei ausgetragen würden.

OSSIP K. FLECHTHEIM

Von ‚Konflikten' spricht, wer nicht nachgeben will.

ERNST R. HAUSCHKA

Man muß den Punkt kennen, bis zu dem man zurückweichen darf.

ERNST JÜNGER

Konkurrenz

Man muß Produkte aus dem Markt nehmen, bevor der Wettbewerber einem diese Aufgabe abnimmt.

REINHOLD M. FRIES

Wir müssen uns selbst Konkurrenz machen, damit es spannend wird.

CHRISTOPH JACOBI

Konkurrenz: Barriere in der Karriere.

RON KRITZFELD

Der Konkurrenzkampf gestaltet sich mehr und mehr zu einem Kampf der Maschinen. Wer die besten Maschinen hat, schlägt die Konkurrenz.

WILHELM LIEBKNECHT

Konkurrenz ist die ungewollte Tochter der Freiheit und die ungeliebte Mutter des Wohlstands.

HELMAR NAHR

Konkurs

Die Pleite ernährt Geier auf Kosten der Gläubiger.

EMIL BASCHNONGA

Konkurs – was ist das anderes als eine Sanierung über den Markt?

JEAN-PAUL BLUM

Manche Leute verstehen unter einem stillen Teilhaber einen

Mann, der keinen Krach schlägt, wenn er bei einem Konkurs sein Geld verliert.

HENRY FORD I.

Pleiten sind unvermeidlich, wenn das Ausmaß der Reklamationen die Aussagen der Reklame übertrifft.

RON KRITZFELD

Können

Ich kann, weil ich will, was ich muß.

IMMANUEL KANT

Manche Leute können keiner Fliege etwas zuleide tun, weil sie nicht imstande sind, eine zu fangen.

HELMUT QUALTINGER

Konsequenz

Konsequent ist, wer sich selber mit den Umständen wandelt.

SIR WINSTON CHURCHILL

Es sind gerade die Inkonsequenzen eines Lebens, welche die größten Konsequenzen haben.

ANDRÉ GIDE

Nichts empört die Menschen mehr, als wenn man aus ihren eigenen Behauptungen die Konsequenzen zieht, sie zu widerlegen. Und freilich heißt das auch, selbst den Hanf zum Strick hergeben zu müssen.

CHRISTIAN FRIEDRICH HEBBEL

Konsequent zu sein ist die größte Obliegenheit des Philosophen.

IMMANUEL KANT

Konsequenz ist ein Kobold, der in engen Köpfen spukt.

GEORG CHRISTOPH LICHTENBERG

Auf die Pauke hauen will jeder. Aber tragen will sie keiner.

WERNER MITSCH

Konsequent meint auch einer zu sein, der niemals mehr Staub aufwirbelt, als er zu schlucken bereit ist.

LOTHAR SCHMIDT

Der Schein der Konsequenz ist das unsterbliche Verdienst der Beschränktheit.

HEINRICH VON TREITSCHKE

Konsequenz: heute so und MORGEN so. Inkonsequenz: heute so und morgen SO.

UNBEKANNT

Wer verlangt Konsequenz? Der Dummkopf und der Doktrinär, diese langweiligen Leute, die immer an ihren Prinzipien festhalten bis zum bitteren Ende, bis sie die Praxis ad absurdum führt.

OSCAR WILDE

Konservatismus

Konservativer: ein Politiker, der von den bestehenden Mißständen gefesselt ist; er unterscheidet sich so vom Liberalen, der diese Mißstände durch andere zu ersetzen wünscht.

AMBROSE BIERCE

Wer mal so ist, der bleibt auch so.

WILHELM BUSCH

Was ist Konservatismus? Ist es nicht das Festhalten am Alten und Erprobten gegenüber dem Neuen und Unerprobten?

ABRAHAM LINCOLN

Konservativ ist nicht ein Hängen an dem, was gestern war, sondern ein Leben aus dem, was immer gilt.

ANTOINE DE RIVAROL

Konservatismus: die Illusion, sich die Vergangenheit in die Zukunft gaukeln zu können.

RUDOLF ROLFS

Konservatismus ist die Verehrung toter Revolutionäre.

CLINTON LAURENCE ROSSITER

Ein Konservativer ist ein Mensch, der Radikalisten ein Jahrhundert nach ihrem Tod bewundert.

LEO CALVIN ROSTEN

Fortschrittlich, konservativ oder liberal nennt sich ein Mensch je nachdem, ob er etwas zu gewinnen hofft, zu verlieren fürchtet oder ob er seine Interessen nicht gefährdet sieht.

LOTHAR SCHMIDT

Konservativ ist, wer sich bei bestehenden Rangverhältnissen wohl fühlt.

LOTHAR SCHMIDT

Im Hinblick auf seine eigenen Ansichten ist jedermann konservativ.

LOTHAR SCHMIDT

Ein Konservativer ist ein Mensch, der glaubt, daß nichts zum ersten Mal getan werden sollte.

ALFRED E. WIGGAM

Kopf

Wer nicht mehr weiß, wo ihm der Kopf steht, könnte ihn bereits verloren haben.

RUPERT SCHÜTZBACH

Helle Köpfe sind nicht immer beliebt. Man sieht dann die Schatten der anderen zu sehr.

NORBERT STOFFEL

Die meisten Menschen sind wie Stecknadeln: nicht der Kopf ist das Wichtigste an ihnen.

JONATHAN SWIFT

Wenn man oft vor den Kopf gestoßen wird, verliert man eines Tages den Verstand.

GERHARD UHLENBRUCK

Korruption

Korruption bringt Hochstehende dadurch zum Sturz, daß man sie sich nicht nur zugeneigt, sondern zu geneigt macht.

RON KRITZFELD

Korruption ist die Autobahn neben dem Dienstweg.

HELMAR NAHR

Korruption ist der Expreßlift zu den höheren Instanzen.

HELMAR NAHR

Die Korruption ist die Verbeugung des Rechts vor den Realitäten, die um so tiefer ausfällt, je größer der Abstand zwischen beiden ist.

LOTHAR SCHMIDT

Korruption ist der Schwarze Markt der Rechtsgüter.

LOTHAR SCHMIDT

Korruption ist die tägliche Gesetzesänderung.

LOTHAR SCHMIDT

Korruption ist der zweite Genehmigungsweg.

LOTHAR SCHMIDT

Korruption ist die Sänfte auf dem steinigen Weg der Instanzen.

LOTHAR SCHMIDT

Kosten

Wer nur an Kosten denkt, wird nie die Erde pflügen.

DAVID FERGUSON

Behörden kennen kein Controlling. Unternehmen brauchen es wie der Patient das Thermometer.

ROLF-DIETER LEISTER

Wer zu spät an die Kosten denkt, ruiniert sein Unternehmen. Wer immer zu früh an die Kosten denkt, tötet die Kreativität.

PHILIPP ROSENTHAL

Kraft

Wenn es einen Glauben gibt, der Berge versetzen kann, so ist es der Glaube an die eigene Kraft.

MARIE VON EBNER-ESCHENBACH

Nach der Kraft gibt es nichts so Hohes als ihre Beherrschung.

JEAN PAUL

Ein Starker weiß mit seiner Kraft hauszuhalten. Nur der Schwache will über seine Kraft hinaus wirken.

GEORG CHRISTOPH LICHTENBERG

Nur die Mittel sind gut, zuverlässig und von dauernder Wirkung, die allein von dir selbst, von deiner Kraft und deinem Können abhängen.

NICCOLÒ MACHIAVELLI

Kraft ist die Materie der Stoffe.

NOVALIS

Kreativität

Wer nicht von Grund auf umdenken kann, wird nie etwas am Bestehenden ändern.

ANWAR SADAT

Kreativität ist die Eintrittskarte in die Zukunft.

NORBERT STOFFEL

Kreativität heißt, aus dem Chaos Ordnung zu schaffen.

GEORG STEFAN TROLLER

Kredit

Kredit ist ein Regenschirm, den man bei Sonnenschein bekommt, aber beim ersten Regentropfen zurückgeben muß.

LORD PHILIP DORMER
CHESTERFIELD

Alles wird uns heimgezahlt, wenn auch nicht von denen, welchen wir geborgt haben.

MARIE VON EBNER-ESCHENBACH

Willst du den Wert des Geldes erkennen, versuche, dir welches zu borgen.

BENJAMIN FRANKLIN

Gläubiger haben meistens ein besseres Gedächtnis als Schuldner. Fälligkeitstermine sind für sie dasselbe, was die hohen Festtage des Jahres für die übrigen Menschen sind.

BENJAMIN FRANKLIN

Vor Schulden, die man gemacht hat, auch Staatsschulden, kann man nur eine Zeitlang davonlaufen – eingeholt wird man schließlich doch.

MILTON FRIEDMAN

Mehr Kredit als Geld, so kommt man durch die Welt.

JOHANN WOLFGANG VON GOETHE

Der Kredit ist eine durch reale Leistungen erzeugte Idee der Zuverlässigkeit.

JOHANN WOLFGANG VON GOETHE

Die schlimmste Unfähigkeit ist die Zahlungsunfähigkeit.

CURT GOETZ

Das verrückteste Ding auf der Welt ist der Kredit. Wenn man ihn nicht nötig hat, kann man ihn leicht bekommen. Wenn man ihn aber dringend braucht, kriegt man ihn nicht.

JEROME KLAPKA JEROME

Die Gegenwart ist das Bargeld der Zukunft.

WERNER MITSCH

Das Kundenkreditsyndrom: Gibt man einem Kunden nur begrenzt Kredit, geht er zur Konkurrenz. Gibt man ihm unbegrenzt Kredit, geht er in Konkurs.

HELMAR NAHR

Kredit ist schlummerndes Mißtrauen.

THOMAS PAINE

Der Groschen, der bei der Regierung fallen soll, wird gepumpt.

LOTHAR SCHMIDT

Der Kredit ist die Hauptstütze der Regierungen.

LOTHAR SCHMIDT

Beklagte man ehemals die Schuld der Welt, so sieht man jetzt mit Grauen auf die Schulden der Welt.

ARTHUR SCHOPENHAUER

Der Kredit ist das Blut der Wirtschaft; die Kontrolle über den Kredit ist die Kontrolle über die gesamte Gesellschaft.

UPTON BEALL SINCLAIR

Jede Wirtschaft beruht auf dem Kreditsystem, das heißt auf der irrtümlichen Annahme, der andere werde gepumptes Geld zurückzahlen.

KURT TUCHOLSKY

Fersengeld ist nicht selten das einzige Geld, das der Schuldner dem Gläubiger gibt.

HELLMUT WALTERS

Krise

In Zeiten politischer Krisen ist es für einen ehrenhaften Menschen nicht am schwersten, seine Pflicht zu tun, sondern sie überhaupt zu kennen.

LOUIS GABRIEL AMBROISE DE BONALD

Ein internationaler Krisenherd ist eine Feuerstelle, bei der die einen die Kohlen liefern, die anderen die Zugluft.

CARLO FRANCHI

Krise wird wirklich als Mangel an Vertrauen.

KARL JASPERS

Politische Krisen sind moralische Krisen.

OCTAVIO PAZ

Krisen sind die Bugwelle der Geschichte.

FRANÇOIS PÉRIGORD

Krisen meistert man am besten, indem man ihnen zuvorkommt.

WALT WHITMAN ROSTOW

Auch an einem Krisenherd wird nichts so heiß gegessen, wie es gekocht wird.

LOTHAR SCHMIDT

Kritik

Die Kritik gleicht einer Bürste. Bei allzu leichten Stoffen darf man sie nicht verwenden, denn sonst bliebe nichts mehr übrig.

HONORÉ DE BALZAC

Kritik mag unangenehm sein, aber sie ist notwendig. Sie hat dieselbe Aufgabe wie der Schmerz im menschlichen Körper: die Aufmerksamkeit auf einen ungesunden Zustand zu lenken.

SIR WINSTON CHURCHILL

Die Kritik an anderen hat noch keinem die eigene Leistung erspart.

NOEL COWARD

Das ist die klarste Kritik von der Welt, wenn neben das, was ihm mißfällt, einer was Eigenes, Besseres stellt.

EMANUEL GEIBEL

Gegen die Kritik kann man sich weder schützen noch wehren; man muß ihr zum Trotz handeln, und das läßt sie sich nach und nach gefallen.

JOHANN WOLFGANG VON GOETHE

Nur wenige Menschen sind klug genug, hilfreichen Tadel nichtssagendem Lob vorzuziehen.

LA ROCHEFOUCAULD

Die Kritik ist eine Steuer, die der Neid dem Talent auferlegt.

GASTON DE LÉVIS

Fürchte nicht die, die nicht mit dir übereinstimmen, sondern die, die nicht mit dir übereinstimmen und zu feige sind, es dir zu sagen.

NAPOLEON I.

Kritik ist gut, Vorbild besser.

LOTHAR SCHMIDT

Kritik ruft stets auch den Gemütszustand des Behagens hervor: beim Kritisierten oder bei dessen Freunden.

LOTHAR SCHMIDT

Übertriebene Kritik läßt uns die Vorzüge des Kritisierten besser erkennen.

LOTHAR SCHMIDT

Wer keine Kritik verträgt, hat sie bitter nötig.

LOTHAR SCHMIDT

Kritik ist die Steuer, die ein Mensch der Öffentlichkeit entrichtet, damit sie ihm erlaubt, außergewöhnlich zu sein.

JONATHAN SWIFT

Eine schlechte Sache erregt, eine gute verträgt viel Kritik.

CHARLES TSCHOPP

Kritiker

Kritiker: jemand, der sich damit brüstet, daß er schwer zufriedenzustellen sei, weil niemand versucht, ihn zufriedenzustellen.

AMBROSE BIERCE

Die Kritiker dieser Epoche gleichen Essern mit verdorbenen Mägen. Sie beschränken sich auf das Schlürfen von Details.

BERTOLT BRECHT

Der Kritiker ist ein Wegelagerer auf dem Wege zum Ruhm.

ROBERT BURNS

Kultur

Was ist Kultur? Zu wissen, was einen angeht, und zu wissen, was einen zu wissen angeht.

HUGO VON HOFMANNSTHAL

Die Kultur ist ein dünner Firnis, der sich leicht in Alkohol auflöst.

ALDOUS LEONARD HUXLEY

Wenn die Sonne der Kultur niedrig steht, werfen selbst Zwerge lange Schatten.

KARL KRAUS

Kunde

Der Konsument ist der ewige Säugling, der nach der Flasche schreit.

ERICH FROMM

Gut ist nicht gut genug, wenn Besseres erwartet wurde.

THOMAS FULLER

Es reicht nicht, wenn unsere Manager großartige Wirtschaftsfachleute oder auch tolle Techniker sind, wenn sie den Menschen, also ihren Kunden, längst aus dem Auge verloren haben.

DANIEL GOEUDEVERT

Die Händler sind im Grunde die einzigen Kunden, die das Unternehmen hat. Es ist daher ein Gebot des gesunden Menschenverstandes, sich genau anzuhören, was sie zu sagen haben.

LEE IACOCCA

Die Freude an einem Produkt hört dann auf, wenn man zu lange darauf warten muß.

EBERHARD VON KUENHEIM

Die einzig wirkliche Bedeutung des Wortes Erfolg ist, mehr und besseren Kundendienst zu geben als man von Ihnen erwartet, ganz gleich, was Sie versprochen haben mögen.

OG MANDINO

Der wahre Präsident des Unternehmens ist der Konsument.

HELMUT MAUCHER

Kunden sind das Kanonenfutter des Geschäftslebens.

RUDOLF ROLFS

Es gibt nur einen Boss: den Kunden. Er kann jeden im Unternehmen feuern, von der Geschäftsleitung abwärts, ganz einfach, indem er sein Geld woanders ausgibt.

SAM WALTON

L

Lächeln

Das Lächeln ist eine soziale Pflicht.

STÉFANE GSELL

Das Lächeln ist eine sympathische Falte, die andere ausbügelt.

CHRISTIAN KJELLERUP

Lachen und Lächeln sind Tür und Pforte, durch die viel Gutes in den Menschen hineinhuschen kann.

CHRISTIAN MORGENSTERN

Ein Mensch ohne Lächeln sollte keinen Laden aufmachen.

CHINESISCHES SPRICHWORT

Das Lächeln, das Du aussendest, kehrt zu Dir zurück.

INDISCHES SPRICHWORT

Lachen

Lachen ist ein Gefühl des Wohlbehagens, das überall wahrgenommen und hauptsächlich an einer Stelle gezeigt wird.

JOSH BILLINGS

Nachsichtiges Lachen ist die grausamste Form der Verachtung.

PEARL S. BUCK

Lachen ist ein Ausdruck relativer Behaglichkeit.

WILHELM BUSCH

Die bloße Möglichkeit, Lachen als Waffe einsetzen zu können, zeigt, daß im Lachen die Idee der Macht eingeschlossen ist.

HARALD HÖFFDING

Langeweile

Langeweile ist die Halbschwester der Verzweiflung.

MARIE VON EBNER-ESCHENBACH

Die Langeweile ist eine der furchtbarsten Plagen unserer Zeit.

ERICH FROMM

Langeweile ist ein böses Kraut, aber auch eine Würze, die viel verdaut.

JOHANN WOLFGANG VON GOETHE

Wir können denen verzeihen, die uns langweilen, aber nicht denen, die sich von uns gelangweilt fühlen.

LA ROCHEFOUCAULD

Langeweile ist eine Krankheit. Die Arbeit ist ihr Heilmittel. Das Vergnügen ist nur ein Linderungsmittel.

GASTON DE LÉVIS

Das Geheimnis zu langweilen besteht darin, alles zu sagen.

VOLTAIRE

Langweiler

Langweiler: ein Mensch, der redet, wenn du wünschst, daß er zuhört.

AMBROSE BIERCE

Steril ist der, dem nichts einfällt. Langweilig ist, wer ein paar alte Gedanken hat, die ihm alle Tage neu einfallen.

MARIE VON EBNER-ESCHENBACH

Der Langweiler ist ein Mensch, der, wenn du dich nach seinem Befinden erkundigst, es dir erklärt.

CHANNING POLLOCK

Leben

Das Leben ist ein Streit, aus dem wir einen Charakter bilden.

JOHANN WOLFGANG VON GOETHE

Wer zu spät kommt, den bestraft das Leben.

MICHAIL GORBATSCHOW

Das Leben ist eine Treppe: Wir wissen nie, ob es mit uns aufwärts oder abwärts geht.

ERNST R. HAUSCHKA

Das Leben ist nie etwas, es ist nur die Gelegenheit zu etwas.

CHRISTIAN FRIEDRICH HEBBEL

Die meisten Lebensläufe werden in einer Zeit geschrieben, in der noch gar nichts gelaufen ist.

WERNER MITSCH

Leben besteht zu 10 Prozent aus dem, was man daraus macht; zu 90 Prozent geht es darum, wie man damit fertig wird.

LOTHAR SCHMIDT

Der Mensch gerät immer wieder in Konflikt mit dem Leben, nach dem er sich sehnt, und dem Leben, das er führen muß.

LOTHAR SCHMIDT

Wenn es zutrifft, daß Politik die Kunst des Möglichen sei, so sind Politik und Leben eins.

LOTHAR SCHMIDT

Das Leben ist ein Pensum zum Abarbeiten.

ARTHUR SCHOPENHAUER

Lebenserfahrung

Es ist nicht schlimm, wenn man manchmal falsch liegt – besonders, wenn man es sofort feststellt.

JOHN MAYNARD KEYNES

Wir haben immer Kraft genug, um die Leiden der anderen zu ertragen.

LA ROCHEFOUCAULD

Die Menschen denken über die Vorfälle des Lebens nicht so verschieden, wie sie darüber sprechen.

GEORG CHRISTOPH LICHTENBERG

Innere Überlegenheit: Eigenschaft, die unsere Mitmenschen unglaublich oft übersehen.

HELMAR NAHR

Nur aufgeschlossene Menschen besitzen Verständnis für Neues. Die Menge will nur lernen, was sie schon weiß.

LUDWIG REINERS

Man muß immer mit Leuten rechnen, auf die man nicht zählen kann.

WILLI RITSCHARD

Das schlimmste Übel, an dem die Welt leidet, ist nicht die Stärke der Bösen, sondern die Schwäche der Guten.

ROMAIN ROLLAND

Fürchte Dich nicht, langsam zu gehen, fürchte Dich nur, stehenzubleiben.

CHINESISCHES SPRICHWORT

Leute, die keinen Schuß Pulver wert sind, werden auch nicht abgeschossen.

GERHARD UHLENBRUCK

Lebensklugheit

Die Menschen, denen wir eine Stütze sind, geben uns den Halt im Leben.

MARIE VON EBNER-ESCHENBACH

Wer es versteht, den Leuten mit Anmut und Behagen Dinge auseinanderzusetzen, die sie ohnehin wissen, der verschafft sich am geschwindesten den Ruf eines gescheiten Menschen.

MARIE VON EBNER-ESCHENBACH

Lebensklugheit bedeutet: alle Dinge möglichst wichtig, aber keines völlig ernst nehmen.

ARTHUR SCHNITZLER

Lebenskunst

Es macht etwas aus, ob ich die Welt vom Souffleurkasten oder vom Schnürboden betrachte, ob ich den Menschen in erster Linie von unten oder von oben sehe.

ERNST R. HAUSCHKA

Man kann sein Leben so gestalten, daß man seinem Ziel näher kommt, unabhängig von äußeren Umständen.

HELEN KELLER

Wir haben gelernt, wie die Vögel zu fliegen, wie die Fische zu schwimmen, doch wir haben die einfache Kunst verlernt, wie Brüder zu leben.

MARTIN LUTHER KING

Lebensstandard

Der Lebensstandard ist der Gott dieses Zeitalters, und die Produktion ist sein Prophet.

HANS FREYER

Daß sozialer Fortschritt mit steigendem Lebensstandard identisch sei, wird zu einem Glaubensbekenntnis.

JOHN KENNETH GALBRAITH

Der sogenannte Lebensstandard ist ein Gefängnis ohne Gitter, verschärft durch Massenhaft und weiches Lager.

ALBERTO MORAVIA

Lehren

Zu wissen, wie man anregt, ist die Kunst des Lehrens.

HENRI-FRÉDÉRIC AMIEL

Lehren heißt: die Dinge zweimal lernen.

JOSEPH JOUBERT

Der Wille zu lehren, ist ein Wille zu schenken.

HANS MARGOLIUS

Leistung

Es hat noch niemand etwas Ordentliches geleistet, der nicht etwas Außerordentliches leisten wollte.

MARIE VON EBNER-ESCHENBACH

Wenn der Mensch alles leisten soll, was man von ihm fordert, so muß er sich für mehr halten, als er ist.

JOHANN WOLFGANG VON GOETHE

Es gibt nur drei Methoden, um leben zu können: betteln, stehlen oder etwas leisten.

GRAF DE MIRABEAU

Es kommt viel weniger darauf an, was man leistet, als vielmehr darauf, wo man es leistet.

JOHANN NEPOMUK NESTROY

Leistung allein genügt nicht. Man muß auch jemanden finden, der sie anerkennt.

LOTHAR SCHMIDT

Lob lockt Leistung.

NORBERT STOFFEL

Leistungsgesellschaft

Ich kenne keinen, der so weit aussteigt, daß er für öffentliche Gelder nicht mehr erreichbar wäre.

CONSTANTIN FREIHERR
HEEREMANN VON ZUYDTWYCK

Es ist immer die Leistung, die bestimmt, wer zur Elite zählt.

LUDWIG MARCUSE

Eine Gesellschaft, die sich mehr leistet, als sie sich leisten kann, nennt man Leistungsgesellschaft.

WERNER MITSCH

Leistungsgesellschaft: Gesellschaft, die sich immer weniger leisten kann.

HELMAR NAHR

Leistungsverweigerer beanspruchen diejenigen Leistungen, welche sie selbst verweigern.

HELMAR NAHR

Leistungsverweigerung und Anspruchssteigerung gehen meist Hand in Hand.

HELMAR NAHR

Unsere Leistungsgesellschaft ist nicht eine Gesellschaft, in der nur Leistung gilt, sondern eine, welche bestimmt, was Leistung ist und wer sie leisten darf.

GERHARD UHLENBRUCK

Unsere Leistungs- und Sozialgesellschaft: Die eine Hälfte der Menschheit leistet etwas, damit die andere Hälfte es sich leisten kann, nichts mehr zu leisten.

GERHARD UHLENBRUCK

Nicht die Leistung zählt, sondern der Erfolg, den man mit ihr erzielt.

GERHARD UHLENBRUCK

Lernen

Zum steten Lernen bleibt auch das Alter jung.

AISCHYLOS

Was man lernen muß, um es zu tun, das lernt man, indem man es tut.

ARISTOTELES

Lernen ist wie Rudern gegen den Strom. Sobald man aufhört, treibt man zurück.

BENJAMIN BRITTEN

Im Leben lernt der Mensch zuerst gehen und sprechen. Später lernt er dann still sitzen und den Mund zu halten.

MARCEL PAGNOL

Lesen

Lesen ist für den Geist das, was Gymnastik für den Körper ist.

JOSEPH ADDISON

Lesen macht einen Menschen vielseitig, Verhandlungen machen ihn geistesgegenwärtig, Schreiben genau.

FRANCIS BACON

Geldleute lesen gründlicher als Bücherliebhaber – sie wissen besser, was für Nachteile aus flüchtiger Lektüre entstehen können.

BERTOLT BRECHT

Man sollte eigentlich immer nur das lesen, was man bewundert.

JOHANN WOLFGANG VON GOETHE

Das wenigste, das man liest, kann man brauchen; aber das meiste, das man braucht, hat man gelesen.

ERNST R. HAUSCHKA

Lesen heißt borgen, daraus erfinden, abtragen.

GEORG CHRISTOPH LICHTENBERG

Er las immer ‚Agamemnon‘ statt ‚angenommen‘, so sehr hatte er den Homer gelesen.

GEORG CHRISTOPH LICHTENBERG

Liberalismus

Ein konservativer Staatsmann ist einer, der in die bestehenden Mängel verliebt ist, während der Liberale sie durch neue Mängel ersetzen möchte.

AMBROSE BIERCE

Manche meinen, sie seien liberal geworden, nur weil sie die Richtung ihrer Intoleranz geändert haben.

WIESLAW BRUDZINSKI

Liberalismus ist durch Vorsicht gemäßigtes Vertrauen, Konservatismus ist durch Furcht gemildertes Mißtrauen der Menschen.

WILLIAM EWART GLADSTONE

Liberal nennen wir einen Menschen, der aufgrund unserer Argumente soeben seine Meinung geändert hat.

LOTHAR SCHMIDT

Lob und Tadel

Ehrungen, das ist, wenn die Gerechtigkeit ihren guten Tag hat.

KONRAD ADENAUER

Lob: eine Huldigung, die wir solchen Leistungen darbringen, die den eigenen zwar nicht gleichkommen, ihnen aber doch ähnlich sind.

AMBROSE BIERCE

Ein kluger Chef serviert den Tadel in der Teetasse, das Lob im Suppenteller.

EDWARD BILLINGTON

Wir tadeln an anderen nur die Fehler, aus denen wir Nutzen für uns selbst ziehen können.

ALEXANDRE DUMAS DER ÄLTERE

Dafür, daß uns am Lobe nichts liegt, wollen wir besonders gelobt sein.

MARIE VON EBNER-ESCHENBACH

Tadeln ist leicht; deshalb versuchen sich so viele darin. Mit Verstand loben ist schwer; darum tun es wenige.

ANSELM FEUERBACH

Gegen Angriffe kann man sich wehren. Gegen Lob ist man machtlos.

SIGMUND FREUD

Wen jemand lobt, dem stellt er sich gleich.

JOHANN WOLFGANG VON GOETHE

Tadeln können alle Toren, aber besser machen nicht.

AUGUST FRIEDRICH ERNST LANGBEIN

Wenige Menschen sind weise genug, nützlichen Tadel verräterischem Lob vorzuziehen.

LA ROCHEFOUCAULD

Wundert euch nicht, daß jemand, der übel riecht, es gern hat, wenn man ihn beweihräuchert.

STANISLAW JERCY LEC

Sage mir, wer dich lobt, und ich sage dir, worin deine Fehler bestehen.

LENIN

Man lobt oder tadelt je nach der Gelegenheit, seine Urteilskraft leuchten zu lassen.

FRIEDRICH WILHELM NIETZSCHE

Den Tadel der Menschen nahm ich so lange gern an, bis ich einmal darauf achtete, wen sie loben.

WALTHER RATHENAU

Wenn ein Politiker die Qualitäten eines anderen lobt, kann man daraus schließen, daß er sich selbst für besser hält.

LOTHAR SCHMIDT

Anerkennende Worte sind eine beliebte Einleitung für anschließenden Tadel.

LOTHAR SCHMIDT

Ein angeknurrter Hund knurrt wieder, ein geschmeichelter schmeichelt zurück.

ARTHUR SCHOPENHAUER

Am besten aber wirst du den Charakter eines Menschen kennenlernen, wenn du beobachtest, wie er jemanden lobt und wie er sich verhält, wenn er selbst gelobt wird.

SENECA

Auch in den besten, freundschaftlichsten und unkompliziertesten menschlichen Beziehungen sind Lob und Anerkennung so unentbehrlich wie das Öl, das die Räder einer Maschine schmiert, damit sie gleichmäßig laufen.

GRAF LEO NIKOLAJEWITSCH
TOLSTOI

Fürchtet Lob mehr als Tadel! Einer, der euch tadelt, hat sicherlich mehr Ursache dazu, als einer, der euch lobt.

NICCOLÒ TOMMASEO

Die feinsten und zähesten Fesseln spinnt man aus Lob.

CHARLES TSCHOPP

Auf Vorschußlorbeeren kann man sich nicht ausruhen.

GERHARD UHLENBRUCK

Es ist ein Zeichen von Mittelmäßigkeit, nur mäßig zu loben.

VAUVENARGUES

Der Mensch bedarf des Lobes fast wie der Nahrung.

EMANUEL WERTHEIMER

Lobrede

Lobrede: das Preisen eines Menschen, der den Vorzug des Reichtums oder der Macht besitzt oder die Freundlichkeit, tot zu sein.

AMBROSE BIERCE

Lob ist die einzige Kraft, die uns zu edlen Handlungen antreibt und Ausdauer dafür verleiht.

JEAN DE LA BRUYÈRE

Logik

Logik: die Kunst, in strenger Übereinstimmung mit den Grenzen und Schwächen des menschlichen Unverstandes zu denken und zu schlußfolgern.

AMBROSE BIERCE

Moral ist ein Maulkorb für den Willen, Logik ein Steigriemen für den Geist.

FRANZ GRILLPARZER

Logik ist ein Instrument zum Aufpolstern der Vorurteile.

ELBERT HUBBARD

Logische Konsequenzen sind die Vogelscheuchen der Toren und die Leuchttürme der Weisen.

THOMAS HENRY HUXLEY

Logik ist wie ein Treppengeländer: es hilft einem trotz Dunkelheit, nach oben zu kommen.

CHRISTIAN KJELLERUP

Die Logik ist die Zwangsjacke der Phantasie.

HELMAR NAHR

Beispiele sind die Schwimmbojen der Logik.

HELMAR NAHR

Der Zirkelschluß führt niemals auf Abwege. Deshalb ist er von allen Denkprozessen der beliebteste.

HELMAR NAHR

Auf eine voreilige Schlußfolgerung fällt nur herein, wer zu wenig Fakten ausgegraben hat.

LOTHAR SCHMIDT

Pathos stellt sich ein, wo die Logik unbequem wird.

LOTHAR SCHMIDT

Es gibt Menschen, die sind so tugendhaft, daß sie vor nackten Tatsachen die Augen schließen.

LOTHAR SCHMIDT

Lorbeer

Lorbeer ist ein bitt'res Blatt, dem, der es sucht, und dem, der's hat.

EMANUEL GEIBEL

Der Lorbeer ist, wo er dir erscheint, ein Zeichen mehr des Leidens als des Glücks.

JOHANN WOLFGANG VON GOETHE

Lorbeer ist ein schnell welkendes Gemüse.

GIOVANNI GUARESCHI

Dem Lorbeer verdanke ich nichts an Wissen, wohl aber viel an Neid und Anfeindung.

FRANCESCO PETRARCA

Luftschloß

Luftschlösser verschlingen gewaltige Unterhaltskosten.

EARL EDWARD GEORGE
BULWER-LYTTON

185

Für den Bau von Luftschlössern gibt es keine architektonischen Regeln.

GILBERT KEITH CHESTERTON

In Luftschlössern läßt sich leicht Zuflucht suchen. Und leicht zu bauen sind sie auch.

HENRIK JOHAN IBSEN

Lüge

Lüge nie, denn du kannst ja doch nicht behalten, was du alles gesagt hast.

KONRAD ADENAUER

Es wird niemals so viel gelogen wie vor der Wahl, während des Krieges und nach der Jagd.

OTTO VON BISMARCK

Lüge: ein Double, das die Wahrheit in gefährlichen Situationen vertritt.

WIESLAW BRUDZINSKI

Der Beste muß mitunter lügen, zuweilen tut er's mit Vergnügen.

WILHELM BUSCH

Der beste Lügner ist der, der mit den wenigsten Lügen am längsten auskommt.

SAMUEL BUTLER DER JÜNGERE

Lüge: terminologische Ungenauigkeit.

SIR WINSTON CHURCHILL

Die Menschen sind alle so geartet, daß sie lieber eine Lüge als eine Absage hören wollen.

MARCUS TULLIUS CICERO

Ich habe gemerkt, daß immer die am meisten lügen, die die Wahrheit am besten wissen.

BRANA CRNČEVIĆ

Um die Wahrheit wahrscheinlicher zu machen, muß man ein bißchen Lüge hineinmischen.

FJODOR MICHAIJLOWITSCH
DOSTOJEWSKI

Die Lüge ist ein sehr trauriger Ersatz für die Wahrheit, aber sie ist der einzige, den man bis heute entdeckt hat.

ELBERT HUBBARD

Die Lüge ist der eigentlich faule Fleck in der menschlichen Natur.

IMMANUEL KANT

Lügen haben kurze Beine, verstehen es aber vorzüglich, sie zu stellen.

STANISLAW JERCY LEC

Es ist schwierig, einem Menschen zu glauben, wenn man weiß, daß man an seiner Stelle lügen würde.

HENRY LOUIS MENCKEN

So, wie es außer Menschen auch noch Leute gibt, so gibt es außer den Lügen auch noch Unwahrheiten und Ansichten.

WERNER MITSCH

Lügner: Menschen, die mit der Wahrheit nicht fertig werden.

ROBERT MUTHMANN

Lügen haben kurze Beine, deshalb reisen sie mit den schnellsten Kommunikationsmitteln.

ŽARKO PETAN

Die vollkommenste Lüge ist der gebrochene Vertrag.

ARTHUR SCHOPENHAUER

So ehrlich kann ein Mensch gar nicht sein, daß er sich nicht selbst belügt.

RUPERT SCHÜTZBACH

Die Strafe des Lügners ist nicht, daß ihm niemand mehr glaubt, sondern daß er selbst niemandem mehr glauben kann.

GEORGE BERNARD SHAW

Es gibt fünf Arten der Lüge: die gewöhnliche Lüge, den Wetterbericht, die Statistik, die diplomatische Note und das amtliche Communiqué.

GEORGE BERNARD SHAW

Lügen haben lange Beine. Eine Lüge holt dich immer wieder ein.

NORBERT STOFFEL

Er liebte die Wahrheit, aber die Lüge bezahlte besser.

NORBERT STOFFEL

Es gibt drei Sorten von Lügen: Lügen, verdammte Lügen und Statistiken.

MARK TWAIN

Auch die Lüge hat einen technischen Notdienst: die Notlüge.

HELLMUT WALTERS

Worin besteht das Wesen der schönen Lüge? Darin, daß sie sich selbst zu erkennen gibt.

OSCAR WILDE

Luxus

Der größte Luxus ist eine eigene Meinung; nur wenige leisten sich ihn.

PETER BAMM

LUXUS

Steigerung des Luxus: eigenes Auto, eigene Villa, eigene Meinung.

WIESLAW BRUDZINSKI

Luxus muß sein. Wenn die Reichen nichts verschwenden, verhungern die Armen.

CHARLES BARON DE LA BRÈDE
ET DE MONTESQUIEU

Luxus sind alle Dinge, die man nicht unbedingt braucht, die man aber nicht hergeben will, wenn man sie hat.

LOTHAR SCHMIDT

Luxus zeigt sich dort, wo der Hang zum Entbehrlichen überhandnimmt.

LOTHAR SCHMIDT

Wie vieles gibt es doch, was ich nicht nötig habe!

SOKRATES

In dieser kollektivistischen Zeit so individualistisch wie möglich zu leben, ist der einzig echte Luxus, den es noch gibt.

ORSON WELLES

M

Macht

Jeder, der Macht hat, ist auch eine Quelle der Gefahr.

HERMANN JOSEF ABS

Macht korrumpiert. Absolute Macht korrumpiert absolut.

JOHN D. ACTON

Die Macht hat stets, wer zahlt.

ERNST R. HAUSCHKA

Die Menschen bezahlen die Vermehrung ihrer Macht mit der Entfremdung von dem, worüber sie Macht ausüben.

MAX HORKHEIMER

Noch nie waren so Viele so sehr Wenigen ausgeliefert.

ALDOUS LEONARD HUXLEY

Die Macht stiehlt sich immer von den Vielen weg zu den Wenigen, weil die Wenigen wachsamer sind und konsequenter.

SAMUEL JOHNSON

Macht: ein Vermögen, welches großen Hindernissen überlegen ist. Eben dieselbe heißt Gewalt, wenn sie auch dem Widerstande dessen, was selbst Macht besitzt, überlegen ist.

IMMANUEL KANT

Nur das zu tun, was alle wollen, ist das Geheimnis jeder Macht.

JOHANN GOTTFRIED KINKEL

Macht ist das stärkste Aphrodisiakum.

HENRY ALFRED KISSINGER

Willst du den Charakter eines Menschen erkennen, so gib ihm Macht.

ABRAHAM LINCOLN

Mit der Macht kann man nicht flirten. Man muß sie heiraten.

ANDRÉ MALRAUX

Der Macht, die diese Gesellschaft über den Menschen gewonnen hat, wird durch ihre Leistungsfähigkeit und Produktivität täglich Absolution erteilt.

HERBERT MARCUSE

189

Die politische Gewalt im eigentlichen Sinne ist die organisierte Gewalt einer Klasse zur Unterdrückung einer andern.

KARL MARX

Rangbestimmend sind allein Machtquantitäten.

FRIEDRICH WILHELM NIETZSCHE

Die Macht ist die Königin der Welt, und nicht die Meinung der Leute. Aber die Meinung ist es, die die Macht gebraucht. Und es ist die Macht, welche die Meinung macht.

BLAISE PASCAL

Früher diente die Macht den Ideologien, jetzt dienen die Ideologien der Macht.

CESARE PAVESE

Rechte sind Güter, die sich auf die Macht gründen. Mit der Macht sinken die Rechte dahin.

ANTOINE DE RIVAROL

Macht hat der Mensch in dem Maße, als er für befähigt gilt, anderen nützen oder schaden zu können.

LOTHAR SCHMIDT

Personenkult ist Machtkult. Schwindet die Macht, hört der Personenkult auf.

LOTHAR SCHMIDT

Die Macht des Menschen hat in allen Bereichen zugenommen, nur nicht die Macht des Menschen über sich selbst.

LOTHAR SCHMIDT

Kein Abschied auf der Welt fällt schwerer als der Abschied von der Macht.

CHARLES MAURICE DE TALLEYRAND

Macht macht Angst, Angst macht Ohnmacht.

GERHARD UHLENBRUCK

Macht bedeutet jede Chance, innerhalb einer sozialen Beziehung den eigenen Willen auch gegen Widerstreben durchzusetzen, gleichviel, worauf diese Chance beruht.

MAX WEBER

Macht ist die einzige Lust, derer man nicht müde wird.

OSCAR WILDE

Management

Es gibt zwei Dinge, auf denen
das Wohlgelingen in allen Verhältnissen beruht. Das eine ist,
daß Zweck und Ziel der Tätigkeit richtig bestimmt sind. Das
andere aber besteht darin, die zu
diesem Endziel führenden
Handlungen zu finden.

ARISTOTELES

Im Geschäftsleben ist keine
Geistesgabe so erfolgreich wie
eine gute, wenn auch geheime
Meinung von sich selbst.

LORD PHILIP DORMER
CHESTERFIELD

Was man zur Effektivität
braucht, ist eine durch Übung
gewonnene Kompetenz.

PETER F. DRUCKER

Management ist die Fähigkeit,
Menschen wie Dich und mich
produktiv zu machen.

PETER F. DRUCKER

Management der Zeiteinteilung:
Keine Tätigkeit muß so sorgfältig und systematisch organisiert
werden wie die des Mannes an
der Spitze. Auch sein Tag hat
nur vierundzwanzig Stunden

wie der jedes anderen Menschen. Und ganz gewiß braucht
er ebenso viele Stunden für
Schlaf, Ruhe und Erholung wie
jemand, der mit weniger Verantwortung belastet ist. Nur
eine äußerst gründliche Unter-
suchung dieser Aufgabe kann
eine völlige Zersplitterung, nur
eine sehr sorgsam aufgestellte
Dringlichkeitsskala kann verhindern, daß der Mann an der
Spitze auf Kosten der lebens-
wichtigen Angelegenheiten Zeit
und Kraft für weniger wichtige
Dinge vergeudet.

PETER F. DRUCKER

Die meisten Führungskräfte zö-
gern, ihre Leute mit dem Ball
laufen zu lassen. Aber es ist erstaunlich, wie schnell ein infor-
mierter und motivierter Mensch
laufen kann.

LEE IACOCCA

Jeder, der in der Wirtschaft Verantwortung übernehmen will,
muß ... lernen, Prioritäten zu
setzen.

LEE IACOCCA

Management ist nichts anderes
als die Kunst, andere Menschen
zu motivieren.

LEE IACOCCA

191

Die richtigen Leute einzustellen ist das Beste, was ein Manager tun kann.

LEE IACOCCA

Es ist die Aufgabe des Topmanagers, sich entbehrlich zu machen.

MANFRED KÖHNLECHNER

Was ich vom Euro-Manager erwarte: Neugierde und damit die Bereitschaft, an der Zukunft schon in der Gegenwart zu arbeiten.

HELMUT MAUCHER

Eine Aktiengesellschaft ist ein Großbetrieb, dessen leitende Angestellte so tun, als gehöre er ihnen.

HERBERT MARSHALL MCLUHAN

Das Management ist die schöpferischste aller Künste. Es ist die Kunst, Talente richtig einzusetzen.

ROBERT STRANGE MCNAMARA

Der Manager ist die Krone der Erschöpfung.

WERNER MITSCH

Unter den heutigen Bedingungen sind Spitzenmanager gezwungen, sich mehr mit dem Geld- und Devisenmarkt auseinanderzusetzen als mit dem langfristigen Gedeihen ihres Unternehmens.

AKIO MORITA

In nicht mehr ferner Zukunft ... werden Institutionen samt und sonders nach einem Management-System organisiert sein, das auf dem Netzwerk-Modell basiert ... Dessen Werte werden insbesondere in der Informalität und der Gleichheit, Ebenbürtigkeit aller Beteiligten wurzeln.

JOHN NAISBITT

Spitzenmanager zeichnen sich durch drei Charakteristiken aus: langsames Sprechen, eindrucksvolles Auftreten und völlige Humorlosigkeit.

JOHNSON O'CONNOR

Worin liegt die eigentliche Rolle des Managements? Im intelligenten Reagieren auf Veränderungen.

JEAN-JACQUES SERVAN-SCHREIBER

Managerkrankheit ist eine Epidemie, die durch den Uhrzeiger hervorgerufen und durch den

Terminkalender übertragen wird.

JOHN STEINBECK

Die sogenannte Managerkrankheit kommt dadurch zustande, daß Manager vergessen, ihre eigene Gesundheit zu managen.

GERHARD UHLENBRUCK

Management nennt man den organisierten Wettlauf zwischen dem Anstieg der Kosten und der Erschließung neuer Kreditquellen.

UNBEKANNT

Markt

Der Markt ist ein harter, unsozialer Arbeitgeber, der selbst den treuesten Diener fristlos entlässt, ohne einen Centime Abfindung zu zahlen.

PETER F. DRUCKER

Der Markt ist der einzig demokratische Richter, den es überhaupt in der modernen Wirtschaft gibt.

LUDWIG ERHARD

Die lobenswerte Eigenschaft des freien Marktes besteht darin, daß er Angebot und Nachfrage bei einem bestimmten Preis ausgleicht.

JOHN KENNETH GALBRAITH

Butterberge sind die Folge von Milchmädchenrechnungen.

WERNER MITSCH

Der Markt ist ein von Menschen betriebenes Naturereignis.

HELMAR NAHR

Auf dem Markt glaubt niemand an höhere Menschen.

FRIEDRICH WILHELM NIETZSCHE

Der freie Preis räumt den Markt.

WILHELM RÖPKE

Wer sich nicht nach dem Markt richtet, wird vom Markt bestraft.

WILHELM RÖPKE

Am Markt lernt man die Leute kennen.

SPRICHWORT

Der Markt ist ein eiserner Besen.

NORBERT STOFFEL

Jeder Unternehmer hat einen Vorgesetzten – und das ist der Markt.

UNBEKANNT

Von einem Markt soll dann gesprochen werden, wenn mindestens die Personen einer Gruppe um ihre Tauschchancen konkurrieren.

MAX WEBER

Marktforscher

Um Antworten zu bekommen, muß man zunächst einmal die richtigen Fragen stellen.

ERIC AMBLER

Wenn es besser kommt als vorausgesagt, dann verzeiht man sogar den falschen Propheten.

LUDWIG ERHARD

Demoskopen sind Astrologen ohne Sterne.

UNBEKANNT

Marktwirtschaft

In der Marktwirtschaft läuft die Ware dem Käufer nach, in der Planwirtschaft der Käufer der Ware.

LUDWIG ERHARD

Die eigentliche Aufgabe der Regierung in einem demokratischen System der freien Marktwirtschaft ist nicht, das survival of the fattest zu sichern, sondern die Konkurrenz zu erhalten.

LEE IACOCCA

Freie Marktwirtschaft ist die Chance zum Wechsel in den Führungsrollen.

WOLFGANG KARTTE

Unter dem Gesichtspunkt der Freiheit dürfte die Marktwirtschaft auch dann noch vorzuziehen sein, wenn ihre ökonomischen Leistungen geringer wären als die der Wirtschaftslenkung.

ALFRED MÜLLER-ARMACK

Jenseits von Angebot und Nachfrage: Der Mensch lebt nicht nur von Radios, Autos und Kühlschränken, sondern von der ganzen unkäuflichen Welt jenseits des Marktes und der Umsatzziffern, von Würde, Schönheit, Poesie, Anmut, Ritterlichkeit, Liebe und Freundschaft, vom Unberechbaren, über den Tag und seine Zwecke

Hinausweisenden, von Gemeinschaft, Lebensbuntheit, Freiheit und Selbstentfaltung. Umstände, die ihm das verwehren oder erschweren, sind damit unwiderruflich gerichtet; denn sie zerstören den Kern seines Wesens.

WILHELM RÖPKE

Die letzte Instanz in der Planwirtschaft ist der Scharfrichter, in der Marktwirtschaft der Gerichtsvollzieher.

WILHELM RÖPKE

Maschine

In zunehmenden Maße werden Maschinen durch andere Maschinen gesteuert und ersetzen damit die einfacheren Formen menschlicher Intelligenz.

JOHN KENNETH GALBRAITH

Eine Maschine kann die Arbeit von fünfzig gewöhnlichen Menschen leisten, aber sie kann nicht einen einzigen außergewöhnlichen ersetzen.

ELBERT HUBBARD

Wer seine Geschäfte maschinenmäßig betreibt, der bekommt ein Maschinenherz.

KONFUZIUS

Maschinen lassen nicht mit sich spaßen.

GUSTAV MEYRINK

Das Modell ist eine geistige Maschine.

HELMAR NAHR

Was die Maschine so wohltuend vom Menschen unterscheidet, ist nicht so sehr größere Zuverlässigkeit als vielmehr geringere Böswilligkeit.

LOTHAR SCHMIDT

Die Maschine ist die souveräne Beherrscherin unseres gegenwärtigen Lebens.

ARTHUR SCHOPENHAUER

Die Hoffnung, daß der Mensch durch die Perfektion der Maschine zu immer größerer Freiheit gelangen könnte, scheint sich als trügerisch zu erweisen.

WILHELM WEISCHEDEL

Maske

Nirgends auf der Welt ist man so wunderbar allein wie hinter einer Maske.

PETER BAMM

Wir sollten nicht versuchen, die Masken vom Gesicht zu reißen; manche Maske wird nur aus Rücksicht auf andere getragen.

ERNST R. HAUSCHKA

Auf der Bühne wird die Maske von der Rolle, im Leben wird die Rolle von der Maske bestimmt.

HANS KRAILSHEIMER

Die beste Maske, die wir tragen, ist unser eigenes Gesicht.

FRIEDRICH WILHELM NIETZSCHE

Ein Politiker, der sich keine Blöße geben will, bedient sich gerne eines Deckmantels.

LOTHAR SCHMIDT

Die Absicht redet unter der Maske der Einsicht.

ARTHUR SCHOPENHAUER

Jeder Mensch ist ein Mond und hat eine dunkle Seite, die er niemandem zeigt.

MARK TWAIN

Maß

Nur klugtätige Menschen, die ihre Kräfte kennen und sie mit Maß und Gescheitigkeit benutzen, werden es im Weltwesen weit bringen.

JOHANN WOLFGANG VON GOETHE

Das Maß ist die Tugend des Menschen, das Unmaß sein Laster.

HERMANN KESTEN

Der Mensch ist das Maß aller Dinge, oder ein Ding ohne Maß.

RON KRITZFELD

Das gesunde Mittelmaß. Nicht zu viel und doch zu wenig.

WERNER MITSCH

Durch das Gesetz haben wir ein Maß, worauf wir bauen können. Es wäre sonst, als ob man den Standard eines Fußes nach dem Fuß des Kanzlers bestimmen würde, wie unsicher wäre dieses Maß! Der eine Kanzler hat einen langen Fuß, der andere einen kurzen.

JOHN SELDON

Maß ziemt überall.

SOPHOKLES

Der Mensch ist das Maß aller Dinge. Das Übermaß.

NORBERT WIENER

Maß ist etwas Verhängnisvolles. Nichts ist so erfolgreich wie das Übermaß.

OSCAR WILDE

Masse

Man macht sich nicht viel aus der Meinung der Masse; es sei denn, man hat sie gemacht.

SIGMUND GRAFF

Die Masse ist eine Gesellschaft mit recht beschränkter Haftung.

HANS KASPER

Die Massen urteilen gar nicht oder falsch. Die Urteile, die die Massen annehmen, sind nur aufgedrängte, niemals geprüfte Urteile.

GUSTAVE LE BON

Das Bad in der Menge ist ein Schaumbad.

NORBERT STOFFEL

Die Massen sind erstens verschwimmende Kopien der großen Männer, zweitens Wi-derstand gegen die Großen, drittens Werkzeuge der Großen.

FRIEDRICH WILHELM NIETZSCHE

Materialismus

Ein Materialist ist ein Calvinist ohne Gott.

EDUARD BERNSTEIN

Die materielle Verbesserung des Loses der Menschen ist ein Ideal. Deshalb ist der Materialismus: Idealismus.

LUDWIG MARCUSE

Materialismus. Man sieht vor lauter Wirkung keine Ursachen mehr.

WERNER MITSCH

Der Materialismus ist die Philosopie des bei seiner Rechnung sich selbst vergessenden Subjekts.

ARTHUR SCHOPENHAUER

Der Materialismus ... leitet das Erkennen aus der Materie ab und vergißt, daß diese selbe Materie schon das Erkennen voraussetzt ... Daher gleicht der Materialismus dem Baron von

Münchhausen, der sich selbst am Zopf aus dem Wasser zieht.

ARTHUR SCHOPENHAUER

Mathematik

Gewißheit gibt allein die Mathematik. Aber leider streift sie nur den Oberrock der Dinge.

WILHELM BUSCH

Die Mathematik handelt ausschließlich von den Beziehungen der Begriffe zueinander ohne Rücksicht auf deren Bezug zur Erfahrung.

ALBERT EINSTEIN

Mathematik ist das Alphabet, mit dessen Hilfe Gott das Universum beschrieben hat.

GALILEO GALILEI

Der Mathematiker ist ein Hersteller von Schemata.

GODFREY HAROLD HARDY

Mathematik ist eine Bedingung aller exakten Erkenntnis.

IMMANUEL KANT

Mathematik ist die mit Beispielen versehene Antwort auf die Frage: Was ist eine Voraussetzung?

HELMAR NAHR

Mäzen

Wenn es Mäzene gibt, lieber Flaccus, dann fehlen auch Virgile nicht.

MARCUS VALERIUS MARTIALIS

Nicht jeder Unternehmer, der stiften geht, ist ein Mäzen.

WERNER MITSCH

Wohltäter: der einzige Täter, der sich gern entdecken läßt.

UNBEKANNT

Mehrheit

Eine Mehrheit ist immer die beste Erwiderung.

BENJAMIN DISRAELI

In Sachen des Gewissens ist die Mehrheit nicht zuständig.

MAHATMA GANDHI

Nichts ist widerwärtiger als die Majorität: denn sie besteht aus wenigen kräftigen Vorgängern, aus Schelmen, die sich akkomodieren, aus Schwachen, die sich assimilieren, und der Masse, die nachtrollt, ohne nur im mindesten zu wissen, was sie will.

JOHANN WOLFGANG VON GOETHE

Die Meinung der Mehrheit kann nicht der Ausdruck der Unzuständigkeit sein.

RENÉ GUÉNON

Eine Meinungsumfrage unter Löwen ergab: Die Mehrheit lehnt den Käfig ab, wünscht jedoch eine geregelte Verpflegung.

ERNST R. HAUSCHKA

Ein einziger Mann mit Mut ist eine Mehrheit.

ANDREW JACKSON

Echte Mehrheiten sind die, in deren Reihen sich auch die Mehrheit der Verständigen befindet.

HANS KASPER

Wo die Mehrheit das Recht hat, da hat die Gerechtigkeit das Nachsehen.

WERNER MITSCH

Was haben Milch, Rotwein und schwarzer Kaffee zu 80 Prozent gemeinsam? Wasser. – Ein Beispiel dafür, daß das Wesentliche

nicht von der Majorität bestimmt wird.

HELMAR NAHR

Auch wenn alle einer Meinung sind, können alle unrecht haben.

BERTRAND RUSSELL

Die politische Mehrheit ist eine Minderheit, die sich als Mehrheit durchgesetzt hat.

LOTHAR SCHMIDT

Mehrwert

Aller Mehrwert – wie er sich auch verteile, als Gewinn des Kapitalisten, Grundrente, Steuer usw. – ist unbezahlte Arbeit.

FRIEDRICH ENGELS

Die einzige Quelle des Mehrwerts ist die lebendige Arbeit.

KARL MARX

Der Mehrwert ist ... ein während des Produktionsprozesses vom Arbeiter neugeschaffener Wert – festgeronnene Arbeit. Nur kostet er dem Eigner des ganzen Produkts, dem Kapitalisten, nichts.

KARL MARX

Daß die Arbeit die Quelle des Mehrwertes sei, ist ebenso richtig oder falsch wie die Behauptung, daß das Bohrloch die Quelle des Erdöls sei. Aber ob und wieviel Erdöl fließt, hängt erstens vom Vorhandensein und der Größe der Lagerstätte ab – dies entspricht dem natürlichen Energievorrat –, und zweitens von der richtigen Plazierung der Bohrung – dies entspricht dem Zweckmäßigkeitsgrad des Produktionsverfahrens.

HELMAR NAHR

Meinung

Die Meinung ist die Küche, worin alle Wahrheiten abgeschlachtet, gerupft, zerhackt, geschmort und gewürzt werden.

LUDWIG BÖRNE

Wir unterschätzen das, was wir haben, und überschätzen das, was wir sind.

MARIE VON EBNER-ESCHENBACH

Es ist schwieriger, eine vorgefaßte Meinung zu zertrümmern als ein Atom.

ALBERT EINSTEIN

Eine der erstaunlichsten Erscheinungen ist, daß man sich einbildet, von abhängigen Menschen unabhängige Meinungen erwarten zu dürfen.

SIGMUND GRAFF

Die Überzeugungskraft vorteilhafter Meinungen ist erstaunlich.

SIGMUND GRAFF

Der Durchschnittsmensch glaubt zunächst etwas, und dann sucht er nach einem Beweis, um seine Meinung zu stützen.

ELBERT HUBBARD

Die Menschen werden nicht von den Dingen, sondern von den Meinungen über die Dinge gepeinigt.

KARL LEBERECHT IMMERMANN

Eine irrige Meinung kann da geduldet werden, wo die Vernunft frei ist, sie zu bekämpfen.

THOMAS JEFFERSON

Meinen ist ein mit Bewußtsein sowohl subjektiv als auch objektiv unzureichendes Fürwahrhalten.

IMMANUEL KANT

Allzuoft erfreuen wir uns der Annehmlichkeit einer eigenen Meinung, ohne uns der Unannehmlichkeit des Nachdenkens zu unterziehen.

JOHN F. KENNEDY

Eine goldene Regel: Man muß die Menschen nicht nach ihren Meinungen beurteilen, sondern nach dem, was diese Meinungen aus ihnen machen.

GEORG CHRISTOPH LICHTENBERG

Neue Meinungen sind immer verdächtig; und sie werden gewöhnlich aus keinem anderen Grunde bekämpft außer dem, daß sie nicht schon allgemein bekannt sind.

JOHN LOCKE

Nur die Narren und die Toten ändern niemals ihre Meinung.

JAMES RUSSELL LOWELL

Meinungen sind Wegweiser. Ohne die Wegweiser würden wir uns im Leben verirren.

HANS ALBRECHT MOSER

Eine Meinung, die von falschen Voraussetzungen ausgeht, ist nichts wert. Das gilt vom Leit-

artikel bis zum philosophischen System.

ROBERT MUTHMANN

Unsere Meinungen: die Haut, in der wir gesehen werden wollen.

FRIEDRICH WILHELM NIETZSCHE

Die meisten Menschen haben keine Meinung; sie muß von außen in sie hineingepreßt werden wie das Schmieröl in die Maschine.

JOSÉ ORTEGA Y GASSET

Am schwierigsten ist es, die Meinung geheimzuhalten, die man von sich selber hat.

MARCEL PAGNOL

Die Welt wird durch Gewalt beherrscht, nicht durch Meinung; aber Meinung verwendet Gewalt.

BLAISE PASCAL

Meinung ändert keine Tatsache.

FRANCESCO PETRARCA

Man muß die Meinung mit gleichen Waffen zu treffen suchen, denn gegen Ideen richten Gewehrschüsse nichts aus.

ANTOINE DE RIVAROL

Die meisten Meinungen sind nur Ausreden.

RUDOLF ROLFS

Die eigene Meinung˙ überschätzt sich oft, die öffentliche Meinung wird oft überschätzt.

LOTHAR SCHMIDT

Gefühle ändern eine Meinung rascher als Tatsachen.

LOTHAR SCHMIDT

Die eigene Meinung wird gewöhnlich um so hartnäckiger verteidigt, je weniger sie sich um Tatsachen kümmert.

LOTHAR SCHMIDT

Was kaum einer Veränderung unterliegt, ist die gute Meinung, die wir von uns selber haben.

LOTHAR SCHMIDT

Viel zuviel Wert auf die Meinung anderer zu legen, ist ein allgemein herrschender Irrwahn.

ARTHUR SCHOPENHAUER

Meinung besteht darin, Gründe zu nennen, weshalb alle Welt so denken soll, wie ich denke.

JOHN SELDON

Meinung wird letztlich durch Gefühle und nicht durch den Intellekt bestimmt.

HERBERT SPENCER

Meinungen sind wie Nägel. Je mehr du auf sie einschlägst, desto tiefer dringen sie ein.

CHINESISCHES SPRICHWORT

Immer wenn man die Meinung der Mehrheit teilt, ist es Zeit, sich zu besinnen.

MARK TWAIN

Meinungsforscher

Umfragen halten die Meinungen fest, die durch sie hervorgerufen wurden.

HELMUT LAMPRECHT

Die Grenze zwischen Meinungsforschern und Meinungsmachern ist ziemlich fließend geworden.

MALCOLM MUGGERIDGE

Meinungsforscher sind Herolde der Meinungslenker.

RUDOLF ROLFS

Meister

Ihre Entstehung verdanken die Meisterwerke dem Genie, ihre Vorstellung dem Fleiß.

JOSEPH JOUBERT

Wer nicht Meister sein will, muß eben Gesell bleiben und Vorgesetzte haben sein Leben lang.

GOTTFRIED KELLER

Die Meisterschaft ist dann erreicht, wenn man sich in der Ausführung weder vergreift noch verzögert.

FRIEDRICH WILHELM NIETZSCHE

Mensch

Der Mensch ist ein Tier, das Werkzeuge benutzt.

THOMAS CARLYLE

Was der Mensch sei, sagt ihm nur die Geschichte.

WILHELM DILTHEY

Der Mensch ist nicht das Produkt seiner Umwelt – die Umwelt ist das Produkt des Menschen.

BENJAMIN DISRAELI

Der wahre Wert eines Menschen ist in erster Linie dadurch bestimmt, in welchem Grade und in welchem Sinne er zur Befreiung vom Ich gelangt ist.

ALBERT EINSTEIN

Von allen Definitionen über den Menschen ist die am schlechtesten, die ihn als vernunftbegabtes Tier bezeichnet.

ANATOLE FRANCE

Was ist der Mensch? Ein Tier, das seine Lehrer straft, bald mit dem Tod am Kreuz und bald mit Schierlingssaft.

JOHANN WILHELM LUDWIG GLEIM

Die Menschen werden durch Gesinnungen vereinigt, durch Meinungen getrennt.

JOHANN WOLFGANG VON GOETHE

Der Mensch ist ein charakterloses Tier. Die Bewunderung der Macht bei anderen ist so häufig wie die Liebe zu sich selbst; das eine macht ihn zum Tyrannen, das andere zum Sklaven.

WILLIAM HAZLITT

Der Mensch ist das einzige Tier, das lacht und weint, denn er ist das einzige Tier, das betroffen wird von dem, wie die Dinge sind, und von dem, wie sie sein sollten.

WILLIAM HAZLITT

Der Mensch ist eine in der Knechtschaft seiner Organe lebende Intelligenz.

ALDOUS LEONARD HUXLEY

Mensch: das Tier, das sich vervollkommnen kann.

IMMANUEL KANT

Der Mensch ist das einzige Tier, das arbeiten muß.

IMMANUEL KANT

Der Mensch ist das Modell der Welt.

LEONARDO DA VINCI

Der Mensch ist ein Ursachen suchendes Wesen; ,der Ursachensucher' würde er im System der Geister genannt werden können. Andere Geister denken sich vielleicht die Dinge unter anderen uns unbegreiflichen Verhältnissen.

GEORG CHRISTOPH LICHTENBERG

Die Antwort auf die Kongreßfrage: „Ist der Mensch meßbar?" lautet: ein bißchen, mit vielen Maßen.

LUDWIG MARCUSE

Der Mensch ist im wörtlichsten Sinne ein zoon politikon, nicht nur ein geselliges Tier, sondern auch ein Tier, das nur in der Gesellschaft sich vereinzeln kann.

KARL MARX

Viele Menschen hinterlassen Spuren; nur wenige hinterlassen Eindrücke.

WERNER MITSCH

Der Mensch: das Fragetier, das seine eigenen Antworten noch in Frage stellt.

ROBERT MUTHMANN

Der Mensch ist nur ein Schilfrohr, das schwächste in der Natur; aber ein Schilfrohr, das denkt.

BLAISE PASCAL

Der Mensch ist ein zweibeiniges Lebewesen ohne Federn.

PLATON

Der Mensch ist das einzige Tier, das Feuer machen kann. Das hat ihm die Herrschaft über die Erde gebracht.

ANTOINE DE RIVAROL

Der Mensch hat keinen anderen Wert als seine Wirkungen.

FRIEDRICH VON SCHILLER

Ein neues Lebensalter, eine neue Lebenslage – und ein und derselbe Mensch wird ein ganz anderer.

ALEXANDER ISSAJEWITSCH SOLSCHENIZYN

Der Mensch ist das Geschöpf, das sich langweilt.

WERNER SOMBART

Eine ‚Definition‘ des Menschen: das Lebewesen, das ganz allein sein kann.

WOLFGANG STRUVE

Mensch: eine höhere Tiergattung, welche Gedichte und philosophische Systeme auf dieselbe Weise hervorbringt wie die Seidenraupe den Kokon oder die Biene die Waben.

HIPPOLYTE ADOLPHE TAINE

Die Menschen sind zum Werkzeug ihrer Werkzeuge geworden.

HENRY DAVID THOREAU

Es gibt eine Definition des guten Menschen: Ein guter Mensch ist ein Mensch, den man gut brauchen kann.

GERHARD UHLENBRUCK

Menschenführung

Den Beweis der Tüchtigkeit erbringt man nicht so sehr in dem, was man selber leistet, als vielmehr durch die Leistungen derer, mit denen man sich zu umgeben versteht.

ANDREW CARNEGIE

Strenge ist zulässig, wo Milde vergebens ist.

PIERRE CORNEILLE

Die Nichtausübung von Macht mißfällt den Leuten. Und wohlgemerkt: nicht den Chefs mißfällt das, sondern den Untergebenen.

LUCIANO DE CRESCENZO

Nur geborene Herren sind gute Herren. Weh dem Diener gewesener Diener!

MARIE VON EBNER-ESCHENBACH

Überlege einmal, bevor du gibst, zweimal, bevor du annimmst, und tausendmal, bevor du verlangst.

MARIE VON EBNER-ESCHENBACH

Der Mensch ist nur dann wahrhaft Mensch, wenn er der Selbstbeherrschung fähig ist und selbst dann nur, wenn er sie ausübt.

MAHATMA GANDHI

Große Führer haben immer für bühnenwirksame Auftritte gesorgt.

CHARLES DE GAULLE

Wer andere zu leiten strebt, muß fähig sein, viel zu entbehren.

JOHANN WOLFGANG VON GOETHE

Behandelt die Menschen so, als ob sie schon so wären, wie ihr sie haben wollt –, es ist der einzige Weg, sie dazu zu machen.

JOHANN WOLFGANG VON GOETHE

Sicher steckt im Begriff ‚Führen‘, den der Duden allein mit ‚die Richtung bestimmen‘ definiert, ein Hauch von Einsamkeit: Wer führt, der ist allein.

DANIEL GOEUDEVERT

Man erleichtert sich den Umgang mit den Menschen, wenn man jedem sobald wie möglich das Stichwort gibt, auf das seine Eitelkeit wartet. Sie wartet immer.

SIGMUND GRAFF

Die meisten Menschen sind Rekonvaleszenten ihrer schlimmen Erfahrungen.

ERNST R. HAUSCHKA

Der Mensch ist manipulierbar wie eine Maschine; aber wenn er gedemütigt wird, ist er irreparabel.

ERNST R. HAUSCHKA

Geld und Beförderung sind die konkreten Mittel, mit denen ein Unternehmen jemandem bescheinigt, daß sie/er der wertvollste Mitarbeiter ist.

LEE IACOCCA

Man muß sich um die Menschen kümmern, denn auf Gutes reagieren sie immer mit erhöhtem Einsatz.

BORIS JELZIN

Ein gescheiter Mann muß so gescheit sein, Leute anzustellen, die viel gescheiter sind als er.

JOHN F. KENNEDY

Vier Fünftel aller Management-Probleme sind mit Personalproblemen verknüpft. Kleine Eliten müssen Mittelmaß zu überdurchschnittlichen Leistungen anspornen.

EBERHARD VON KUENHEIM

Niemand kann andere Menschen gut führen, wenn er sich nicht ehrlich an deren Erfolg zu freuen vermag.

THOMAS MANN

Führen ist kein Privileg und schon gar kein Recht, sondern eher eine Pflicht und oftmals eine schwere Last.

HANS L. MERKLE

Menschenführung heißt, gegenseitigen Haß in gemeinsame Schlagkraft verwandeln.

HELMAR NAHR

Der neue Führertyp im anbrechenden Zeitalter der partizipatorischen Demokratie ist ein Möglichmacher, ein Entscheidungs-Erleichterer, kein Befehlsgeber.

JOHN NAISBITT

Denke stets an die beiden Hebel, die die Menschen bewegen: Interesse und Furcht.

NAPOLEON I.

Die zunehmende ,Vermenschlichung' besteht darin, daß immer feiner empfunden wird, wie schwer der andere einzuverleiben ist.

FRIEDRICH WILHELM NIETZSCHE

Die Welt ist voll brauchbarer Menschen, aber leer an Leuten, die den brauchbaren Mann anstellen.

JOHANN HEINRICH PESTALOZZI

Du führst nicht Leute, indem du ihnen folgst, sondern in dem du ihnen sagst, welcher Sache sie folgen sollen.

ENOCH POWELL

Wenn Du ein Schiff bauen willst, dann trommle nicht die Männer zusammen, um Holz zu beschaffen, Aufgaben zu vergeben und die Arbeit einzuteilen, sondern lehre den Männern die Sehnsucht nach dem weiten endlosen Meer.

ANTOINE DE SAINT-EXUPÉRY

Eine Eins, die eine Million werden will, ist auf die Nullen angewiesen.

LOTHAR SCHMIDT

Menschen rechnen zu den Herdentieren: Leithammel, gefolgt von Neidhammeln.

LOTHAR SCHMIDT

Der große Führer zieht Männer verwandten Charakters an wie der Magnet das Eisen.

SAMUEL SMILES

Man kann ohne Liebe Holz spalten, Ziegel formen, Eisen schmieden, aber mit Menschen darf man nicht ohne Liebe umgehen. Zwar kann man sich nicht zur Liebe zwingen, wie man sich zur Arbeit zwingen kann, aber daraus folgt nicht, daß man mit den Menschen ohne Liebe umgehen darf. Wenn du keine Liebe zu den Menschen empfindest, so halte dich fern, beschäftige dich mit dir selbst oder mit irgendwelchen Sachen; aber nicht mit Menschen.

GRAF LEO NIKOLAJEWITSCH TOLSTOI

Worte informieren, Beispiele reißen mit.

UNBEKANNT

All meine Probleme sind Personalprobleme.

UNBEKANNT

Menschenkenntnis

Um die Menschen klug zu machen, muß man klug sein; sie dumm zu machen, muß man dumm scheinen.

LUDWIG BÖRNE

Die gefährlichste Waffe sind Menschen kleinen Kalibers.

WIESLAW BRUDZINSKI

In jedem Menschen steckt etwas von einem Komödianten und Profitjäger.

KAREL CAPEK

Der Misanthrop behauptet, die Menschheit wegen ihrer Schwäche zu verachten. Die Wahrheit ist, daß er sie wegen ihrer Stärke haßt.

GILBERT KEITH CHESTERTON

Es steht schlimm um einen Menschen, an dem man nicht einen einzigen sympathischen Fehler entdecken kann.

BENJAMIN DISRAELI

Einen Menschen kennen heißt, ihn lieben oder bedauern.

MARIE VON EBNER-ESCHENBACH

Die bedauernswürdigsten Menschen sind die Gewissenhaften, denen das Leben unerfüllbare Pflichten aufgebürdet hat.

MARIE VON EBNER-ESCHENBACH

Gib dem recht, der Recht hat, und er findet dich liebenswürdig; gib dem recht, der Unrecht hat, und er betet dich an.

MARIE VON EBNER-ESCHENBACH

Die Leute, denen man nie widerspricht, sind entweder die, welche man am meisten liebt, oder die, welche man am geringsten achtet.

MARIE VON EBNER-ESCHENBACH

Du wüßtest gern, was deine Bekannten von dir sagen? Höre, wie sie von Leuten sprechen, die mehr wert sind als du.

MARIE VON EBNER-ESCHENBACH

Ein großer Fehler: daß man sich mehr dünkt, als man ist, und sich weniger schätzt, als man wert ist.

JOHANN WOLFGANG VON GOETHE

In der Welt kommt's nicht darauf an, daß man die Menschen kenne, sondern daß man im Augenblick klüger sei als der vor uns Stehende.

JOHANN WOLFGANG VON GOETHE

Auf der Rückseite unserer positiven Eigenschaften klebt ein Preiszettelchen. Darauf steht, mit welchen negativen wir sie bezahlt haben.

SIGMUND GRAFF

Früher oder später muß man Partei ergreifen, wenn man ein Mensch bleiben will.

GRAHAM HENRY GREENE

Zwei böse Veranlagungen besitzt der Mensch: die, andere zu beneiden, und die, andere zu verurteilen.

ERNST R. HAUSCHKA

Wie verschieden die Menschen sind, sieht man am besten, wenn man sie einmal enttäuscht.

ERNST R. HAUSCHKA

Wer die Menschen kennenlernen will, der studiere ihre Entschuldigungsgründe.

CHRISTIAN FRIEDRICH HEBBEL

Die Menschen sind keineswegs böse, sondern nur ihren Interessen unterworfen.

CLAUDE-ADRIEN HELVÉTIUS

Nähe: Durch nichts entfernen wir uns so sehr von unseren Mitmenschen, als wenn wir ihnen zu nahe treten.

RON KRITZFELD

Man soll den Wert eines Menschen nicht nach den großen Eigenschaften betrachten, die er hat, sondern nach dem Gebrauch, den er von ihnen macht.

LA ROCHEFOUCAULD

Ich habe immer gefunden, die sogenannten schlechten Leute gewinnen, wenn man sie näher kennenlernt, und die guten verlieren.

GEORG CHRISTOPH LICHTENBERG

Die Menschen scheuen sich weniger, einen anzugreifen, der sich beliebt gemacht hat, als einen, den sie fürchten.

NICCOLÒ MACHIAVELLI

Es ist sehr schwierig, Menschen hinters Licht zu führen, sobald es ihnen aufgegangen ist.

ALFRED POLGAR

Wenn du Menschen beurteilst, so frage nicht nach den Wirkungen, sondern nach den Ursachen der Fehler, die sie machen.

WALTHER RATHENAU

Wenn du die Menschen verstehen willst, darfst du nicht auf ihre Reden achten.

ANTOINE DE SAINT-EXUPÉRY

Jeder sieht auf die Dauer so aus, wie er ist.

HELMUT SCHMIDT

Am leichtesten trifft man Leute, denen man aus dem Weg gehen will.

LOTHAR SCHMIDT

Die Mitgliedschaft in einem angesehenen Club ist sehr begehrt, denn sie bietet die Möglichkeit, sich mit anderen Menschen zu schmücken.

LOTHAR SCHMIDT

Bedenke: Wenn wir auf das hohe Roß steigen, sind wir alle schlechte Reiter.

CHARLES TSCHOPP

Wir beschäftigen uns mit großem Eifer mit uns selbst und bilden uns hinterher ein, die Menschen zu kennen.

IWAN TURGENJEW

Die häufigsten Versager sind nicht die Neinsager, sondern die Jasager.

GERHARD UHLENBRUCK

Wer andere in den Sattel hebt, muß sich nicht wundern, wenn sie anschließend auf dem hohen Roß sitzen.

GERHARD UHLENBRUCK

Einen Menschen kennen, das heißt ahnen, was er in Zukunft tun wird.

GERHARD UHLENBRUCK

Man soll die Menschen nicht nach dem beurteilen, was sie nicht wissen, sondern nach dem, was sie wissen, und nach der Art, wie sie es wissen.

VAUVENARGUES

Die meisten Menschen bewegen sich auf dem goldenen Mittelweg und wundern sich, wenn er verstopft ist.

HELLMUT WALTERS

Ernsthaftigkeit ist die Zuflucht derer, die nichts zu sagen haben.

OSCAR WILDE

Menschenliebe

Was ist dir das Menschlichste? Jemandem Scham ersparen.

FRIEDRICH WILHELM NIETZSCHE

Nicht mit der Laterne, mit dem Herzen suche die Menschen.

PETER ROSEGGER

Ich weiß mir kein schöneres Gebet als das, womit die altindischen Schauspiele schließen. Es lautet: „Mögen alle lebenden Wesen von Schmerzen frei bleiben."

ARTHUR SCHOPENHAUER

Methode

Methode ist die Mutter des Gedächtnisses.

THOMAS FULLER

Zur Methode wird nur der getrieben, dem die Empirie lästig wird.

JOHANN WOLFGANG VON GOETHE

Jede (Denk-)Methode ist die Reaktion auf einen Zweifel.

JOSÉ ORTEGA Y GASSET

Methoden sind die ausgetretenen Bahnen des Geistes, Richtwege des Gedächtnisses.

ANTOINE DE RIVAROL

Minderheit

Minderheiten sind die Sterne des Firmaments; Mehrheiten sind das Dunkel, in dem sie fließen.

MARTIN HENRY FISCHER

Alles Große und Gescheite existiert in der Minorität.

JOHANN WOLFGANG VON GOETHE

Minderheiten, die sich von der Mehrheit bewußt distanzieren, verbrauchen so viel Toleranz für sich, daß sie für die Mehrheit nichts mehr übrig haben.

WALTER LIPPMANN

Die Minderheit hat überall ein ewiges Recht, nämlich dasjenige, die Wahrheit zu proklamieren.

MAXIMILIEN DE ROBESPIERRE

Die Minderheiten sind die Mehrheiten der nächsten Generation.

JEAN-PAUL SARTRE

Minderheit: das sind die, die immer Unrecht haben – am Anfang.

UNBEKANNT

Minister

Minister fallen, wie Butterbrote, gewöhnlich auf die gute Seite.

LUDWIG BÖRNE

Inwiefern sind Minister und Pantoffel sich oft so gleich? Man gewinnt beide oft erst dann lieb, wenn sie abgetreten sind.

MORITZ GOTTLIEB SAPHIR

Was Richterstuhl und Polizei für den Bürger, muß die öffentliche Meinung für Regenten und ihre Minister werden.

KARL JULIUS WEBER

Mißerfolg

Der Mißerfolg ist eine Majestätsbeleidigung für die Gesellschaft.

HONORÉ DE BALZAC

Den Ehrgeizigen befriedigen auch Mißerfolge, weil Erfolge ihm den Vorwand nehmen, ehrgeizig sein zu müssen.

SIGMUND GRAFF

Der Weg zum Mißerfolg ist mit Erfolgserlebnissen gepflastert.

HELMAR NAHR

Mißverständnis

Niemand würde viel in Gesellschaft sprechen, wenn er sich bewußt wäre, wie oft er die anderen mißversteht.

JOHANN WOLFGANG VON GOETHE

Wenn man die Menschen lehrt, wie sie denken sollen, und nicht ewighin, was sie denken sollen, so wird auch dem Mißverständnis vorgebeugt.

GEORG CHRISTOPH LICHTENBERG

Das ist eines der tragischsten Mißverständnisse unserer Zeit: Wir glauben, wenn etwas unzweifelhaft als falsch erwiesen ist, müsse das Gegenteil richtig sein.

SALVADOR DE MADARIAGA Y ROJO

Man tut gut, den ‚guten Freunden' von vornherein einen Spielraum des Mißverständnisses zuzugestehen.

FRIEDRICH WILHELM NIETZSCHE

Das Mißverständnis ist die diplomatische Form der Ausrede.

LOTHAR SCHMIDT

Im menschlichen Verkehr beginnt die Tragödie nicht, wenn ein Mißverständnis über Worte besteht, sondern wenn das Schweigen nicht verstanden wird.

HENRY DAVID THOREAU

Mitarbeiter

Was ein Mann wert ist, beweist er in seiner Arbeit. Der Lohn, den er dafür bekommt, kann immer nur ein annähernder und ganz äußerlicher Maßstab dieses Wertes sein.

HENRY FORD II.

Ein Nichtskönner ohne Arbeit kann immer noch alles durcheinander bringen.

LAURENCE PETER

Ein Mitarbeiter ist einer, für den ich mitarbeite.

GERHARD UHLENBRUCK

In dieser Firma sind alle Mitarbeiter vollkommen entbehrlich. Es sei denn, sie wollen einen Tag Urlaub nehmen.

UNBEKANNT

Der Ärger über einen schlechten Mitarbeiter dauert länger als die Freude über sein niedriges Gehalt.

UNBEKANNT

Mitleid

Das Mitleid ist oft ein Gefühl unserer eigenen Leiden in den Leiden anderer. Es ist eine kluge Voraussicht der Unglücksfälle, die uns selbst treffen können.

LA ROCHEFOUCAULD

Mitleid: dein Schmerz in meiner Brust.

HALFORD E. LUCCOCK

Mittelmaß

In jeder Gesellschaft gibt es das sogenannte goldene Mittelmaß, das Anspruch auf den ersten Platz erhebt ... Diese Leute der goldenen Mitte sind schrecklich von sich eingenommen ... Sie sind diejenigen, die auf jeden Neuerer den ersten Stein werfen.

FJODOR MICHAIJLOWITSCH
DOSTOJEWSKI

Die Mittelmäßigkeit wiegt immer richtig, nur ist ihre Waage falsch.

ANSELM FEUERBACH

Was die Völker groß macht, sind in erster Linie nicht ihre großen Männer, es ist die Höhe der Mittelmäßigkeit.

JOSÉ ORTEGA Y GASSET

Mittelmäßige Geister verurteilen gewöhnlich alles, was über ihren Horizont geht.

LA ROCHEFOUCAULD

Es ist merkwürdig, daß ein mittelmäßiger Mensch oft vollkommen recht haben kann – und doch nichts damit durchsetzt.

CHRISTIAN MORGENSTERN

Wer stets mit seinem Lob geizt, zeigt damit seine eigene Mittelmäßigkeit.

VAUVENARGUES

Mittelstand

Beläßt man dem Mittelstand die notwendigen MITTEL, hat er ohne staatliche Hilfe einen unglaublich festen STAND.

HANS KNÜRR

Ich halte es nicht für besonders logisch, daß man durch eine schon als unmoralisch einzustufende, hohe Besteuerung ... die Mittelständler zu einem politisch bedürftigen Teil der Gesellschaft macht, um sie dann genau mit diesen Steuern wieder zu subventionieren.

HANS KNÜRR

Der Mittelstand ist ein schlafender Riese, der geweckt werden muß.

WINFRIED PINGER

Mode

Der Wechsel der Mode ist eine Steuer, die der Fleiß der Armen der Eitelkeit der Reichen auferlegt.

NICOLAS CHAMFORT

Man kann alles verkaufen, wenn es gerade in Mode ist. Das Problem besteht darin, es in Mode zu bringen.

ERNEST DICHTER

Es ist ja doch nun einmal nicht anders: Die meisten Menschen leben mehr nach der Mode als nach der Vernunft.

GEORG CHRISTOPH LICHTENBERG

Mode ist Konjunktur des Geschmacks; Sitte ist Mode der Vergangenheit.

HANS LOHBERGER

Moral

Moralisten sind Menschen, die sich dort kratzen, wo es andere juckt.

SAMUEL BECKETT

Die Moral ist nichts als die Regulierung des Egoismus.

JEREMY BENTHAM

Niemals heiligt der Zweck die Mittel, wohl aber können die Mittel den Zweck zuschanden machen.

MARTIN BUBER

Zur Tugend, wie man zu sagen pflegt, ist eigentlich keiner recht aufgelegt.

WILHELM BUSCH

Nichts, dem Gerechtigkeit mangelt, kann moralisch richtig sein.

MARCUS TULLIUS CICERO

Je lauter er von seiner Ehre redete, um so schärfer paßten wir auf unsere Löffel auf.

RALPH WALDO EMERSON

Moral nennt man die Laster der Mehrheit.

JEAN GENET

Die Moral ist ein Talent der Gesellschaft.

RÉMY DE GOURMONT

Was heißt, beim Licht besehen, den Menschen die Moral? Zwei scheuen das Vergehen und hundert den Skandal!

FRANZ HEROLD

Zwei Dinge erfüllen das Gemüt mit immer neuer und zunehmender Bewunderung und Ehrfurcht, je öfter und anhaltender sich das Nachdenken damit beschäftigt: der bestirnte Himmel über mir und das moralische Gesetz in mir.

IMMANUEL KANT

Moral ist sozialkonforme Müdigkeit.

HELMAR NAHR

Moral ist die erhabene Quelle der verpaßten Gelegenheiten.

HELMAR NAHR

Die moderne Menschheit hat zwei Arten von Moral: eine, die sie predigt, aber nicht anwendet, und eine andere, die sie anwendet, aber nicht predigt.

GEORGE BERNARD SHAW

Die Moral richtet sich im allgemeinen nach der Größe der Versuchung.

NORBERT STOFFEL

Moral ist die Übereinkunft einer ruhebedürftigen Gesellschaft zur Erhaltung dieser Ruhe.

FRANK THIESS

Unter Moral verstehe ich das reelle Produkt zweier imaginärer Größen. Die imaginären Größen sind Sollen und Wollen.

FRANK WEDEKIND

Moralische Entrüstung ist Eifersucht mit einem Heiligenschein.

HERBERT GEORGE WELLS

Motivation

Was uns im Leben am meisten nottut, ist ein Mensch, der uns zu dem zwingt, was wir können.

RALPH WALDO EMERSON

Das entscheidende Ziel ist die Identifikation der Mitarbeiter mit den Führungszielen, weil diese ihre Motivation zur Leistung wesentlich bestimmt. Das gilt nicht nur für die Geführten, sondern auch für die Führenden selbst: Nur motivierte Vorgesetzte können ihre Mitarbeiter motivieren!

OTTO ESSER

Wer die Menschen behandelt, wie sie sind, macht sie schlechter. Wer die Menschen aber behandelt, wie sie sein könnten, macht sie besser.

JOHANN WOLFGANG VON GOETHE

Die einzige Möglichkeit, Menschen zu motivieren, ist die Kommunikation.

LEE IACOCCA

Menschen, deren Leben durch eine Entscheidung berührt und verändert wird, müssen an dem Prozeß, der zu dieser Entscheidung führt, beteiligt sein und gehört werden.

JOHN NAISBITT

Wir würden uns oft unserer schönsten Taten schämen, wenn die Welt alle Beweggründe sähe, aus denen sie hervorgehen.

LA ROCHEFOUCAULD

Es gibt zwei Motive der menschlichen Handlungen: Eigennutz und Furcht.

NAPOLEON I.

Der Glaube an diese oder jene Motive ist wesentlicher als das, was wirklich Motiv war.

FRIEDRICH WILHELM NIETZSCHE

Es gibt bei jeder Handlung erstens das wirkliche Motiv, das verschwiegen wird, zweitens das präsentable, eingeständliche Motiv.

FRIEDRICH WILHELM NIETZSCHE

Wieviel besser wäre es um uns bestellt, ließe sich Motivation ebenso leicht erregen wie Neid.

LOTHAR SCHMIDT

Die Motivation ist die durch das Erkennen hindurchgehende Kausalität.

ARTHUR SCHOPENHAUER

Die Erkenntnis ist das Medium des Motivs.

ARTHUR SCHOPENHAUER

Wenn ein Mensch keinen Grund hat, etwas zu tun, so hat er einen Grund, es nicht zu tun.

WALTER SCOTT

Es ist schwierig stillzuhalten, wenn man nichts zu tun hat.

ARTHUR SCHOPENHAUER

Die Kunst des Ausruhens ist ein Teil der Kunst des Arbeitens.

JOHN STEINBECK

Muße ist das Kunststück, sich selbst ein angenehmer Gesellschafter zu sein.

KARL-HEINRICH WAGGERL

Muße

Entspannen ist viel schwieriger als angespannt zu bleiben.

LEONARD BERNSTEIN

Niemals bin ich weniger müßig als in meinen Mußestunden und niemals weniger einsam, als wenn ich allein bin.

MARCUS TULLIUS CICERO

Alles auf der Welt läßt sich ertragen, nur nicht eine Reihe von schönen Tagen. JOHANN WOLFGANG VON GOETHE

Die Muße ist das Schlafmittel der Massen.

MALCOLM MUGGERIDGE

Müßiggang

Müßiggang ist aller Laster Anfang und aller entscheidender Fähigkeiten Ursprung, Prüfung und Lohn.

HEIMITO VON DODERER

Der Müßiggang ist das Kopfkissen des Teufels.

JEAN PAUL

Müßiggang ist der Amboß, auf dem alle Sünden geschmiedet werden.

SPRICHWORT

Müßiggang ist allen Geistes Anfang.

FRANZ WERFEL

Mut

Die Wagemutigen von heute bereiten die normalen Handlungen von morgen vor.

HÉLDER PESSOA DOM CÂMARA

Mut ist eine besondere Weisheit: die Weisheit, das zu fürchten, was man fürchten soll, und das nicht zu fürchten, was man nicht zu fürchten braucht.

DAVID BEN GURION

Es gehört manchmal mehr Mut dazu, seine Meinung zu ändern, als ihr treu zu bleiben.

CHRISTIAN FRIEDRICH HEBBEL

Ohne den Mut verkleinern zu wollen, mit dem manche ihr Leben geopfert haben, sollten wir auch jenes Mutes nicht vergessen, mit dem andere ihr Leben gelebt haben.

JOHN F. KENNEDY

Mut ist nur daran zu messen: wen man und wen man nicht auf seiner Seite hat.

LUDWIG MARCUSE

Mutige Leute überredet man dadurch zu einer Handlung, daß man dieselbe gefährlicher darstellt als sie ist.

FRIEDRICH WILHELM NIETZSCHE

Mut: Abfallprodukt der Angst.

RUDOLF ROLFS

Der höchste Grad von Mut: völlige Bereitschaft, für eine Idee, deren Sieg weder dir, noch irgendeinem Menschen, der dir teuer ist, den geringsten Vorteil zu bringen vermag, Leid, Qual und Tod auf sich zu nehmen.

ARTHUR SCHNITZLER

N

Nachahmung

Nachahmung ist die aufrichtigste Form der Schmeichelei.

CHARLES CALEB COLTON

Die meisten Nachahmer lockt das Unnachahmliche.

MARIE VON EBNER-ESCHENBACH

Nachahmung führt leicht zur Selbsttäuschung.

HENRY FORD I.

Nachahmen und nacheifern ist zweierlei.

JULIUS LANGBEHN

Nachsicht

Gott gab uns zwei Augen, damit wir manchmal eines zudrücken können.

ALBERT BALLIN

Nachsicht ist die höflichste Form der Gleichgültigkeit.

ABEL BONNARD

Nachsicht ist das Wissen, wann auf einen Vorteil zu verzichten ist.

BENJAMIN DISRAELI

Die meiste Nachsicht übt der, der die wenigste braucht.

MARIE VON EBNER-ESCHENBACH

Nachsicht ist die aristokratische Form der Verachtung.

RÉMY DE GOURMONT

Nachsichtig sein heißt: einem Feinde vergeben, der seiner Macht beraubt wurde.

ELBERT HUBBARD

Nachsicht ist ein Teil der Gerechtigkeit.

JOSEPH JOUBERT

Wer beide Augen zudrückt, hält dafür die Hand auf.

JÜRGEN KÖDITZ

Am wenigsten Nachsicht übt der, der die meiste braucht.

LOTHAR SCHMIDT

Männer aus Stahl werden eines Tages zum alten Eisen gehören.
RUPERT SCHÜTZBACH

Je mehr Einsicht, je mehr Nachsicht.
SPRICHWORT

Die Augen braucht man zuerst, um zu sehen, und später dann, um sie zu-zudrücken.
HELLMUT WALTERS

Nächstenliebe

Den Nächsten lieben heißt, Gott in seinem Bilde lieben.
NIKOLAUS VON CUES

Nächstenliebe lebt mit tausend Seelen, Egoismus aber nur mit einer einzigen, und die ist erbärmlich.
MARIE VON EBNER-ESCHENBACH

Nächstenliebe ist eine Sache, die daheim beginnt; und gewöhnlich auch dort bleibt.
ELBERT HUBBARD

Das ist der Witz der Nächstenliebe: nie den zu lieben, der da ist, sondern immer den Nächsten, der kommen soll.
MARTIN KESSEL

Nächstenliebe ist zugewandte Wahrnehmung des Mitmenschen.
CARL FRIEDRICH VON WEIZSÄCKER

Name

Ein guter Name geht in Augenblicken verloren; ein schlechter wird in Jahren nicht zu einem guten.
JEREMIAS GOTTHELF

Seien wir froh um jeden Namen; wären die Menschen beziffert, könnten wir sie uns noch viel schlechter merken.
ERNST R. HAUSCHKA

Der Name ist ein Stück des Seins und der Seele.
THOMAS MANN

Wenn man erstmal einen Namen hat, ist es ganz egal, wie man heißt.
WERNER MITSCH

Einen Namen hat der Mensch seit Geburt und Taufe, doch geschätzt wird er nach dem Namen, den er sich gemacht hat.
LOTHAR SCHMIDT

Nationalökonomie

Nationalökonomie: die trübe Wissenschaft.

THOMAS CARLYLE

Die ökonomischen Verhältnisse einer gegebenen Gesellschaft stellen sich zunächst dar als Interessen.

FRIEDRICH ENGELS

Die Gesetze der Nationalökonomie sind Aussagen über Tendenzen – ausgedrückt in der Wirklichkeitsform – und keine ethischen Vorschriften in der Befehlsform.

ALFRED MARSHALL

Nationalökonomie ist, wenn die Leute sich wundern, warum sie kein Geld haben – sagt Tucholsky. Politische Ökonomie ist, wenn die Leute sich wundern, warum die Kapitalisten Geld haben.

HELMAR NAHR

Mathematische Methode in der Nationalökonomie: Man kleidet eine durch nichts begründete Annahme in mathematische Formeln und errechnet daraus aufs genaueste, was in der Wirtschaft passiert.

HELMAR NAHR

Nationalökonomen: Der eine Experte schiebt dem anderen Experten Talsohlen in die Schuhe, die uns alle drücken.

RUPERT SCHÜTZBACH

Die Nationalökonomie ist die Metaphysik des Pokerspielers.

KURT TUCHOLSKY

Neid

Neid: den bescheidensten Fähigkeiten angepaßter Wetteifer.

AMBROSE BIERCE

Neid ist eine Art Lob.

JOHN GAY

Neid ist ein stärkerer Ansporn als Geld.

JOHN GAY

Neid kann nicht das Wasser reichen, darum schenkt er fortwährend reinen Wein ein.

RON KRITZFELD

Unser Neid dauert stets länger als das Glück derer, die wir beneiden.

LA ROCHEFOUCAULD

Der Neid ist die aufrichtigste Form der Anerkennung.

LOTHAR SCHMIDT

Unermeßlich ist die Macht des Neides gerade in freien, demokratischen Nationen; die Vorstellung der Gleichheit wird krampfhaft festgehalten, eben weil sie nicht wahr ist, weil die Ungleichheit der Personen als solcher uns überall entgegentritt.

HEINRICH VON TREITSCHKE

Wäre die Gerechtigkeit noch nicht erfunden, der Neid würde sie schon noch erfinden.

CHARLES TSCHOPP

Besitzansprüche melden sich in Form von Neid an.

GERHARD UHLENBRUCK

Neugierde

Neugier ist Entzücken.

WALTER CHARLETON

Man muß abwarten können. Die Neugierde ist der Tod der Freude.

ERICH KÄSTNER

Es gibt zweierlei Arten von Neugier: die eine aus Eigennutz, die uns antreibt zu erfahren, was uns vielleicht nützen kann; die andere aus Stolz, die dem Trieb entspringt, zu wissen, was andere nicht wissen.

LA ROCHEFOUCAULD

Jede Umgebung ist spannend, wenn man nur richtig hinschaut.

DAVID LYNCH

Neugierde wird aus Eifersucht geboren.

MOLIÈRE

Neugier ist nichts als Eitelkeit. Meist will man nur wissen, um davon reden zu können.

BLAISE PASCAL

Neujahr

Ein neues Jahr erscheint, drum muß ich meine Pflicht und Schuldigkeit entrichten.

JOHANN WOLFGANG VON GOETHE

Das Jahrhundert ist vorgerückt; jeder einzelne aber fängt doch von vorne an.

JOHANN WOLFGANG VON GOETHE

Nichts ist so aufrichtig wie der gegenseitige Zuruf: „Glückliches, neues Jahr!" Denn der Wünschende schließt sich immer mit ein – es ist der Wunsch nach schönem Wetter.

SIGMUND GRAFF

Der Neujahrstag ist der Geburtstag eines jeden Menschen.

CHARLES LAMB

Jeder hat Grund, den Beginn des neuen Jahres zu feiern: er hat ja das alte überlebt.

LOTHAR SCHMIDT

Nörgler

Nörgler: jemand, der unsere Arbeit kritisiert.

AMBROSE BIERCE

Nörgler: ein Mensch, der – wenn er kein Haar in der Suppe findet – so lange den Kopf schüttelt, bis eines hineinfällt.

LOTHAR SCHMIDT

Der Nörgler wird sogar im Paradies allerlei Fehler finden.

HENRY DAVID THOREAU

Not

Not ist der Ansporn des Genius.

HONORÉ DE BALZAC

Not lehrt planen, und der Rest ist Hoffnung.

HANS FREYER

Die Not ist die Mutter der Künste, aber auch die Großmutter der Laster.

JEAN PAUL

Wenn die Not die Mutter des Fleißes oder der Erfindung ist, so ist es eine Frage, wer der Vater oder die Großmutter oder die Mutter der Not ist.

GEORG CHRISTOPH LICHTENBERG

Um Zufriedenheit zu erzeugen, ist ab und zu ein wenig Not vonnöten.

WERNER MITSCH

Es ist gut, in Bedrängnis zu leben; das wirkt wie eine gespannte Feder.

CHARLES BARON DE LA BRÈDE ET DE MONTESQUIEU

Not ist Existenz wider Willen.
HELMAR NAHR

Not lehrt treten.
SPRICHWORT

Not macht erfinderisch. Nur diejenigen, die sie verursachen, sind noch erfinderischer – in der Verteidigung ihrer Bosheit.
GERHARD UHLENBRUCK

Notwendigkeit

Nichts ist schrecklich, was notwendig ist.
EURIPIDES

Alles überwindet der Mensch; aber nur, wenn die Überwindung für ihn eine Notwendigkeit ist – alles vermag er, wenn er muß.
LUDWIG ANDREAS FEUERBACH

Wer sich dem Notwendigen widmet, geht überall am sichersten zum Ziel.
JOHANN WOLFGANG VON GOETHE

Die Notwendigkeit befreit uns von der Wahl der Qual.
LOTHAR SCHMIDT

Nutzen

Werde also nicht müde, deinen Nutzen zu suchen, indem du Anderen Nutzen gewährst.
MARC AUREL

Können ist nichts anderes als Nutzen bieten können.
CHRISTIAN GOTTLOB LEBERECHT
GROSSMANN

Nur vom Nutzen wird die Welt regiert.
FRIEDRICH VON SCHILLER

Nutzen wird oft mit Wert verwechselt.
NORBERT STOFFEL

O

Öffentliche Meinung

Öffentliche Meinung ist nicht mehr als das, was Leute glauben, daß andere Leute glauben.

ALFRED AUSTIN

Die öffentliche Meinung ist die unsichtbare Rüstung des Volkes.

LUDWIG BÖRNE

Nun ermittelt Gallup, welchen Einfluß eigentlich die öffentliche Meinung auf die Bildung der öffentlichen Meinung hat.

WIESLAW BRUDZINSKI

Wenn die Leute keinen anderen Tyrannen haben, so wird es die öffentliche Meinung.

EARL EDWARD GEORGE
BULWER-LYTTON

Die öffentliche Meinung ist eine Gerichtsbarkeit, die ein vernünftiger Mensch nie anerkennen, aber auch nie ganz ablehnen soll.

NICOLAS CHAMFORT

Die öffentliche Meinung ist die Dirne unter den Meinungen.

MARIE VON EBNER-ESCHENBACH

Eine Meinung, von energischen Männern ausgehend, verbreitet sich kontagiös über die Menge, und dann heißt sie herrschend.

JOHANN WOLFGANG VON GOETHE

Das mächtigste Hirngespinst der Welt ist die öffentliche Meinung: Niemand weiß genau, wer sie macht, niemand hat sie je persönlich kennengelernt, aber alle lassen sich von ihr tyrannisieren.

SIGMUND GRAFF

Die Öffentlichkeit ist eine Einschüchterung der Schüchternen und eine Ermunterung der Frechen.

SIGMUND GRAFF

Alle Niedertracht der Öffentlichkeit ist gerade durch die Öffentlichkeit und allein durch sie korrigierbar.

KARL JASPERS

Selten entscheidet die öffentliche Meinung unmoralisch und unweise, und wer sich von ihr entfernt, sollte sich mißtrauen.

THOMAS JEFFERSON

Der Druck der öffentlichen Meinung ist wie der atmosphärische Druck; man kann ihn nicht sehen, aber nichtsdestoweniger beträgt er 16 Pfund je Quadratzoll.

JAMES RUSSELL LOWELL

Die öffentliche Meinung ist jene politische Kraft, die in der Demokratie sicherlich das Schlimmste verhindert. Mit derselben Sicherheit verhindert sie das Beste.

HELMAR NAHR

Nicht die Vernunft macht die öffentliche Meinung bemerkenswert, sondern gerade umgekehrt das irrationale Element, das ihr anhaftet.

ELISABETH NOELLE-NEUMANN

Die öffentliche Meinung ist eine Mischung aus Torheit, Schwäche, falschen und richtigen Meinungen, Eigensinn und Zeitungsartikeln.

SIR ROBERT PEEL

Die öffentliche Meinung ist eine Buhlerin: Man sucht ihr zu gefallen, ohne sie zu achten.

JULES PETIT-SENN

Denn was ist zumeist die ‚öffentliche Meinung‘? Nichts als ein verworrenes Geräusch, das aus dem Zusammenstoß der so oder anders angestrichenen Bretter entsteht, welche die Menschen vor ihren Stirnen tragen.

JOHANNES SCHERR

Die öffentliche Meinung ist das Echo der veröffentlichten Meinung.

LOTHAR SCHMIDT

Ohnmacht

Haß ist stets Selbsthaß. Man haßt seine Ohnmacht.

WALTER HILSBECHER

Ohnmächtige handeln – und sind immer im Unrecht.

LOTHAR SCHMIDT

Die Ohnmacht ist der Zwillingsbruder des Todes.

ARTHUR SCHOPENHAUER

Opfer

Man ist viel eher bereit, Opfer zu bringen, wenn man sieht, daß alle anderen es auch tun. So ist nun mal die menschliche Natur.

HENRY FORD I.

Das Ideal läßt sich am besten an den Opfern messen, die es verlangt.

CARL FRIEDRICH VON WEIZSÄCKER

Um manche Delikte zu begreifen genügt es, wenn man die Opfer kennt.

OSCAR WILDE

Opportunismus

Was ist ein Opportunist? Es ist ein Mann, der die günstigste Gelegenheit benutzt, um das durchzuführen, was er für nützlich und zweckmäßig hält; und das ist ja eben die Aufgabe der ganzen Diplomatie.

OTTO VON BISMARCK

Opportunist: Jenachdemer.

WILHELM BUSCH

Kein Ereignis ist so unglücklich, daß kluge Leute nicht irgendeinen Vorteil daraus zögen.

LA ROCHEFOUCAULD

Opportunismus ist die Kunst, mit dem Winde zu segeln, den andere machen.

CARLO MANZONI

Opportunisten: Raubvögel, die kriechen.

RUDOLF ROLFS

Opportunisten sind Prinzipienreiter, die leicht umsatteln.

LOTHAR SCHMIDT

Der wahre Opportunist weiß auch, wann er eine Gelegenheit nicht beim Schopfe fassen darf.

LOTHAR SCHMIDT

Opportunismus ist der Weitblick der Arrivierten.

LOTHAR SCHMIDT

Opposition

Opponieren: durch Behinderung und Mißbilligung Beihilfe leisten.

AMBROSE BIERCE

Verfallen wir nicht in den Fehler, bei jedem Andersmeinenden entweder an seinem Verständnis oder an seinem guten Willen zu zweifeln.

OTTO VON BISMARCK

Opposition ist die Begrenzung der Regierungsmacht und die Verhütung ihrer Totalherrschaft.

KURT SCHUMACHER

Optimismus

Optimist: ein Anhänger der Lehre, daß schwarz gleich weiß ist.

AMBROSE BIERCE

Ich bin ein Pessimist für die Gegenwart, aber ein Optimist für die Zukunft.

WILHELM BUSCH

Der Optimist erklärt, daß wir in der besten aller möglichen Welten leben, und der Pessimist fürchtet, daß dies wahr ist.

JAMES BRANCH CABELL

Der Optimist ist ein Mann, der sich nicht darum schert, was geschieht, solange es nicht ihn betrifft.

ELBERT HUBBARD

Für den Optimisten ist das Leben kein Problem, sondern bereits die Lösung.

MARCEL PAGNOL

Ein Optimist ist in der Regel ein Zeitgenosse, der ungenügend informiert ist.

JOHN BOYNTON PRIESTLEY

Optimismus muß nicht unbedingt ein Zeichen von Pflichtvergessenheit sein.

JOSEPH ALOIS SCHUMPETER

Mit einem Schuß Optimismus kann man sich viele Sorgen vom Leibe halten.

RUPERT SCHÜTZBACH

Der Optimist ist ein Mensch, der überall grünes Licht sieht, während der Pessimist nur das rote Stopplicht erblickt. Aber der wirklich Weise ist farbenblind.

ALBERT SCHWEITZER

Der Kopf ist der Pessimist, das Herz der Optimist.

SPRICHWORT

Optimismus erzeugt Tatkraft, Pessimismus lähmt sie!

KARL WILHELM STEINBUCH

Es kann sich nur etwas ändern, wenn wir optimistisch sind.

ERWIN TEUFEL

Der Grund, warum wir alle so gern von andern gut denken, ist der, daß wir uns vor uns selber fürchten. Optimismus beruht einzig auf Angst.

OSCAR WILDE

Orden

Orden: eine kleine Metallscheibe, die zum Lohn für mehr oder weniger echte Tugenden, Leistungen oder Dienst vergeben wird.

AMBROSE BIERCE

Keiner verkauft gern seine Seele. Aber viele verschenken ihr Leben für ein buntes Band.

NAPOLEON I.

Orden sind Wechselbriefe, gezogen auf die öffentliche Meinung. Ihr Wert beruht auf dem Kredit des Ausstellers.

ARTHUR SCHOPENHAUER

Über eine Ehrung lästern nur Leute, die sie nicht bekommen.

RUPERT SCHÜTZBACH

Ordnung

Ordnung ist Macht.

HENRI-FRÉDÉRIC AMIEL

Die Ordnung ist die Lust der Vernunft, aber die Unordnung ist die Wonne der Phantasie.

PAUL LOUIS CHARLES CLAUDEL

Wenn die Freiheit die Ordnung zerstört, wird der Hunger nach Ordnung die Freiheit zerstören.

WILL DURANT

Ordnung und Klarheit vermehret die Lust zu sparen und zu erwerben.

JOHANN WOLFGANG VON GOETHE

Zu den umstrittensten Folgen der Ordnung gehört die Anordnung.

ERNST R. HAUSCHKA

Ordnung ist die Verbindung des Vielen nach einer Regel.

IMMANUEL KANT

Ordnung ist die Tochter der Überlegung.

GEORG CHRISTOPH LICHTENBERG

Ordnung führt zu allen Tugenden. Aber was führt zur Ordnung?

GEORG CHRISTOPH LICHTENBERG

Ordnung ist das ständig gefährdete Ergebnis des immerwährenden Kampfes gegen die Unordnung.

ROBERT MUTHMANN

Die wichtigste Fähigkeit ist die, welche alle anderen ordnet.

BLAISE PASCAL

Das einzige, das noch schwieriger ist, als ein geordnetes Leben zu führen: es anderen nicht aufzuzwingen.

MARCEL PROUST

Meistens gelangen die Menschen nur durch die Folgen der Unordnung zur Einführung der Ordnung, und Gesetzlosigkeit führt gewöhnlich erst zu Gesetzen.

FRIEDRICH VON SCHILLER

Organisation

Organisation ist ein Mittel, die Kräfte des einzelnen zu vervielfältigen.

PETER F. DRUCKER

Alles sollte so einfach wie möglich gemacht werden, aber nicht einfacher.

ALBERT EINSTEIN

Organisation kann aus einem Inkompetenten kein Genie machen.

DWIGHT DAVID EISENHOWER

Organisation besteht darin, weder den Dingen ihren Lauf, noch den Menschen ihren Willen lassen.

HELMAR NAHR

Originalität

Originalität ist, etwas ganz Allgemeines zu produzieren.

GEORG WILHELM FRIEDRICH HEGEL

Das Hauptmerkmal von Genialität ist nicht Perfektion, sondern Originalität – die Erschließung von Neuland.

ARTHUR KOESTLER

Originalität ist etwas, was man nie mit Absicht erreicht.

WILLIAM SOMERSET MAUGHAM

231

ORIGINALITÄT

Was ist Originalität? Etwas sehen, das noch keinen Namen
trägt, noch nicht genannt werden kann, ob es gleich vor aller
Augen liegt. Wie die Menschen
gewöhnlich sind, macht ihnen
erst der Name ein Ding überhaupt sichtbar.

FRIEDRICH WILHELM NIETZSCHE

P

Paradies

Immer noch haben die die Welt zur Hölle gemacht, die vorgeben, sie zum Paradies zu machen.

JOHANN CHRISTIAN FRIEDRICH HÖLDERLIN

Jeder geliebte Gegenstand ist der Mittelpunkt eines Paradieses.

NOVALIS

Der Versuch, den Himmel auf Erden zu verwirklichen, produzierte stets die Hölle.

SIR KARL RAIMUND POPPER

Erst nach der Vertreibung aus dem Paradies erkannten Adam und Eva, daß sie in einem Paradies gewesen waren.

CHARLES TSCHOPP

Paradoxon

Paradoxa sind nützlich, sie lenken die Aufmerksamkeit auf Ideen.

MANDELL CREIGHTON

Ein Paradoxon entsteht, wenn eine frühreife Erkenntnis mit dem Unsinn ihrer Zeit zusammenprallt.

KARL KRAUS

Das Paradoxon ist eine Revolte der Vernunft gegen ihre eigene Ohnmacht.

HANS KUDSZUS

Die Paradoxa von heute sind die Vorurteile von morgen.

MARCEL PROUST

Das Paradoxon ist der reziproke Wert der Wahrheit.

LOTHAR SCHMIDT

Paradoxa erquicken und trösten, täuschen und spotten zugleich.

LOTHAR SCHMIDT

Alle Wahrheiten erscheinen bei ihrem Auftreten paradox.

ARTHUR SCHOPENHAUER

Paradoxa sind wie Gewürze: nicht nährend, aber reizend.

CHARLES TSCHOPP

233

Der Weg des Paradoxon ist der Weg zur Wahrheit.

OSCAR WILDE

Parlament

Wenn ein Parlament überhaupt einen Sinn haben soll, dann ist es doch der, daß sich die verschiedenen Meinungen untereinander ausgleichen.

RON KRITZFELD

Das Parlament ist die Speerspitze der Beamtenschaft.

HELMAR NAHR

Volksvertretung: repräsentativer Querschnitt der Verbandsfunktionäre.

HELMAR NAHR

Die Parlamente mögen für einen starken und biegsamen Staatsmann äußerst nützlich sein.

FRIEDRICH WILHELM NIETZSCHE

Parlamente sind die Feigenblätter der Diktaturen.

RUDOLF ROLFS

Partei

Partei ist organisierte Meinung.

BENJAMIN DISRAELI

Der Parteigeist ist ein Prokrustes, der die Wahrheit schlecht bettet.

HEINRICH HEINE

Der Mensch ist immer parteiisch und tut sehr recht daran. Selbst Unparteilichkeit ist parteiisch.

GEORG CHRISTOPH LICHTENBERG

Die Partei ist die Kampfgemeinschaft von Intimfeinden.

HELMAR NAHR

Der gefährlichste Parteimann ist der, dessen zu gläubiges Aussprechen der Parteigrundsätze zum Abfall reizt.

FRIEDRICH WILHELM NIETZSCHE

Die Partei ist der Wahn vieler zum Nutzen weniger.

ALEXANDER POPE

Im demokratischen Staate sind die Parteien die wichtigsten Organe des Verfassungslebens, die Unruhe, welche das ganze Uhrwerk in Bewegung hält.

GUSTAV RADBRUCH

Was eine Partei am politischen Höhenflug hindert, sind ihre ausgebreiteten Flügel.

LOTHAR SCHMIDT

Das Los der Parteien wird von den Parteilosen bestimmt.

LOTHAR SCHMIDT

Wer aufhört, der Sklave der Partei zu sein, wird ihr untreu.

JULES SIMON

Persönlichkeit

Das Wertvollste im Leben ist die Entfaltung der Persönlichkeit und ihrer schöpferischen Kräfte.

ALBERT EINSTEIN

Persönlichkeiten werden nicht durch schöne Reden geformt, sondern durch Arbeit und Leistung.

ALBERT EINSTEIN

Der Erfolg eines Menschen ist immer im Grundgefüge seiner Persönlichkeit begründet.

RALPH WALDO EMERSON

Persönlichkeit ist vom Geiste gebundene Seele.

LUDWIG KLAGES

Es ist schon ein großer Unterschied, ob man etwas aus sich gemacht hat oder ob man nur etwas geworden ist.

WERNER MITSCH

Eine Persönlichkeit ist der Ausgangs- und Fluchtpunkt alles dessen, was gesagt wird, und dessen, wie es gesagt wird.

ROBERT MUSIL

Eine Persönlichkeit ist leicht zu erkennen. Sie ähnelt uns auffallend.

LOTHAR SCHMIDT

Persönlichkeit heißt Anerkanntsein.

LOTHAR SCHMIDT

Persönlichkeiten, nicht Prinzipien, bringen die Zeit in Bewegung.

OSCAR WILDE

Nicht in dem, was man besitzt, in dem, was man ist, äußert sich die Persönlichkeit.

OSCAR WILDE

Nichts widersteht, Berge fallen und Meere weichen vor einer Persönlichkeit, die handelt.

ÉMILE ZOLA

Pessimismus

Pessimismus: eine Weltanschauung, die dem Beobachter durch das entmutigende Überhandnehmen der Optimisten mit ihrer Vogelscheuchen-Hoffnung und ihrem unausstehlichen Lächeln aufgezwungen wird.

AMBROSE BIERCE

Wer sagt, die ganze Welt sei schlecht, der hat wohl nur so ziemlich recht.

WILHELM BUSCH

Der Pessimist ist jemand, der vorzeitig die Wahrheit erzählt.

SAVINIEN DE CYRANO DE BERGERAC

Pessimismus: aus dem Bankrott eine Weltanschauung machen. Optimismus: aus der Bilanzverschleierung eine Weltanschauung machen.

HANS KRAILSHEIMER

Ein Pessimist ist ein Mensch, der das Schlimmste erhofft und auf das Beste gefaßt ist.

KARL KRAUS

Grau ist die Lieblingsfarbe der Schwarzmaler.

WERNER MITSCH

Die Pessimisten haben nicht die Hoffnung, die Menschen zu bessern, aber sie möchten sie voreinander warnen.

ADOLF NOWACZYNSKI

Pessimisten sind die wahren Lebenskünstler, denn nur sie erleben angenehme Überraschungen.

MARCEL PROUST

Der Pessimist ist ein Mensch, dem es schlecht geht, wenn es ihm gut geht, aus Furcht, daß es ihm schlechter gehen könnte, wenn es ihm besser ginge.

EDWIN ARLINGTON ROBINSON

Manche Menschen sind nur deshalb Pessimisten, weil sie sich selbst so genau kennen.

CARLO SCHMID

Pessimist oder Optimist ist einer je nachdem, ob er in seinen Erwartungen regelmäßig Besorgnisse oder Verheißungen erblickt.

LOTHAR SCHMIDT

Pflicht

Ich habe den Wunsch, daß später einmal, wenn die Menschen über den Nebel und Staub dieser Zeit hinwegsehen, von mir gesagt werden kann, daß ich meine Pflicht getan habe.

KONRAD ADENAUER

Pflicht: das, was uns unerbittlich auf dem Weg unserer Wünsche dem Vorteil entgegentreibt.

AMBROSE BIERCE

Wir sind nicht auf der Welt, um zu genießen und glücklich zu sein, sondern um unsere Schuldigkeit zu tun.

OTTO VON BISMARCK

In Zeiten politischer Krisen ist es für einen ehrenhaften Menschen nicht am schwersten, seine Pflicht zu tun, sondern sie überhaupt zu kennen.

LOUIS GABRIEL AMBROISE DE BONALD

Die bedauernswürdigsten Menschen sind die Gewissenhaften, denen das Leben unerfüllbare Pflichten aufgebürdet hat.

MARIE VON EBNER-ESCHENBACH

Was aber ist deine Pflicht? Die Forderung des Tages.

JOHANN WOLFGANG VON GOETHE

Wenn man von den Leuten Pflichten fordert und ihnen keine Rechte zugestehen will, muß man sie gut bezahlen.

JOHANN WOLFGANG VON GOETHE

Die Menschen sind dazu verdammt, entweder Sklaven der Pflicht oder Sklaven der Macht zu sein.

JOSEPH JOUBERT

Pflicht ist die Notwendigkeit einer Handlung aus Achtung fürs Gesetz.

IMMANUEL KANT

Wir sind nicht auf der Welt, um glücklich zu werden, sondern um unsere Pflicht zu erfüllen.

IMMANUEL KANT

Pflicht heißt die Handlung, die mehr Gutes in der Welt hervorzubringen vermag als jeder andere Entschluß.

GEORGE MOORE

Unsere Pflichten, das sind die Rechte anderer auf uns.

FRIEDRICH WILHELM NIETZSCHE

Die Pflicht ruft, die Versuchung wispert.

LOTHAR SCHMIDT

Was aber ist deine Pflicht? Die Forderung des Tages, antwortet Goethe. Dein Recht aber? Die Forderung des vorigen. Und deine Ehre? Die Forderung des nächsten.

ARTHUR SCHNITZLER

Was den Menschen im Westen fehlt, sind mehr vernünftige Pflichten und weniger zerstörerische Rechte.

ALEXANDER ISSAJEWITSCH
SOLSCHENIZYN

Ich schlief und träumte, das Leben sei Freude. Ich erwachte und sah, das Leben ist Pflicht. Ich tat meine Pflicht und siehe, das Leben ward Freude.

RABINDRANATH TAGORE

Die vielen Pflichten sind häufig nur eine Ausrede, damit man seine eigentliche Pflicht nicht zu tun braucht.

CHARLES TSCHOPP

Wer seine Pflicht erfüllt, hat Charakter, wer nur seine Pflicht erfüllt, hat keinen.

HELLMUT WALTERS

Phantasie

Die Phantasie ist der mächtigste Despot.

BERTHOLD AUERBACH

Ohne Phantasie keine Güte, keine Weisheit.

MARIE VON EBNER-ESCHENBACH

Phantasie ist wichtiger als Wissen.

ALBERT EINSTEIN

Phantasie ist die einzige Waffe im Krieg gegen die Wirklichkeit.

DENIS GAULTIER

Phantasie ist nur in Gesellschaft des Verstandes erträglich.

CHRISTIAN FRIEDRICH HEBBEL

Phantasie ist die Fähigkeit, in Bildern zu denken.

ERNST HOHENEMSER

Phantasie ist unser guter Genius oder unser Dämon.

IMMANUEL KANT

Phantasie ist jene Kunst, die den Gedanken Körper schafft.

HANS LOHBERGER

Phantasie ist erweiterte Vernunft.

HANS LOHBERGER

Phantasie haben heißt nicht, sich etwas ausdenken; es heißt, sich aus den Dingen etwas machen.

THOMAS MANN

Nichts schadet der menschlichen Phantasie mehr als eine gesicherte Existenz.

WERNER MITSCH

Die Phantasie ist das Vermögen der Freiheit im Menschen.

JOSÉ ORTEGA Y GASSET

Phantasielosigkeit: Bleisohle des Fortschritts.

RUDOLF ROLFS

Die Phantasie ist ein ewiger Frühling.

FRIEDRICH VON SCHILLER

Die Phantasie ist die schönste Tochter der Wahrheit, nur etwas lebhafter als die Mama.

CARL SPITTELER

Phrase

Ich habe mich in meinem Leben vor nichts so sehr als vor leeren Worten gehütet, und eine Phrase, wobei nichts gedacht und nichts empfunden war, schien mir an anderen unerträglich, an mir unmöglich.

JOHANN WOLFGANG VON GOETHE

Wer Phrasen drischt, wird Phrasen ernten.

ERNST R. HAUSCHKA

Die Phrase ist das gestärkte Vorhemd vor einer Normalgesinnung, die nie gewechselt wird.

KARL KRAUS

Das Wesen der Phrase liegt nicht im Wortlaut, sondern in dem Mißverhältnis zwischen Ton und Inhalt.

LUDWIG REINERS

In den Phrasen versinkt die Hoffnung.

NORBERT STOFFEL

Pläne

Eine solide Planung ist die beste Grundlage für eine geniale Improvisation.

JEAN-PAUL BLUM

Pläne sind die Träume des Verständigen.

ERNST FREIHERR VON
FEUCHTERSLEBEN

Gegen das Fehlschlagen eines Planes gibt es keinen besseren Trost, als auf der Stelle einen neuen zu machen oder bereitzuhalten.

JEAN PAUL

Solange man Pläne schmiedet, gehört man nicht zum alten Eisen.

WERNER MITSCH

Wer Pläne schmiedet, darf nicht auf den glücklichen Zufall hoffen, vielmehr muß er mit den ungünstigsten Ausnahmen von der Regel rechnen.

ROBERT MUTHMANN

Planen heißt, das Notwendige ermöglichen.

HELMAR NAHR

Planung

Das Kommando über die Güterproduktion ist das Kommando über das menschliche Leben schlechthin.

HILAIRE BELLOC

Nicht nachbedenken, sondern vorbedenken soll der weise Mann.

EPICHARMOS

Wer vorsieht, ist Herr des Tages.

JOHANN WOLFGANG VON GOETHE

Wo Planung ausbricht, welkt die Phantasie.

OLIVER HASSENCAMP

Banken als Oberplaner: Planung bedeutet eine Reduzierung der unternehmerischen Kühnheit auf ein den Banken erträgliches Maß.

HARALD JÜRGENSEN

Man läßt seine Zukunft nur einmal aus den Augen und schon verbündet sie sich mit dem Zufall.

WERNER MITSCH

Die Wissenschaft der Planung besteht darin, den Schwierigkeiten der Ausführung zuvorzukommen.

VAUVENARGUES

Politik

Politik ist ein Streit der Interessen, der sich als Wettstreit der Prinzipien maskiert hat.

AMBROSE BIERCE

Politik ist, daß man Gottes Schritt durch die Weltgeschichte hört, dann zuspringt und versucht, einen Zipfel seines Mantels zu fassen.

OTTO VON BISMARCK

Die Politik ist ein Balanceakt zwischen den Leuten, die hinein wollen, und denen, die nicht heraus wollen.

JACQUES BÉNIGNE BOSSUET

Die Politik ist heute erst da, wo wir Wirtschaftsfachleute schon vor zwanzig Jahren waren.

DANIEL GOEUDEVERT

Die schwierigste Politik ist die konjunkturwidrige. Jedes Volk ist anfällig für eine Staatskunst, die seine Taschen füllt.

SIGMUND GRAFF

Politik ist der Sinn für das Zumutbare.

SIGMUND GRAFF

Politik ist die Wissenschaft davon, wie wer was wann und warum bekommt.

SIDNEY HILLMAN

Politik ist Wirtschaftslehre in Aktion.

ROBERT MARION LA FOLLETTE

In der Politik muß man nicht nach Möglichkeiten suchen, sondern die sich bietenden nutzen.

LA ROCHEFOUCAULD

Man kann alle Leute eine Zeitlang zum Narren halten, und man kann auch einige Leute die ganze Zeit zum Narren halten, aber man kann nicht alle Leute die ganze Zeit zum Narren halten.

ABRAHAM LINCOLN

Politik ist die Wissenschaft von den Erfordernissen.

THEODORE PARKER

Nicht die Politik, das heißt, nicht die Sorge um das Gemeinwohl verdirbt den Charakter, sondern ein verdorbener Charakter verdirbt die Politik.

JULIUS RAAB

Der gesamte politische Tageskampf stellt sich dar als eine einzige endlose Diskussion über die Gerechtigkeit.

GUSTAV RADBRUCH

Nicht Politik ist unser Schicksal, sondern die Wirtschaft.

WALTHER RATHENAU

Tatsächlich und normalerweise gelten neun Zehntel der politischen Tätigkeit den wirtschaftlichen Aufgaben des Augenblicks, der Rest den wirtschaftlichen Aufgaben der Zukunft.

WALTHER RATHENAU

Politik machen heißt in jedem Herrschaftssystem, mit Hilfe der Sprache für erstrebte Wirkungen den Weg des geringsten Widerstandes suchen.

LOTHAR SCHMIDT

Politik ist der Kampf um den Gesetzgeber.

LOTHAR SCHMIDT

Das magische Viereck in der Politik lautet: Die geplante Maßnahme muß rechtlich erlaubt, wirtschaftlich sinnvoll,

sozialpolitisch erwünscht und politisch durchsetzbar sein.

LOTHAR SCHMIDT

Politik ist das Bemühen, Antworten auf die sozialen Fragen der Gegenwart zu finden, ohne dabei während der Auseinandersetzung zwischen alten und neuen Interessen zu Gewaltmitteln Zuflucht zu nehmen.

LOTHAR SCHMIDT

Politik bedeutet ein starkes, langsames Durchbohren von harten Brettern mit Leidenschaft und Augenmaß zugleich.

MAX WEBER

Politik sehe ich als nichts anderes an als die Wissenschaft von einer planmäßigen Entwicklung der Gesellschaft nach den Regeln größter Nützlichkeit und Annehmlichkeit für sie selbst.

THOMAS WOODROW WILSON

Politische Ökonomie

Die Halunken an der Macht werden alles ausgeben, was sie

bekommen. Daher ist es immer angebracht, die Steuersätze zu senken.

MILTON FRIEDMAN

Finanzminister sind wie Zahnärzte: Wenn sie näher hinschauen, entdecken sie immer neue Löcher.

ALBERTO SORDI

Politische Ökonomie: Stimmenfang mit so wenig Geld wie möglich.

UNBEKANNT

Preis

Preis: Wert plus angemessener Aufschlag für den durch die Forderung eingetretenen Gewissensverschleiß.

AMBROSE BIERCE

Besser, man wird im Preis als in der Ware betrogen!

BALTHASAR GRACIÁN Y MORALES

Menschenkenner haben immer gewußt, daß man den Leuten eine teure Sache leichter verkaufen kann als eine billige.

WILLIAM SOMERSET MAUGHAM

Es stimmt nicht, daß die Kosten die Preise bestimmen. Die im Markt erzielbaren Preise definieren die Kosten, die man sich leisten kann.

RAINER MEGERLE

Vieles ist technisch machbar, aber ein Produkt wird nur dann einen Markt finden, wenn auch sein Preis vertretbar ist.

ROBERT N. NOYCE

Das Gesetz der Wirtschaft verbietet es, für wenig Geld viel Wert zu erhalten. Nehmen Sie das niedrigste Angebot an, müssen Sie für das Risiko, das Sie eingehen, etwas hinzurechnen. Und wenn Sie das tun, dann haben Sie auch genug Geld, um für etwas Besseres zu bezahlen.

JOHN RUSKIN

Es ist unklug, zuviel zu bezahlen, aber es ist noch schlechter, zuwenig zu bezahlen. Wenn Sie zuviel bezahlen, verlieren Sie etwas Geld, das ist alles. Wenn Sie zuwenig bezahlen, verlieren Sie manchmal alles, da der gekaufte Gegenstand die ihm zugedachte Aufgabe nicht erfüllen kann.

JOHN RUSKIN

Es gibt kaum etwas auf dieser Welt, das nicht irgend jemand ein wenig schlechter machen und etwas billiger verkaufen könnte.

JOHN RUSKIN

Presse

Die Presse muß die Freiheit haben, alles zu sagen, damit gewissen Leuten die Freiheit genommen wird, alles zu tun.

STEWART ALSOP

Von der Pressefreiheit hängt praktisch jede andere Freiheit ab.

SALVADOR DE MADARIAGA Y ROJO

Die Tagespresse schafft nichts Neues, aber sie bringt es an den Tag.

PETER DE MENDELSSOHN

Die Presse ist ein Gewissen aus Papier.

MALCOLM MUGGERIDGE

Vier feindselige Zeitungen sind mehr zu fürchten als tausend Bajonette.

NAPOLEON I.

Die Presse hat auch die Aufgabe, das Gras zu mähen, das über etwas zu wachsen droht.

ALFRED POLGAR

Presse: die Möglichkeit, Dinge zu verschweigen, indem man andere druckt.

RUDOLF ROLFS

Prestige

Wer seine Ware an den Mann bringen will, muß an das Prestige appellieren, und wer hält soviel auf das Prestige wie der Dumme.

OTTO F. BEER

Prestige ist etwas furchtbar Lästiges, etwas, an dem man schwer zu tragen hat und das man leicht satt wird.

OTTO VON BISMARCK

Was gelten soll, muß wirken und muß dienen.

JOHANN WOLFGANG VON GOETHE

Alles hat heutzutage seinen Gipfel erreicht, aber die Kunst, sich geltend zu machen, den höchsten.

BALTHASAR GRACIÁN Y MORALES

Prestige ist eine Seifenblase, die sofort platzt, wenn man sie selbst aufbläst.

HEINZ HILPERT

Prestige nennt man die Daumenschrauben, die man auch einer Weltmacht anlegen kann.

GEORGE FROST KENNAN

Der oberste Herrscher der Welt ist das Prestige. Es regiert die Regierungen.

JULES ROMAINS

Prestige oblige! Große Karrieren sind oft kleinkariert.

GERHARD UHLENBRUCK

Man gibt Geld aus, das man nicht hat, für Dinge, die man nicht braucht, um damit Menschen zu imponieren, die man nicht mag.

WALTER WINCHELL

Prinzipien

Prinzipien kann man leichter bekämpfen, als nach ihnen leben.

ALFRED ADLER

An den Grundsätzen hält man nur fest, solange sie nicht auf die Probe gestellt werden; geschieht das, so wirft man sie fort wie der Bauer die Pantoffeln und läuft, wie einem die Beine von Natur gewachsen sind.

OTTO VON BISMARCK

Prinzipien haben heißt, mit einer Stange quer im Mund einen Waldlauf machen.

OTTO VON BISMARCK

Unverrückbare Grundsätze sind wie Scheuklappen. Man sieht dann sehr wenig von der Wirklichkeit.

DENG XIAOPING

Prinzipien beeinflussen nicht einmal die Verkünder von Prinzipien, außer sie handeln aus Interesse.

WALTER SAVAGE LANDOR

Es gibt eine Unzahl politischer Irrtümer, die, einmal angenommen, zu Prinzipien werden.

PAUL RAYNAL

Prinzipien sind das eleganteste Mittel, um sich gelegentlich selbst ein Bein zu stellen.

WILHELM SCHWÖBEL

Privilegien

Die Privilegierten sind die Schildwachen der Tradition.

WERNER MITSCH

Es ist unmöglich, eine herrschende Gruppe davon zu überzeugen, daß ihre Privilegien ungerechtfertigt sind und daß sie davon ablassen müssen. Individuen kann man manchmal, wenn auch selten, überzeugen, ganze Gruppen niemals.

JAWAHARLAL NEHRU

Privilegien sind das Grab der Freiheit und Gerechtigkeit.

JOHANN GOTTFRIED SEUME

Es hat nie Privilegien gegeben, die nicht auf Kosten anderer erworben und genossen wurden.

FRIEDRICH SIEBURG

Wer Privilegien sät, wird Revolution ernten.

CLAUDE TILLIER

Privilegien auf Kosten der Staatskraft sind das, was in Fischteichen der Hecht, im Taubenschlag der Sperber und im Hühnerstall der Marder.

KARL JULIUS WEBER

Problem

Jeder Tag stellte seine Probleme, die unabweislich nach einer Lösung verlangten, um hinterher vielleicht in neuer Gestalt aufzutauchen.

MARTIN ANDERSEN-NEXÖ

Man löst keine Probleme, indem man sie aufs Eis legt.

SIR WINSTON CHURCHILL

Die meisten Menschen verwenden mehr Kraft daran, um die Probleme herumzureden, statt sie anzupacken.

HENRY FORD I.

Jede Lösung eines Problems ist ein neues Problem.

JOHANN WOLFGANG VON GOETHE

Es ist besser, ein Problem zu erörtern, ohne es zu entscheiden, als es zu entscheiden, ohne es erörtert zu haben.

JOSEPH JOUBERT

Das Problem ist eine Gelegenheit in Arbeitskleidung.

HENRY JOHN KAISER

Die ungelösten Probleme erhalten einen Geist lebendig und nicht die gelösten.

ERWIN GUIDO KOLBENHEYER

Für jedes Problem gibt es eine Lösung, die einfach, sauber und falsch ist.

HENRY LOUIS MENCKEN

Viele Probleme erledigen sich von selbst, wenn man ihnen Zeit dazu läßt.

KRISHNA MENON

Jedes Problem erlaubt zwei Standpunkte: unseren eigenen und den falschen.

CHANNING POLLOCK

Die Erfindung des Problems ist wichtiger als die Erfindung der Lösung.

WALTHER RATHENAU

Ungelöste Probleme werden von den Wirtschaftspolitikern subventioniert.

LOTHAR SCHMIDT

Probleme entstehen, wenn Arbeiter nicht denken oder Denker nicht arbeiten.

LOTHAR SCHMIDT

Das größte Problem heute ist: Wir haben einen Überschuß an einfachen Fragen und einen Mangel an einfachen Antworten.

LOTHAR SCHMIDT

Probleme von heute halten die Menschen gewöhnlich davon ab, sich mit Problemen von morgen zu beschäftigen.

LOTHAR SCHMIDT

Um eine Entscheidung zu treffen, muß man zielen können.

RUPERT SCHÜTZBACH

Probleme sollte man nicht auf Eis legen. Sie halten sich da zu lange.

NORBERT STOFFEL

Ein Problem ist niemals so klein, wie du meinst, und selten so groß, wie du glaubst.

NORBERT STOFFEL

Einige Probleme werden nie gelöst. Sie altern nur.

CHAIM WEIZMANN

Profit

Die Geister scheiden sich daran, ob man von ‚Gewinnen‘ oder von ‚Profiten‘ spricht. In sozialen Staaten gibt es nur Gewinne, von denen alle profitieren.

SIGMUND GRAFF

Gewinn- und Verlustsystem: Es ist irreführend, von einem Profitsystem zu sprechen. Wir haben ein Gewinn- und Verlustsystem. Der Gewinn ist das Zuckerbrot, das als Leistungsanreiz dient, und der Verlust ist die Peitsche als Strafe für den Einsatz ineffizienter Produktionsverfahren oder den Einsatz von Ressourcen in Verwendungen, die die Konsumenten mit ihren Geldausgaben nicht honorieren.

PAUL A. SAMUELSON

Die Verteufelung des Gewinns beginnt mit dem Wort ‚Profit'.

LOTHAR SCHMIDT

Profite sind jener Teil des Mechanismus, durch den die Gesellschaft entscheidet, was sie produziert haben möchte.

HENRY C. WALLICH

Prognosen

Ich bin jetzt 40 Jahre Fabrikant, aber ich habe es noch nicht fer-

tiggebracht, Prognosen für vier Monate zu machen. Andere, die nichts von der Industrie verstehen, machen Voraussagen für 5 Jahre.

FRITZ BERG

Prophezeien sollten nur Mathematiker.

LOUIS DE BROGLIE

Futurologie ist immer noch ein Lotto, auch wenn es noch so wissenschaftlich aussieht.

JAMES BROOKING

Die weisesten Propheten äußern sich erst hinterher.

FOURTH EARL OF OXFORD
HORACE WALPOLE

Ein Prognostiker ist ein Mann, der in lichten Momenten düstere Ahnungen hat.

TENNESSEE WILLIAMS

Prominenz

Prominent: gut erreichbar für die Lanzen der Bosheit, der Verunglimpfung und des Neides.

AMBROSE BIERCE

Von Journalisten geförderte Prominenz: auf Goldkörner getrimmter Treibsand.

RUDOLF ROLFS

Prominent ist eine Erscheinung, die nicht durch Auslese, sondern durch Beifall zustande kommt.

FRIEDRICH SIEBURG

Propaganda

Der Bluff ist eine Propaganda, durch die nur der Ochse nicht geht, weil er nur die Größe, nicht aber die Stärke sieht.

CHRISTINE BOLL

Propaganda ist Werbung für einen bestimmten dogmatischen Glauben. Hervorstechend ist die plumpe Vertraulichkeit dieser Art politischweltanschaulicher Werbung. Sie läßt Mittel der Verlockung spielen – aber sie will auch einschüchtern. Versprechung eines schöneren Lebens und Bedrohung des Lebens sind unheimlich gemischt. Gerade diese Mischung wirkt auf viele faszinierend, magisch. So kam Wystan Hugh Auden

zu seiner Definition des Begriffes Propaganda:„Propaganda ist Anwendung von Magie durch Leute, die nichts mehr glauben, gegen Menschen, die noch Glauben haben".

MAX RYCHNER

Ein Propangadist ist ein Fachmann, der Einstellung und Meinungen verkauft.

HANS SPEIER

Prophetie

Häufig ist die Prophezeiung die Hauptursache für das prophetische Ereignis.

THOMAS HOBBES

Voraussagen heißt beobachten, was geschehen ist, und vermuten, daß es wieder geschehen wird.

ELBERT HUBBARD

Bei Prophezeiungen ist oft der Ausleger ein wichtigerer Mann als der Prophet.

GEORG CHRISTOPH LICHTENBERG

Nicht jeder, der einen Bart trägt, ist schon Prophet.

ARABISCHES SPRICHWORT

Publikum

Das Publikum hat ein Recht darauf, nicht angeschmiert zu werden, auch wenn es darauf besteht, angeschmiert zu werden.

THEODOR W. ADORNO

Das Publikum hat ein Weghörrecht.

FRIEDRICH KARL FROMME

Das Publikum beklagt sich lieber, übel bedient worden zu sein, als daß es sich bemühte, besser bedient zu werden.

JOHANN WOLFGANG VON GOETHE

Wer dem Publikum hinterherläuft, sieht doch nur dessen Hinterteil.

JOHANN WOLFGANG VON GOETHE

Das Publikum beklatscht ein Feuerwerk, aber keinen Sonnenaufgang.

CHRISTIAN FRIEDRICH HEBBEL

Die Erfahrung hat gelehrt, daß die Gesamtstimme des Publikums beinahe immer gerecht sei.

CARL MARIA VON WEBER

Publizität

Man könnte gern Publizität und Aufklärung vermissen, wenn Offenheit und Klarheit an ihre Stelle treten könnten.

JOHANN WOLFGANG VON GOETHE

Publizität ist die journalistische Dimension des Ruhms.

HELMAR NAHR

Wer in der Öffentlichkeit Kegel schiebt, muß nachzählen lassen, wie viele er getroffen hat.

KURT TUCHOLSKY

Q

Qualität

Die Preise herabsetzen kann jeder, aber es braucht Verstand, einen besseren Artikel herzustellen.

PHILIP D. ARMOUR

Quantität: guter Ersatz für Qualität, wenn man hungrig ist.

AMBROSE BIERCE

Es war mir immer ein unerträglicher Gedanke, es könne jemand bei der Prüfung eines meiner Erzeugnisse nachweisen, daß ich irgendwie Minderwertiges leiste. Dehalb habe ich stets versucht, nur Arbeit hinauszugeben, die jeder sachlichen Prüfung standhielt.

ROBERT BOSCH

Was sich zu tun lohnt, lohnt sich gut zu tun.

THOMAS CARLYLE

Die sicherste Grundlage einer Produktion ist die Qualität. Danach – und eine große Strecke weiter – kommen die Produktionskosten.

ANDREW CARNEGIE

Qualität beginnt beim Menschen, nicht bei den Dingen. Wer hier einen Wandel herbeiführen will, muß zuallererst auf die innere Einstellung aller Mitarbeiter abzielen.

PHILIP B. CROSBY

Es gibt keinen Markt für Produkte, die jeder ein bißchen mag, sondern nur für Produkte, die jemand besonders schätzt.

LAUREL CUTLER

Ein guter Mann wird stets das Bessere wählen.

EURIPIDES

Aufmerksamkeit auf einfache kleine Sachen zu verschwenden, die die meisten vernachlässigen, macht ein paar Menschen reich.

HENRY FORD I.

Gut ist nicht gut, wo Besseres erwartet wird.

THOMAS FULLER

Zum Unterschied zwischen Produkt- und Dienstleistungsqualität: „Der einzige Unterschied zur Produktqualität besteht darin, daß bei Produkten die Retouren in einem Karton angeliefert werden, bei Dienstleistungen in einem Briefumschlag."

HEINZ GAUGLER

Wenn es einen Weg gibt, etwas besser zu machen, finde ihn.

GEORGE HERBERT

Qualität ist immer das Anständige.

THEODOR HEUSS

Qualität ... ist, gute Produkte herzustellen, sie mit konkurrenzfähigen Preisen zu versehen und dazu einen ordentlichen Kundendienst anzubieten.

LEE IACOCCA

Über alles andere können wir streiten, aber ... Qualität darf nicht Gegenstand unserer Auseinandersetzungen sein.

LEE IACOCCA

Wir können nichts 1000 Prozent besser machen. Aber wir machen 1000 Sachen ein Prozent besser.

RALPH WRIGHT KETNER

Qualität ist Zweckeignung.

HELMAR NAHR

Qualität erfordert die Ausgestaltung einer die Leistung fördernden Firmenkultur.

WERNER NIEFER

Die Qualität ist eine perspektivische Wahrheit für uns.

FRIEDRICH WILHELM NIETZSCHE

Qualität ist kein Zufall; sie ist das Ergebnis angestrengten Denkens.

JOHN RUSKIN

Quantität läßt sich zählen. Qualität zählt.

LOTHAR SCHMIDT

Qualität ist Wert, der sich bezahlt macht.

LOTHAR SCHMIDT

Die Qualität ist die speziell bestimmte Wirkungsart eines Körpers.

ARTHUR SCHOPENHAUER

Qualität bleibt noch lange bestehen, nachdem der Preis vergessen ist.

H. GORDON SELFRIDGE

Gute Ware lobt sich selbst.

DEUTSCHES SPRICHWORT

R

Rache

Die Rache ist eine Art von wildwachsender Gerechtigkeit, die das Gesetz, je mehr die menschliche Natur dazu hinneigt, um so dringender ausrotten sollte.

FRANCIS BACON

Sich nicht rächen, auch dann nicht, wenn Rache Gerechtigkeit wäre, das ist edel.

MARCEL FRIEDRICH
GOTTLIEB KLOPSTOCK

Die Rache ist ein Erbteil schwacher Seelen.

KARL THEODOR KÖRNER

Rache beendet die Ohnmacht der Wut.

GERHARD UHLENBRUCK

Radikalismus

Radikalismus: der Konservatismus von morgen als Einspritzung in die Angelegenheiten von heute.

AMBROSE BIERCE

Radikalität beschleunigt den Fortschritt bis zum Hinfallen.

HANS KASPER

Die Radikalität ist der Schneidbrenner der Geschichte.

MARTIN KESSEL

Neue Leute dürfen nicht Bäume ausreißen, nur um zu sehen, ob die Wurzeln noch dran sind.

HENRY ALFRED KISSINGER

Der Radikalist ist einer, der mit beiden Beinen fest in die Luft gepflanzt ist.

THEODORE ROOSEVELT

Politik der starken Hand? – Ja, aber nur, wenn sie nicht zur Faust geballt ist.

LOTHAR SCHMIDT

Auch eine geballte Faust ist ein Fingerzeig.

RUPERT SCHÜTZBACH

Es ist ein Unterschied, ob man von Kindheit an lernt, die Hände zu falten oder sie zur Faust zu ballen.

HELLMUT WALTERS

253

Rat

Rat: die kleinste Münze im Umlauf.

AMBROSE BIERCE

Gibt Dir jemand einen sogenannten ‚guten Rat', so tue gerade das Gegenteil, und Du kannst sicher sein, daß es in neun von zehn Fällen das Richtige ist.

ANSELM FEUERBACH

Wer anderen Unbequemes sagt, macht sich selbst unbequem.

JOHANN WOLFGANG VON GOETHE

Hole dir nie Rat bei deinen Befürchtungen.

ANDREW JACKSON

Auch für Ratschläge gilt: Geben ist seliger als nehmen.

LOTHAR SCHMIDT

Den Rat, keine Dummheiten zu machen, bekommen kluge Leute weit öfters zu hören als dumme.

RUPERT SCHÜTZBACH

Eine Hand voll Geld ist besser als beide Hände voller Ratschläge.

SPRICHWORT

Einen Rat befolgen heißt, die Verantwortung verschieben.

JOHANNES URZIDIL

Einen guten Rat gebe ich immer weiter. Selber brauchen kann man ihn nicht.

OSCAR WILDE

Ratschläge sind wie abgetragene Kleider: man benützt sie ungern, auch wenn sie passen.

THORNTON NIVEN WILDER

Realismus

Ein Realist ist ein Mensch, der den richtigen Abstand von seinen Idealvorstellungen hat.

TRUMAN CAPOTE

Die Leute, welche die Realität der ältesten und stärksten Sehnsüchte, etwa die Sehnsucht nach Frieden, übersehen, nennen sich stolz: Realisten.

LUDWIG MARCUSE

Realismus: die persönliche Brille, durch die man die Welt sieht.

HELMAR NAHR

Heutzutage ist kaum etwas realistischer als Utopien.

THORNTON NIVEN WILDER

Recht

Jeder hat soviel recht, wie er Macht hat.

JOHANN WOLFGANG VON GOETHE

Die Idee des Rechts ist die Freiheit.

GEORG WILHELM FRIEDRICH HEGEL

Recht ist domestizierte Staatsgewalt.

WERNER HOFMANN

Der Zweck ist der Schöpfer des ganzen Rechts.

RUDOLF VON IHERING

Das Recht ist nichts anderes als das ethische Minimum.

GEORG JELLINEK

Das Recht ist Inbegriff der Bedingungen, unter denen die Willkür des einen mit der Willkür des anderen nach einem allgemeinen Gesetz der Freiheit in Einklang gebracht werden kann.

IMMANUEL KANT

Das Recht ist eine Gewalt, die der Gewalt das Recht streitig macht.

HANS KUDSZUS

Das Recht ist angewandte Macht.

HANS LOHBERGER

Das Recht ist lediglich der Ausdruck des Willens der Mächtigen einer Zeit. Deshalb haben Gesetze keine lange Dauer, sondern wechseln von Generation zu Generation.

CHARLES A. MADISON

Recht: der Wille, ein jeweiliges Machtverhältnis zu verewigen.

FRIEDRICH WILHELM NIETZSCHE

Meine Rechte: das ist jener Teil meiner Macht, in welchem die anderen mich erhalten wollen.

FRIEDRICH WILHELM NIETZSCHE

Kummer des Rechts: daß die Macht ihre eigenen Wege geht.

LOTHAR SCHMIDT

Recht ist das, wogegen die öffentliche Meinung keinen nachhaltigen Widerspruch erhebt.

LOTHAR SCHMIDT

255

Das Recht, oft metaphorisch als ‚gefrorene Politik‘ bezeichnet, ermöglicht überhaupt erst staatliches Handeln, wenn dieses Handeln als Entscheiden mit verbindlichem Anspruch verstanden werden soll.

LOTHAR SCHMIDT

Recht ist der Schutz der Menschen vor dem Menschen durch den Menschen um Gottes Willen.

FRANZ WERFEL

Recht: Gewohnheiten und Denken der Gesellschaft nehmen eine feste Form an.

THOMAS WOODROW WILSON

Rechtsstaat

Die Wohltat des Staates besteht darin, daß er der Hort des Rechtes ist.

JACOB CHRISTOPH BURCKHARDT

Das Unrecht, das einem anderen Bürger angetan wird, wird mir angetan. Ein freier Rechtsstaat … ist nur dort, wo dieser Satz sich verwirklicht.

KARL JASPERS

Rechtsstaat ist für uns nicht nur ein politischer, sondern ein kultureller Begriff. Er bedeutet die Wahrung der Freiheit gegen die Ordnung, des Lebens gegen den Verstand, des Zufalls gegen die Regel, der Fülle gegen das Schema, kurz dessen, was Zweck und Wert ist, gegen das, was nur zweckmäßig und nur insoweit wertvoll ist.

GUSTAV RADBRUCH

Reden

Die Rede ist die Kunst, Glauben zu erwecken.

ARISTOTELES

Die Regierungen, welche die Freiheit der Rede unterdrücken, weil die Wahrheiten, die sie verbreitet, ihnen lästig sind, machen es wie die Kinder, welche die Augen zuschließen, um nicht gesehen zu werden.

LUDWIG BÖRNE

Jede Rede gleicht der Belagerung der Seele des Hörers.

JOHANNES CHRYSOSTOMUS

Eine gute Rede soll das Thema erschöpfen, nicht die Zuhörer.

SIR WINSTON CHURCHILL

Wenn die Menschen nur über das sprächen, was sie begreifen, dann würde es sehr still auf der Welt sein.

ALBERT EINSTEIN

Wer nicht Wort halten kann, sollte auch keine Rede halten.

WERNER MITSCH

Der Redner will durch die Länge des Vortrages wettmachen, was ihm an Tiefe fehlt.

LOTHAR SCHMIDT

Nichts ist schwerer, als bedeutende Gedanken so auszudrücken, daß jeder sie verstehen muß.

ARTHUR SCHOPENHAUER

Man kann über alles reden, nur nicht über eine halbe Stunde.

UNBEKANNT

Wo mit Feuerzungen geredet wird, müssen die Feuerwehren mobil machen.

HELLMUT WALTERS

Etwas, worüber man nicht redet, ist gar nicht geschehen. Nur das Wort gibt den Dingen Realität.

OSCAR WILDE

Was sich sagen läßt, läßt sich klar sagen, und wovon man nicht reden kann, darüber muß man schweigen.

LUDWIG WITTGENSTEIN

Redner

Es fällt stets auf, wenn jemand über Dinge redet, die er versteht.

HELMUT KÄUTNER

Nota bene für Redner: Hohle Worte tönen voller.

HELMAR NAHR

Es gibt kaum eine Möglichkeit, einen Menschen besser kennenzulernen als durch eine Rede; denn Reden, das ist gleichsam ein vor sich selbst Hermarschieren. Der Redner präsentiert nicht nur eine Sache, er präsentiert sich selbst. Das erklärt auch, weshalb ein Fehler in der Darstellung der Sache toleriert wird, wenn die Darstellung der Person geglückt ist.

LOTHAR SCHMIDT

Der Redner verwendet gerne das Wort, dessen Bedeutung dem Sachverhalt und dessen Nebenbedeutung seinen Absichten entspricht.

LOTHAR SCHMIDT

In einer kurzen Rede vermag der Redner weder den Gegenstand seiner Rede noch seine Zuhörer völlig zu erschöpfen. Das ist ein großer Vorteil. Aufmerksame Zuhörer entzücken jeden Redner, und das, was nicht innerhalb von 30 Minuten gesagt werden kann, ist meist ohnehin nicht der Rede wert.

LOTHAR SCHMIDT

Ein guter Redner ist jemand, der bewirkt, daß die Menschen mit den Ohren zu sehen vermögen.

ARABISCHES SPRICHWORT

Reformen

Reform: eine Sache, welche hauptsächlich Reformer befriedigt, die gegen eine Besserung sind.

AMBROSE BIERCE

Jede große Reform hat nicht darin bestanden, etwas Neues zu tun, sondern etwas Altes abzuschaffen. Die wertvollsten Gesetze sind die Abschaffungen früherer Gesetze gewesen, und die besten Gesetze, die gegeben worden sind, waren die, welche alle Gesetze aufhoben.

HENRY THOMAS BUCKLE

Die Reform ist eine Korrektur von Mißständen, die Revolution ist ein Übergang der Macht.

EARL EDWARD GEORGE BULWER-LYTTON

Wer nichts verändern will, wird auch das verlieren, was er bewahren möchte.

GUSTAV HEINEMANN

Die besten Reformer, die die Welt je gesehen hat, sind die, die bei sich selber anfangen.

GEORGE BERNARD SHAW

Bevor du dich daranmachst, die Welt zu verändern, gehe dreimal durch dein eigenes Haus.

CHINESISCHES SPRICHWORT

Der Reformer ist einer, der durch einen Abwasserkanal in einem Boot mit gläsernem Boden fährt.

JAMES J. WALKER

Regeln

Keine Regel ohne Ausnahme, aber wehe, wenn die Ausnahme zur Regel wird.

HANS KASPER

Die Regel trennt die Hauptsache von der Nebensache, die Ausnahme vereinigt sie wieder.

LOTHAR SCHMIDT

Die goldene Regel lautet: Es gibt keine goldene Regel.

GEORGE BERNARD SHAW

Regieren

Das Regieren in einer Demokratie wäre viel einfacher, wenn man nicht immer wieder Wahlen gewinnen müßte.

GEORGES BENJAMIN CLEMENCEAU

Regieren ist die Kunst, Menschen zu einem Leben in Frieden und maßvollem Glück zu führen.

FELIX FRANKFURTER

Die Aktiengesellschaft, die Gesellschaft mit beschränkter Haftung oder der Konzern – sie sind die eigentlichen Regierenden des zwanzigsten Jahrhunderts.

JOHN NAISBITT

Regieren hieß vor hundert Jahren verwalten; das ist: eine meinungslose und bildungslose Menge mit oder gegen ihren Willen befriedigen, schlichten, lenken, erziehen und schützen. Heute heißt regieren: Gesetze durchführen, Ziele schaffen und Geschäfte machen.

WALTHER RATHENAU

Wer am Ruder ist, reißt selten das Steuer herum.

GERHARD UHLENBRUCK

Regierung

Das Wesen einer freien Regierung besteht in einer wirksamen Kontrolle der Rivalitäten.

JOHN ADAMS

Die Regierung besteht aus einer Gruppe von Menschen, die den Einwohnern eines begrenzten

Gebietes zu Monopolpreisen Schutz verkauft.

MAXWELL ANDERSON

Die Regierungen sind zu groß für die kleinen Probleme und zu klein für die großen Probleme.

DANIEL BELL

Die Regierung ist eine Erfindung der menschlichen Weisheit zur Befriedigung menschlicher Bedürfnisse.

EDMUND BURKE

Die Regierung ist eine Maschine: für die Unzufriedenen eine ‚Besteuerungsmaschine‘, für die Zufriedenen eine ‚Maschine zur Sicherung des Eigentums‘.

THOMAS CARLYLE

Jede Regierung macht Mißvergnügte.

ANATOLE FRANCE

Regierungen lernen nie. Nur die Leute lernen.

MILTON FRIEDMAN

In einer zerstrittenen Regierung spiegelt sich das Unbehagen des ganzen Volkes.

WERNER MITSCH

Regierungssprecher sind wie Wasserspeier an alten Kathedralen. Man bestaunt den kunstvollen Strahl und vergißt dabei, daß es ganz gewöhnliches Wasser ist.

CESARE PAVESE

Regierungstätigkeit ist Politik en gros; Verwaltungstätigkeit ist Politik en détail.

LOTHAR SCHMIDT

Reichtum

Der Wege, sich zu bereichern, sind viele. Sparsamkeit ist einer der besten.

FRANCIS BACON

Reichtum sind die Ersparnisse vieler in den Händen eines einzigen.

EUGENE VICTOR DEBS

Mit dem Reichtum fertigzuwerden ist auch ein Problem.

LUDWIG ERHARD

Reich zu sein hat seine Vorteile. Man hat zwar oft genug versucht, das Gegenteil zu beweisen, doch so recht gelungen ist dies nie.

JOHN KENNETH GALBRAITH

Reich wird man erst durch Dinge, die man nicht begehrt.

MAHATMA GANDHI

Es ist für den Reichen viel leichter, Gutes zu tun, als für den Armen, sich vom Bösen fernzuhalten.

JULES PETIT-SENN

Der Reichtum gleicht dem Seewasser; je mehr man davon trinkt, desto durstiger wird man – dasselbe gilt vom Ruhm.

ARTHUR SCHOPENHAUER

Der sicherste Reichtum ist die Armut an Bedürfnissen.

FRANZ WERFEL

Niemand ist so reich, daß er die Vergangenheit zurückkaufen kann.

OSCAR WILDE

Reife

Reif ist, wer auf sich selbst nicht mehr hereinfällt.

HEIMITO VON DODERER

Der Reifegrad einer Gemeinschaft zeigt sich darin, wie sie mit Fehltritten in den eigenen Reihen fertig wird.

GOTTFRIED EDEL

Zwei große Entdeckungen haben wir im Laufe unseres Reifens: zuerst die, daß es möglich ist, alles zu sagen; und dann die, daß es möglich ist, nicht alles zu sagen.

HANS KRAILSHEIMER

Der Mensch hat einen IQ, der Käse hat einen Reifegrad.

WERNER MITSCH

Reisen

Die Reise gleicht einem Spiel; es ist immer Gewinn und Verlust.

JOHANN WOLFGANG VON GOETHE

Der Sinn des Reisens ist, an ein Ziel zu kommen; der Sinn des Wanderns ist, unterwegs zu sein.

THEODOR HEUSS

Nur Reisen ist Leben, wie umgekehrt das Leben Reisen ist.

JEAN PAUL

Reisen bildet – Vorurteile. Und schafft andere aus der Welt.

LOTHAR SCHMIDT

Reisen lehrt uns die Dinge sehen, wie sie sind, statt zu glauben, wie sie seien.

LOTHAR SCHMIDT

Das Beste, was man von Reisen nach Hause bringt, ist die heile Haut.

PERSISCHES SPRICHWORT

Man reist nicht billiger und nicht schneller als in Gedanken.

GEORG WEERTH

Resignation

Heitere Resignation – es gibt nichts Schöneres.

MARIE VON EBNER-ESCHENBACH

Nichts ist erbärmlicher als die Resignation, die zu früh kommt.

MARIE VON EBNER-ESCHENBACH

Resignation ist der Heroismus in Pantoffeln.

aus FLIEGENDE BLÄTTER

Zur Resignation gehört Charakter.

JOHANN WOLFGANG VON GOETHE

Resignation ist die sublimste Rache am Schicksal.

HANS KUDSZUS

Resignation ist die bequemste Lage eines Kranken.

FRIEDRICH WILHELM NIETZSCHE

Resignation ist Medizin gegen das Unglück.

LOTHAR SCHMIDT

Wer den Kopf hängen läßt, reizt zu weiteren Nackenschlägen.

GERHARD UHLENBRUCK

Respekt

Was wäre aus mir geworden, wenn ich nicht immer genötigt gewesen wäre, Respekt vor anderen zu haben.

JOHANN WOLFGANG VON GOETHE

Respekt zu bezeugen ist heutzutage fast ebenso schwer wie Respekt zu verdienen.

JOSEPH JOUBERT

Es ist wertvoller, stets den Respekt der Menschen als gelegentlich ihre Bewunderung zu haben.

JEAN-JACQUES ROUSSEAU

Respekt, den sie Vorgesetzten entgegenbringen, übertreiben manche Leute so weit, daß sie keinen mehr vor sich selber haben.

LOTHAR SCHMIDT

Respektlosigkeit ist eines der Selbstbehauptungsmittel des kleinen Mannes.

RUPERT SCHÜTZBACH

Reue

Reue ist der feste Vorsatz, beim nächsten Mal keine Fingerabdrücke zu hinterlassen.

MARCEL ACHARD

Reuig: Strafe erleidend oder erwartend.

AMBROSE BIERCE

Was ist Reue? Eine große Trauer darüber, daß wir sind, wie wir sind.

MARIE VON EBNER-ESCHENBACH

Unsere Reue ist nicht so sehr ein Bedauern des Üblen, das wir getan, als eine Furcht vor dessen Folgen.

LA ROCHEFOUCAULD

Revolution

Die Revolution ist wie Saturn, sie frißt ihre eigenen Kinder.

LUDWIG BÜCHNER

Vor der Revolution war alles Bestreben; nachher verwandelte sich alles in Forderung.

JOHANN WOLFGANG VON GOETHE

Die Krankheiten, die das Wachstum der Menschheit bezeichnen, nennt man Revolutionen.

CHRISTIAN FRIEDRICH HEBBEL

Revolutionen sind Zeiten, in denen der Arme seiner Rechtschaffenheit, der Reiche seines Reichtums und der Unschuldige seines Lebens nicht sicher ist.

JOSEPH JOUBERT

Wer eine friedliche Revolution verhindert, macht eine gewaltsame Revolution unausweichlich.

JOHN F. KENNEDY

Alle Revolutionen haben bisher nur eines bewiesen, nämlich, daß sich vieles ändern läßt, bloß nicht die Menschen.

KARL MARX

Die Revolution löst nichts. Am Morgen nach der Revolution beginnt wieder der Alltag der Probleme.

OLOF PALME

Nicht die Religion, die Revolution ist Opium für das Volk.

SIMONE WEIL

Revolutionär

Bevor man die Welt verändert, wäre es vielleicht doch wichtiger, sie nicht zugrunde zu richten.

PAUL LOUIS CHARLES CLAUDEL

Dubiose Tugend aller Revolutionäre: so viele Gefühle für die Menschheit, daß keines mehr bleibt für den Menschen.

HANS KASPER

Die Weltverbesserer. Sie reißen alle Zäune ein, um Platz für neue Mauern zu schaffen.

WERNER MITSCH

Richter

Die bloße Mahnung an die Richter, nach bestem Wissen und Gewissen zu urteilen, genügt nicht. Es müßten auch Vorschriften erlassen werden, wie klein das Wissen und wie groß das Gewissen sein darf.

KARL KRAUS

Vier Eigenschaften gehören zu einem Richter: höflich anzuhören, weise zu antworten, vernünftig zu erwägen und unparteiisch zu entscheiden.

SOKRATES

Der Richter ist das sprechende Gesetz.

BENJAMIN WHICHCOTE

Risiko

Risiko ist die Bugwelle des Erfolgs.

CARL AMERY

An irgendeinem Punkt muß man den Sprung ins Ungewisse wagen. Erstens, weil selbst die richtige Entscheidung falsch ist, wenn sie zu spät erfolgt. Zweitens, weil es in den meisten Fällen so etwas wie eine Gewißheit gar nicht gibt.

LEE IACOCCA

Nichts geschieht ohne Risiko, aber ohne Risiko geschieht auch nichts.

WALTER SCHEEL

Wer zum Risiko bereit ist, geht oft sehr weit, um nicht zu kurz zu kommen.

LOTHAR SCHMIDT

Es gibt kein Null-Risiko. Wer nie ein Risiko eingehen will, geht oft das größte Risiko ein.

LOTHAR SCHMIDT

Ruf

Man hat einen zu guten oder zu schlechten Ruf; nur den Ruf hat man nicht, den man verdient.

MARIE VON EBNER-ESCHENBACH

Man kann auf Dauer Produkte nur verkaufen, wenn man einen guten Ruf hat.

ALFRED HERRHAUSEN

Der gute Ruf gleicht oft dem Winde: Man weiß nicht, von wannen er kommt, noch wohin er führt.

AUGUST VON KOTZEBUE

Immer eilt der Ruf von dem, was wir getan, voraus, verschließt oder öffnet uns die Pforten.

GOTTHOLD EPHRAIM LESSING

Niemand spricht in unserer Gegenwart so von uns wie in unserer Abwesenheit.

BLAISE PASCAL

Der Politiker ist nicht so schlecht, wie ihn seine Feinde machen, und nie so gut, wie er durch das Weißwaschen seiner Freunde scheint.

LOTHAR SCHMIDT

Ruhe

Ruhe ist Glück, wenn es ein Ausruhen ist.

LUDWIG BÖRNE

Im Unglück finden wir meist die Ruhe wieder, die uns durch die Furcht vor dem Unglück geraubt wurde.

MARIE VON EBNER-ESCHENBACH

Die Ruhe der Seele ist ein herrliches Ding.

JOHANN WOLFGANG VON GOETHE

Die Ruhe ist die natürliche Stimmung eines wohlgeregelten, mit sich einigen Herzens.

WILHELM VON HUMBOLDT

265

Wenn man die Ruhe nicht in sich selbst findet, ist es umsonst, sie anderswo zu suchen.

LA ROCHEFOUCAULD

Ruhe und Ruhm sind Dinge, die nicht zusammenwohnen.

GEORG CHRISTOPH LICHTENBERG

Die Menschen glauben aufrichtig, die Ruhe zu suchen, und suchen in Wirklichkeit nur die Unrast.

BLAISE PASCAL

Arbeit und Ruhe gehören zusammen wie Auge und Lid.

RABINDRANATH TAGORE

Ruhestand

Ruhestand: Entlassung aus dem Bruttosozialprodukt.

EMIL BASCHNONGA

Arbeit kann einen umbringen. Aber die Untätigkeit kann es ebenso.

LEE IACOCCA

Ruhestand: Ich habe Zeit. Ich muß mich nicht beeilen. Erreichen will ich nicht mehr viel.

Und hin und wieder schreib ich ein paar Zeilen.

ROBERT MUTHMANN

Du lebst im Ruhestand, wenn für dich ‚Zeit ist Geld' nicht mehr wichtig ist.

UNBEKANNT

Stoßseufzer der Ehefrau: Ruhestand, das ist doppelt soviel Ehemann und halb soviel Geld!

UNBEKANNT

Wenn einer in den Ruhestand tritt und ihn keine Zeitnot mehr bedrängt, schenken ihm seine Kollegen gewöhnlich eine Uhr.

UNBEKANNT

Im Ruhestand sein heißt nicht, von einer Aufgabe zurücktreten, sondern für eine Aufgabe eintreten.

UNBEKANNT

Zeitverschwendung ohne Geldverschwendung – das ist die Herausforderung für den Ruhestand.

UNBEKANNT

Ruhm

Ruhm: der Vorzug, denen bekannt zu sein, die uns nicht kennen.

NICOLAS CHAMFORT

Der Ruhm der kleinen Leute heißt Erfolg.

MARIE VON EBNER-ESCHENBACH

Ruhm ist der Geist eines Menschen, der im Denken anderer Menschen weiterlebt.

WILLIAM HAZLITT

Ruhm ist: mitgedacht werden, wenn an ein ganzes Volk gedacht wird.

WILHELM RAABE

Erst wenn der Sarg zugenagelt ist, erweist sich die Haltbarkeit eines Namens.

JAPANISCHES SPRICHWORT

Der Ruhm ist der Schatten, den große Männer hinter sich werfen, die gegen die Sonne hin wandern.

HERMANN STEHR

Der Ruhm der meisten Zeitgenossen beruht auf Papierwährung.

CHARLES TSCHOPP

S

Sache

Man redet von Sachen, meint aber immer sich.

HANS ALBRECHT MOSER

Eine Sache erklären heißt, ein Bild ihres Wesens vermitteln.

HELMAR NAHR

Sachfrage: die Frage, wer welchen Posten besetzt.

HELMAR NAHR

Eine schlechte Sache erregt, eine gute verträgt viel Kritik.

CHARLES TSCHOPP

Sachzwang

Heute sitzen die Dinge im Sattel und reiten den Menschen.

ERICH FROMM

Den Sachzwang gibt es als Abwertung notwendiger Schritte oder als Entschuldigung für unmoralisches Handeln.

RON KRITZFELD

Sich einem ‚Sachzwang‘ beugen heißt für mich, sich auf eine unwürdige Art seiner Freiheit zu begeben selbst zu entscheiden und die Sachen zu verändern.

WALTER SCHEEL

In der Politik geht es fast immer ums Geld. Der Politiker läßt sich geradezu definieren als ein Mensch, der politische Sachzwänge mit anderer Leute Geld zu lösen versucht.

LOTHAR SCHMIDT

Schadenfreude

Schadenfreude ist der gemeinste Ausdruck über den Sieg und die Wiederherstellung der Gleichheit; erst seit Begründung der Gesellschaft gibt es Schadenfreude.

FRIEDRICH WILHELM NIETZSCHE

Schadenfreude ist die reinste Freude. Selbst die meisten Witze leben von der Schadenfreude. Eine traurige Wahrheit!

LOTHAR SCHMIDT

Schadenfreude ist die ständige Begleiterin des Mißerfolgs.

LOTHAR SCHMIDT

Durch die Schadenfreude anderer wird man klug.

GERHARD UHLENBRUCK

Schenken

Ein Onkel, der Gutes mitbringt, ist besser als eine Tante, die bloß Klavier spielt.

WILHELM BUSCH

Geschenke locken, heißt's, die Götter selbst.

EURIPIDES

Es ist besser zu schenken als zu leihen, und es kommt auch nicht teurer.

SIR PHILIP HAMILTON GIBBS

Das wahre Geschenk macht einen reicher, obwohl man etwas hingibt.

KNUT HAMSUN

Geschenke sind wie Ratschläge: sie erfreuen vor allem den, der sie gibt.

ÉMILE HENRIOT

Wenn die Menschen sagen, sie wollen nichts geschenkt haben, so ist es gemeiniglich ein Zeichen, daß sie etwas geschenkt haben wollen.

GEORG CHRISTOPH LICHTENBERG

Geschenke sind bargeldlose Zahlungsmittel.

WERNER MITSCH

Geldgeschenke sind phantasielos, vor allem kleine.

WERNER MITSCH

Ein Geschenk ist genau soviel wert wie die Liebe, mit der es ausgesucht worden ist.

THYDE MONNIER

Schenke mit Geist – ohne List! Sei eingedenk, daß dein Geschenk du selber bist!

JOACHIM RINGELNATZ

Schenken ist ein Brückenschlag über den Abgrund deiner Einsamkeit.

ANTOINE DE SAINT-EXUPÉRY

Die höchste Form des Tauschhandels sind Geschenke.

CHARLES TSCHOPP

Geben ist seliger als annehmen müssen.

CHARLES TSCHOPP

Schicksal

Der Mensch tut nicht alles aus sich selbst, er arbeitet auch dem Schicksal in die Hände.

LUDWIG ANZENGRUBER

Schicksal: eines Tyrannen Ermächtigung zu Schandtaten und eines Narren Entschuldigung für sein Versagen.

AMBROSE BIERCE

Das Schicksal jedes Menschen wird vom Zufall gestaltet, in Abhängigkeit von seiner Umgebung.

IWAN ALEKSEJEWITSCH BUNIN

Nicht, was wir erleben, sondern wie wir empfinden, was wir erleben, macht unser Schicksal aus.

MARIE VON EBNER-ESCHENBACH

Wir werden vom Schicksal hart oder weich geklopft; es kommt auf das Material an.

MARIE VON EBNER-ESCHENBACH

Das Schicksal ist die Zeit in ihrer beschleunigten Form.

JEAN GIRAUDOUX

Schicksale sind Unbegreiflichkeiten.

OTTO MICHEL

Was die Leute gemeiniglich als Schicksal nennen, sind meistens nur ihre eigenen dummen Streiche.

ARTHUR SCHOPENHAUER

Wir Menschen halten doch immer nur die Fäden in den Händen, das Schicksal aber webt, wie es will.

HERMANN STEHR

Schlagfertigkeit

Schlagfertigkeit: Erwiderung in Form einer vorsichtigen Beleidigung.

AMBROSE BIERCE

Schlagfertigkeit ist der höchste Grad des Verstandes, denn er läßt auf die rascheste und kühlste Weise Genius in einem Augenblick sichtbar werden, da die Leidenschaften erhitzt sind.

CHARLES CALEB COLTON

Schlagfertig ist jede Antwort, die so klug ist, daß der Zuhörer wünscht, er hätte sie gegeben.

ELBERT HUBBARD

Schlagfertig nannte Mark Twain eine Antwort, auf die man erst 24 Stunden später kommt. Diese 24 Stunden Bedenkzeit auf den Bruchteil einer Sekunde zu verkürzen, ist die Kunst der Schlagfertigkeit.

LOTHAR SCHMIDT

Schlagwort

Ideen haben die Welt selten verändert, Schlagwörter sehr häufig.

HANS KRAILSHEIMER

Schlagworte sind Kommandos der Dummheit.

HANS LOHBERGER

Je hohler das Schlagwort ist, desto mehr Lärm kann man damit erzeugen.

JOHN BOYNTON PRIESTLEY

Das Schlagwort ist eine Idee auf dem Weg zur Phrase.

LOTHAR SCHMIDT

Ein gutes Schlagwort ist so vieldeutig, daß es einen Denkanstoß gibt, und so kurz, daß man es nicht vergißt.

LOTHAR SCHMIDT

Es ist eine bekannte Tatsache, daß man mit gewissen Schlagworten der leichtgläubigen Menge nach Belieben Sand in die Augen streuen kann.

BERTA VON SUTTNER

Schlagwörter sind keine Argumente, sondern nur zur Faust geballte Gedanken.

KURT WILDNER

Schlauheit

Schlauheit ist der Zwerg der Weisheit.

WILLIAM ROUNSEVILLE ALGER

Schlauheit ist der Stimulans der mürbe Gewordenen.

FRITZ DIETTRICH

Schlauheit ist die Kunst, eigene Fehler zu verbergen und die Schwächen anderer bloßzulegen.

WILLIAM HAZLITT

Man kann schlauer sein als ein anderer, nicht aber schlauer als alle andern.

LA ROCHEFOUCAULD

Es ist eine große Schlauheit, seine Schlauheit verbergen zu können.

LA ROCHEFOUCAULD

Weisheit und Lüge ergeben die Schlauheit.

HANS LOHBERGER

Schmeicheln

Ein Schmeichler ist ein Freund, der dir unterlegen ist oder vorgibt, es zu sein.

ARISTOTELES

Schmeicheln: das Fundament für einen Oberbau der Übervorteilung legen.

AMBROSE BIERCE

Wenn wir auch der Schmeichelei keinen Glauben schenken, der Schmeichler gewinnt uns doch.

MARIE VON EBNER-ESCHENBACH

Die feinste Schmeichelei beschränkt sich darauf, die Rivalen oder Konkurrenten des anderen herabzusetzen.

SIGMUND GRAFF

Gerechtes Lob ist lediglich eine Schuld; die Schmeichelei aber ist ein Geschenk.

SAMUEL JOHNSON

Schmeichelei ist eine Huldigung, die das Laster der Tugend darbringt.

LA ROCHEFOUCAULD

Der Schmeichler ist jemand, der dir ins Gesicht sagt, was er nicht hinter deinem Rücken sagen würde.

HENRY MILLINGTON

Der Schmeichler ist ein Mensch, der seiner Meinung nach deine Fähigkeiten außerordentlich übertreibt, so daß sie näher an deine eigene Vorstellung von ihnen herankommen.

OSCAR WILDE

Schönheit

Schönheit ist Logik, die wir als Vergnügen empfinden.

RÉMY DE GOURMONT

Der Qualität nach ist das Schöne der Gegenstand eines reinen uninteressierten Wohlgefallens.

IMMANUEL KANT

Schönheit ist selektive Präsentation des Angenehmen.

HELMAR NAHR

Schulden

Schulden: Nichts trennt mehr als Verbindlichkeiten.

RON KRITZFELD

Der Schuldenberg ist der markanteste Punkt in einer Talsohle.

WERNER MITSCH

Schuldenmachen heißt von der Zukunft leben.

SPRICHWORT

Wer das Abenteuer sucht, braucht nur ein paar Rechnungen nicht pünktlich zu zahlen.

UNBEKANNT

Schweigen

Schweigen ist eines der am schwierigsten zu widerlegenden Argumente.

JOSH BILLINGS

Schweigen, wenn nichts gesagt zu werden braucht, ist die Beredsamkeit der Diskretion.

CHRISTIAN NESTELL BOVEE

Schweigen ist die zweckmäßigste Haltung für den, der sich seiner selbst nicht sicher fühlt.

LA ROCHEFOUCAULD

Besser schweigen und als Narr scheinen, als sprechen und jeden Zweifel beseitigen.

ABRAHAM LINCOLN

Schwierigkeiten

Nichts bringt die Menschen einander so nahe wie gemeinsam durchlebte Schwierigkeiten.

ALEXANDER FADEJEW

Das Leben hat mich gelehrt, daß alles auf die Menschen ankommt, nicht auf die sogenannten Verhältnisse.

THEODOR FONTANE

Die Schwierigkeiten, Rückschläge und Kümmernisse des Lebens als Herausforderung anzusehen, deren Überwindung uns stärkt, anstatt sie als ungerechte Strafe zu betrachten, die wir nicht verdient haben, das erfordert Glauben und Mut.

ERICH FROMM

273

Die Schwierigkeiten wachsen, je näher man dem Ziele kommt.

JOHANN WOLFGANG VON GOETHE

Es ist so leicht, uns selbst zu täuschen, ohne daß wir es merken, wie es schwierig ist, andere zu täuschen, ohne daß sie es merken.

LA ROCHEFOUCAULD

Daß etwas schwer ist, muß ein Grund mehr sein, es zu tun.

RAINER MARIA RILKE

Wer über seine Schwierigkeiten lacht, ist entweder sehr tapfer oder gut versichert.

LOTHAR SCHMIDT

Sekretärin

Meine Sekretärin ist die Organisatorin meines Tages und die Kritikerin meiner Fehler.

NORBERT BLÜM

Eine gute Sekretärin kann aus einem dünnen Mundwinkel mehr herauslesen als aus einem dicken Personalakt.

ERNST R. HAUSCHKA

Unter wahren Experten werden Unternehmen auf Anhieb nach den Sekretärinnen beurteilt.

CYRIL NORTHCOTE PARKINSON

Der beste Schutz gegen die Managerkrankheit ist eine gute Sekretärin.

ERNST FERDINAND SAUERBRUCH

Selbsterkenntnis

Wie kann man sich selbst kennenlernen? Durch Betrachten niemals, wohl aber durch Handeln. Versuche deine Pflicht zu tun und du weißt gleich, was an dir ist.

JOHANN WOLFGANG VON GOETHE

Nicht um glücklich oder unglücklich zu werden, sind wir auf der Welt, sondern um aufrecht stehen zu lernen und um standzuhalten.

ERNST R. HAUSCHKA

Selbstkritik und Aufrichtigkeit sind die erste Pflicht im Berufsleben.

SIR KARL RAIMUND POPPER

Kritik ist gut, Selbstkritik besser.

LOTHAR SCHMIDT

Wer zu sehr von sich selbst überzeugt ist, sollte öfter einmal den Stellenmarkt im Anzeigenteil einer Zeitung lesen. Er sieht dann, für wieviele Stellen er nicht qualifiziert ist.

LOTHAR SCHMIDT

Es fällt leicht, Fähigkeiten zu verachten, die man nicht besitzt.

LOTHAR SCHMIDT

Die Selbsterkenntnis ist die Bedingung praktischer Tüchtigkeit.

SOKRATES

Selbstverständlich

Selbstverständlich: mir selbst verständlich und keinem anderen sonst.

AMBROSE BIERCE

Selbstverständlichkeiten sind Ungeheuer, die so reglos und so lang schon neben uns schlafen, daß wir sie nicht als solche mehr wahrnehmen können.

HEIMITO VON DODERER

Selbstvertrauen

Selbstvertrauen ist der Name, den wir dem Egoismus der Erfolgreichen beilegen.

ELBERT HUBBARD

Selbstvertrauen ist die Quelle des Vertrauens zu anderen.

LA ROCHEFOUCAULD

Zwei Dinge verleihen der Seele am meisten Kraft: Vertrauen auf die Wahrheit und Vertrauen auf sich selbst.

SENECA

Selbstverwirklichung

Des Menschen größtes Verdienst bleibt wohl, wenn er die Umstände soviel als möglich bestimmt und sich so wenig als möglich von ihnen bestimmen läßt.

JOHANN WOLFGANG VON GOETHE

Ein Mensch, der sich selbst verwirklicht, ist wie ein Luftballon, der sich selber aufbläst.

ERNST R. HAUSCHKA

275

Das ist mein Weg, welches ist Dein Weg? DEN Weg gibt es nicht.

FRIEDRICH WILHELM NIETZSCHE

Wir sind nichts; was wir suchen, ist alles.

NOVALIS

Skepsis

Skepsis bedeutet nicht intellektueller Zweifel allein, sondern moralischer Zweifel.

THOMAS CARLYLE

Die Skepsis ist die Eleganz der Angst.

ÉMILE MICHEL CIORAN

Skepsis: Wettstreit der Gedanken.

HANS LOHBERGER

Soziale Marktwirtschaft

Der Sozialen Marktwirtschaft gelingt die List, durch Wettbewerb aus Eigennutz Gemeinnutz werden zu lassen. Die Interessen der einzelnen fördern und begrenzen sich in Freiheit und Eigenverantwortung auf einem funktionierenden Markt gegenseitig.

PHILIPP VON BISMARCK

Die soziale Marktwirtschaft ist noch nicht zu Ende geführt. Es gilt, auf ihrer Grundlage eine moderne freiheitliche Gesellschaftspolitik zu entwickeln.

LUDWIG ERHARD

Sozialer Fortschritt ist schön. Weniger schön ist, daß zu viele maßgebliche Politiker nicht wahrhaben wollen, daß sozialer Fortschritt von der Leistungsfähigkeit einer Volkswirtschaft abhängig ist.

HANS-GEORG HOFFMANN

Ihr werdet die Schwachen nicht stärken, wenn ihr die Starken schwächt.

ABRAHAM LINCOLN

Gerechtigkeit ist in der Wirtschaft kein Problem der Produktion, sondern der Verteilung.

ROBERT MUTHMANN

Soziale Marktwirtschaft ist jenes Wirtschaftssystem, in dem die öffentliche Hand nicht zur Faust geballt ist.

LOTHAR SCHMIDT

Sozialismus

Dem Kapitalismus wohnt ein Laster inne: die ungleichmäßige Verteilung der Güter; dem Sozialismus hingegen wohnt eine Tugend inne: die gleichmäßige Verteilung des Elends.

SIR WINSTON CHURCHILL

Eine sozialistische Gesellschaft kann nicht zugleich demokratisch sein – jedenfalls nicht in dem Sinne, daß sie persönliche Freiheit garantiert.

MILTON FRIEDMAN

Es ist die grundlegende Illusion des Sozialismus, daß sich Armut durch Umverteilung des vorhandenen Wohlstandes beseitigen lasse.

FRIEDRICH AUGUST VON HAYEK

Sozialismus ist Teilung der Gewinne ohne Verantwortlichkeit für Verluste.

ELBERT HUBBARD

Sozialismus: das Überleben der Schwachen.

ELBERT HUBBARD

Was der Sozialismus will, ist nicht Eigentum aufheben, sondern im Gegenteil individuelles Eigentum, auf Arbeit gegründetes Eigentum, erst einführen.

FERDINAND LASSALLE

Aufgabe des Sozialismus ist es, alle Produktionsmittel in das Eigentum des gesamten Volkes zu überführen, jedoch keineswegs, die Schiffe an die Schiffsarbeiter, die Banken an die Bankangestellten zu übereignen.

LENIN

Der Sozialismus wirkt durch das Beispiel.

LENIN

Sozialistische Vorstellungen klingen ja im Prinzip so schön, doch bei ihrer Verwirklichung wird für eine illusorische Gleichheit die reale Freiheit geopfert.

GYÖRGY LIGETI

Der Sozialismus zwingt die Menschen, froh zu werden, ohne zu bedenken, daß sie froh sind, wenn man sie nicht zwingt.

HANS LOHBERGER

Sozialismus: die Praxis der Philosophie des ‚als ob‘.

HANS LOHBERGER

Im Sozialismus gehört alles allen. Nur nicht jedem.

WERNER MITSCH

Die Überlegenheit des Sozialismus über den Kapitalismus besteht darin, daß uns der Kapitalismus das Paradies noch immer schuldig geblieben ist, während der Sozialismus es immerhin verspricht.

HELMAR NAHR

Einführung des Sozialismus: einzige bekannte Methode zur endgültigen Beseitigung des Marxismus.

HELMAR NAHR

Der Sozialismus ist eine Reaktion gegen das Individuellwerden.

FRIEDRICH WILHELM NIETZSCHE

Die Schwäche des Sozialismus liegt darin, daß nicht das größte Wohl, sondern das geringste Übel erstrebt wird.

ROBERT POULET

Im Sozialismus lebt man wie in einem fliegenden Flugzeug: Man hat eine herrliche Sicht, sitzt unbequem und kann nicht raus.

POLNISCHES SPRICHWORT

Sparen

Wir wollen alle Tage sparen und brauchen alle Tage mehr.

JOHANN WOLFGANG VON GOETHE

Sparen ist die richtige Mitte zwischen Geiz und Verschwendung.

THEODOR HEUSS

Sparhaushalt heißt man die Ausgabenwirtschaft eines Staates, wenn er das Geld nur mit einer Hand zum Fenster hinauswirft.

HELMAR NAHR

Im Sparstrumpf steckt kein Zinsfuß.

LOTHAR SCHMIDT

Spare in der Zeit, so hast du in der Not alles, was dir die Inflation gelassen hat.

LOTHAR SCHMIDT

Politiker sparen, indem sie den Gürtel der Bürger enger schnallen.

LOTHAR SCHMIDT

Die Sparsamkeit ist die Kunst, aus dem Leben so viel wie möglich herauszuschlagen.

GEORGE BERNARD SHAW

Was man sparen nennt, heißt nur, einen Handel für die Zukunft abschließen.

GEORGE BERNARD SHAW

Die Sparsamkeit ist die Tochter der Vorsicht, die Schwester der Mäßigung und die Mutter der Freiheit.

SAMUEL SMILES

Spezialist

Spezialist ist jemand, der sich auf eine von ihm gewählte Form der Unwissenheit beschränkt hat.

ELBERT HUBBARD

Ein Spezialist ist ein Mann, der mehr und mehr über weniger und weniger weiß.

WILLIAM JAMES MAYO

Spezialisten sind Leute, die nur eine Saite auf ihrer Fiedel haben.

HENRY MILLER

Spott

Der Spott endet, wo das Verständnis beginnt.

MARIE VON EBNER-ESCHENBACH

Viele Spötter meinen, reich an Geist zu sein, und sind nur arm an Takt.

GEORG CHRISTOPH LICHTENBERG

Der Spott ist die Mehrwertsteuer der Schadenfreude.

WERNER MITSCH

Spott ist der Prüfstein der Eigenliebe.

VAUVENARGUES

Sprache

Eine Sprache mit Geschick handhaben heißt, eine Art Beschwörungszauber treiben.

CHARLES PIERRE BAUDELAIRE

Die Zukunft der Sprache ist die Formel.

CURT WILHELM CERAM

Die Sprache ist die Kleidung der Gedanken.

SAMUEL JOHNSON

Betonen: die Absicht, sprachlich zu betonieren.

RON KRITZFELD

Den Stil verbessern heißt, den Gedanken verbessern.

FRIEDRICH WILHELM NIETZSCHE

Die Sprache wurde dem Menschen gegeben, um Gedanken auszudrücken, vorzutäuschen oder zu verbergen.

LOTHAR SCHMIDT

Die Grenzen meiner Sprache sind die Grenzen meiner Welt.

LUDWIG WITTGENSTEIN

Sprichwort

Ein Sprichwort ist ein kurzer Satz, der sich auf lange Erfahrung gründet.

MIGUEL DE CERVANTES

Sprichwörter sind die Spiegel der Denkart einer Nation.

JOHANN GOTTFRIED VON HERDER

Sprichwörter sind die Zufluchtsstätte der Intuition.

JAMES RUSSELL LOWELL

Wenn man Sprichwörtern glauben darf, dann ist der Kinder- und Narrenanteil bei Wahrheitsliebenden besonders hoch.

WERNER MITSCH

Staat

Der Staat ist die große Fiktion, mit deren Hilfe sich alle bemühen, auf Kosten aller zu leben.

FRÉDÉRIC BASTIAT

Der einzig und allein gerechte und allein zu rechtfertigende Endzweck des Staates ist: das größte Glück der größten Zahl.

JEREMY BENTHAM

Der Staatsapparat ist ein Mechanismus menschlicher Weisheit zur Befriedigung menschlicher Bedürfnisse.

EDMUND BURKE

Der Staat ist eine Notordnung gegen das Chaos.

GUSTAV HEINEMANN

Der Staat ist die Einheit eines Systems von Normen, die regeln, unter welchen Bedingungen ein bestimmter Zwang von Mensch zu Mensch geübt werden soll.

HANS KELSEN

Frage nicht, was der Staat für dich tut. Frage, was du für den Staat tust.

JOHN F. KENNEDY

Es kommt nicht darauf an, ob die Sonne in eines Monarchen Staaten nicht untergeht – wie sich Spanien ehedem rühmte –, sondern was sie während ihres Laufes in diesen Staaten zu sehen bekommt.

GEORG CHRISTOPH LICHTENBERG

Der Staat ist unser weltliches Schicksal.

HELMAR NAHR

Die Ausgaben des Staates wachsen immer bis zur Grenze der Einnahmen.

CYRIL NORTHCOTE PARKINSON

Der Staat ist der Herr der Gesellschaft, indem er ihr dient.

LOTHAR SCHMIDT

Staat ist diejenige menschliche Gemeinschaft, welche innerhalb eines bestimmten Gebietes das Monopol legitimer physischer Gewaltsamkeit für sich (mit Erfolg) beansprucht.

MAX WEBER

Der Staat darf nicht lenken; er soll Bedingungen schaffen, aber nicht Individualisten formen.

THOMAS WOODROW WILSON

Staatsmann

Ein Staatsmann ist im allgemeinen ein Mann mit gewöhnlichen Meinungen und außergewöhnlichen Fähigkeiten.

WALTER BAGEHOT

Staatsmänner sind nicht nur verpflichtet, Argumente zu verwenden, die sie nicht für schlüssig halten; sie müssen auch Meinungen verteidigen, die sie nicht für wahr halten.

WALTER BAGEHOT

Der Staatsmann ist ein Politiker, der aufrecht erhalten wird durch gleichen Druck von allen Seiten.

ERIC ALLEN JOHNSTON

Staatmännische Kunst ist der weise Einsatz individueller Unzulänglichkeit für das Gemeinwohl.

ABRAHAM LINCOLN

Ein Staatsmann ist ein Politiker, der ein Ziel im Auge behält, ohne zu schießen.

GUSTAV STRESEMANN

Staatsverschuldung

Das Budget muß ausgeglichen, der Staatsschatz aufgefüllt, die Staatsverschuldung vermindert, die Überheblichkeit der Bürokratie gedämpft und überwacht und die Unterstützung fremder Länder eingeschränkt werden, damit der Staat nicht bankrott gehe. Das Volk muß gezwungen werden zu arbeiten, statt seinen Lebensunterhalt vom Staat zu erwarten.

MARCUS TULLIUS CICERO

Staatliche Sparsamkeit ist Idealismus in seiner reinsten Form. Jede Einhebung von Steuern, die nicht unbedingt nötig sind, stellt nichts anderes dar als legalisierten Diebstahl.

CALVIN COOLIDGE

Jeder erwartet vom Staat Sparsamkeit im allgemeinen und Freigiebigkeit im besonderen.

SIR ANTHONY EDEN

Der Staat ist keine Kuh, die im Himmel gefüttert und auf Erden gemolken wird.

FRANZ ETZEL

Nichts wird im öffentlichen Leben so schnell zur Gewohnheit wie ein Defizit im Staatshaushalt.

MILTON FRIEDMAN

Vor Schulden, die man gemacht hat, auch Staatsschulden, kann man nur eine Zeitlang davonlaufen – eingeholt wird man schließlich doch.

MILTON FRIEDMAN

Der Staat ist eine Institution, die immer mehr Geld ausgibt als sie einnimmt. In Zeiten guter Konjunktur geschieht dies, um sie zu erhalten, in Zeiten schlechter Konjunktur geschieht dies, um sie zu erzielen.

HELMAR NAHR

Deficit spending: Dogma der Keynes'schen Lehre, wonach

das von den Leuten aus Angst vor schlechten Zeiten gesparte Geld vom Staat ausgegeben werden muß, damit die Zeiten nicht noch schlechter werden.

HELMAR NAHR

Deficit spending: Bekämpfung von Mangelerscheinungen durch verstärkte Verschwendung.

HELMAR NAHR

Staatsverschuldung ist die schrecklichste Geißel, die je zur Plage der Nation erfunden wurde.

DAVID RICARDO

Wirtschaftliche Mißstände sind am leichtesten dadurch herbeizuführen, daß man etwas mehr an Reformen zu verwirklichen sucht, als zur Zeit finanzierbar ist.

LOTHAR SCHMIDT

Der Staat trägt längst Mitverantwortung dafür, wenn immer mehr und mehr versuchen, sich vom Staat zu holen, was ihnen der Markt nicht gibt.

PAUL SCHNITKER

Die Politik der öffentlichen Verschuldung hat nach und nach jeden Staat geschwächt, der sich ihrer bedient hat.

ADAM SMITH

Ein Staat ohne Staatsschuld tut entweder zu wenig für seine Zukunft, oder aber er fordert zu viel von seiner Gegenwart.

LORENZ VON STEIN

Fremdes Geld gleitet schneller durch die Finger.

NORBERT STOFFEL

Wo nichts ist, da hat nicht nur der Kaiser, sondern auch der Proletarier sein Recht verloren.

MAX WEBER

Statistik

Ich glaube erst an Statistiken, wenn ich sie selbst gefälscht habe.

SIR WINSTON CHURCHILL

Politiker benützen die Statistik oft wie einen Laternenpfahl – nämlich nicht, um sich davon erleuchten zu lassen, sondern um sich im Rausch daran zu klammern.

DAVID FROST

Die Statistik ist eine sehr gefällige Dame. Nähert man sich ihr mit entsprechender Höflichkeit, dann verweigert sie einem fast nie etwas.

EDOUARD HERRIOT

Die Statistik ist das Märchen der Vernunft.

MARTIN KESSEL

Statistik:sichtbar gemachte Assoziation.

HANS LOHBERGER

Statistik ist ein Verfahren, welches gestattet, geschätzte Größen mit der Genauigkeit von Hundertstelprozent auszudrücken.

HELMAR NAHR

Statistik: verlogene Wahrheiten.

LIONEL STRACHEY

Statussymbole

Statussymbole sind die Rangabzeichen der Zivilisten.

VANCE OAKLEY PACKARD

Status seekers sind Leute, die sich dauernd anstrengen, um sich mit dem sichtbaren Beweis des höheren Ranges zu umgeben, den sie beanspruchen.

VANCE OAKLEY PACKARD

Das Merkwürdige an den Statussymbolen ist, daß die Symbole den Menschen wichtiger sind als der Status.

CYRIL NORTHCOTE PARKINSON

Statussymbole sind das Spielzeug der Erwachsenen.

LOTHAR SCHMIDT

Steckenpferd

Das Steckenpferd ist das einzige Pferd, das über jeden Abgrund trägt.

CHRISTIAN FRIEDRICH HEBBEL

Das Steckenpferd trägt dich nirgendwohin, es sei denn, du benutzt deine eigenen Füße.

LOTHAR SCHMIDT

Es gibt auch Steckenpferde, die Rasse beweisen.

PETER SIRIUS

Willst du jemanden für dich gewinnen, so streichle nur sein Steckenpferd tüchtig.

SPRICHWORT

Steuern

Man sollte mehr von den Steuern und weniger von den Steuerzahlern verlangen.

ALPHONSE ALLAIS

Steuern sind nicht das Mittel zur Versorgung der Gemeinschaft mit den erforderlichen Diensten, sondern ein Fond, der unter die verschiedenen Interessen verteilt wird, die sich mit politischen Forderungen an den Staat wenden.

ARTHUR NEVILLE CHAMBERLAIN

Steuern einheben heißt, die Gans so zu rupfen, daß man möglichst viele Federn mit möglichst wenig Gezische bekommt.

JEAN BAPTISTE COLBERT

Es gibt nur etwas, was mehr schmerzt als Einkommensteuer zu zahlen – keine Einkommensteuer zu zahlen.

SIR JAMES DEWAR

Ihr klagt über die vielen Steuern: unsere Trägheit nimmt uns zweimal soviel ab, unsere Eitelkeit dreimal soviel und unsere Torheit viermal soviel.

BENJAMIN FRANKLIN

Steuererhöhungen sind Stimmenspenden an die Opposition, für welche diese sich nach den Wahlen revanchiert. Mit Steuererhöhungen.

OLIVER HASSENCAMP

Ich bin ein arbeitender, lohnabhängiger, ausgebeuteter, die Beamten unterstützender und den Generationenvertrag erfüllender Bundesbürger.

HELMUT JENKINS

Steuerrückzahlung. Die öffentliche Hand klopft dir auf die Schulter.

WERNER MITSCH

Die Steuern sind der Blutkreislauf des Staates.

JEAN MONNET

Steuerhinterziehung: strafbarer Versuch des Steuerzahlers, das staatliche Versprechen der Steu-

285

ergerechtigkeit auf privater Basis zu realisieren.

HELMAR NAHR

Steuergerechtigkeit ist das Gleichgewicht der Lobbies.

HELMAR NAHR

Der Rechnungshof ist der zahnlose Mund, aus dem der Steuerzahler „Au!" schreit.

HELMAR NAHR

Bei der Schafschur und bei den Steuern sollte man aufhören, sobald die Haut erreicht ist.

AUSTIN O'MALLEY

Die Einkommensteuer hat mehr Menschen zu Lügnern gemacht als der Teufel.

WILL ROGERS

Jedes Jahr müßte ein Wahljahr sein. Im Wahljahr gibt es keine Steuererhöhungen.

LOTHAR SCHMIDT

Steuern und Anleihen sind der Kaufpreis für staatliche Leistungen.

LOTHAR SCHMIDT

Steuergerechtigkeit besteht in der Konzentration der Lasten auf die Bürger, die weder zu viele noch zu laute Stimmen haben.

LOTHAR SCHMIDT

Steueroasen spenden nur Reichen Schatten.

HANS-HORST SKUPY

Es gäbe einen Weg, sämtliche Wirtschaftsprobleme zu lösen: Man müßte die Selbstgefälligkeit steuerpflichtig machen.

JACQUES TATI

Steuern sind ein erlaubter Fall von Raub.

THOMAS VON AQUIN

Die einzige Möglichkeit, die Gewerbesteuer zu beseitigen, besteht darin, den Beruf des Politikers als Gewerbe zu definieren.

UNBEKANNT

Steuern sind der Preis der Zivilisation. Im Urwald gibt es keine.

ROBERT WAGNER

Steuern sind ohne Zweifel die in der Gesellschaft bekannteste und einfachste Hebelkraft, um soziale Impulse zu lenken.

MORRIS LANGLO WEST

Stil

Der Stil ist der Mensch selbst.

GEORGES-LOUIS LECLERC
DE BUFFON

Stil ist die Kleidung der Gedanken.

LORD PHILIP DORMER
CHESTERFIELD

Den Stil verbessern, das heißt den Gedanken verbessern.

FRIEDRICH WILHELM NIETZSCHE

Die Stillehre soll Eigenarten zähmen, nicht züchten.

LUDWIG REINERS

Die erste, ja schon für sich allein beinahe schon ausreichende Regel des guten Stils ist, daß man etwas zu sagen habe.

ARTHUR SCHOPENHAUER

Wer es versteht, an sich Zweideutiges so auszudrücken, daß es nur eindeutig ausgelegt werden kann, ist ein Meister des Stils.

VAUVENARGUES

Strategie

Die Strategie ist eine Ökonomie der Kräfte.

CARL VON CLAUSEWITZ

Die Strategie gehört ins Feld.

CARL VON CLAUSEWITZ

Strategie ist die Wissenschaft des Gebrauchs von Zeit und Raum.

AUGUST GRAF NEITHARDT
VON GNEISENAU

Das Geheimnis auch der großen und umwälzenden Aktionen besteht darin, den kleinen Schritt herauszufinden, der zugleich auch ein strategischer Schritt ist, indem er weitere Schritte einer besseren Wirklichkeit nach sich zieht.

GUSTAV HEINEMANN

Streik

Zeige mir ein Land, wo es keine Streiks gibt, und ich zeige dir ein Land, wo es keine Freiheit gibt.

SAMUEL GOMPERS

Der Streik ist die Waffe im industriellen Dschungel.

SIDNEY HILLMAN

Streik. Ein Mittel zum Zwecke des maximalen Existenzminimums.

WERNER MITSCH

Es wurde noch nie ein großer Streik beendet, den nicht der Verbraucher hätte bezahlen müssen.

LOTHAR SCHMIDT

Ein gelegentlicher Streik ist ein sicheres Zeichen für die Gesundheit des Systems.

LOTHAR SCHMIDT

Der Lohnfindungsprozeß ist weniger von der Arbeitskapazität als von der Verhinderungskapazität der jeweiligen sozialen Gruppen bestimmt. Das führt dazu, daß für die Erhöhung der Minister- und Beamtengehälter die Müllmänner mobilisiert werden, und daß der Streik einer Handvoll Fluglotsen größere Menschenmassen umschichtet als seinerzeit die Völkerwanderung.

LOTHAR SCHMIDT

Bekanntlich nennt man in den Vereinigten Staaten die Tarifparteien Capital und Labor. Auf einem Kongreß war folgende Definition zu hören: Capital is the other fellow's money. Getting it away from him is Labor. Kapital ist das Geld des anderen. Es von ihm wegzukriegen, ist Arbeit.

LOTHAR SCHMIDT

Streit

Streitet nicht um Überzeugungen, der Streit überzeugt nicht.

ERNST R. HAUSCHKA

Wir finden drei Gründe für den Streit in der menschlichen Natur: erstens Konkurrenz, zweitens Mangel an Selbstvertrauen, drittens Ruhmsucht.

THOMAS HOBBES

Wer Streit sucht, kann in der Wahl seiner Worte nicht unvorsichtig genug sein.

WERNER MITSCH

In Wahrheit streiten sich die Menschen nicht über die Dinge – die sind, wie sie sind –, sondern über die Meinungen, die sie von den Dingen haben.

ROBERT MUTHMANN

Streß

Der zur Tätigkeit geborene Mensch übernimmt sich im Planen und überladet sich mit Arbeiten.

JOHANN WOLFGANG VON GOETHE

Lebenskunst ist die Fähigkeit, mit dem Streß fertigzuwerden.

LOTHAR SCHMIDT

Streß: Nicht die Aufgaben sollen einem über den Kopf wachsen, sondern der Kopf soll über den Aufgaben wachsen.

GERHARD UHLENBRUCK

Streß: Der Mensch wehrt sich gegen eine Erniedrigung mit einer Erhöhung von Blutdruck und Puls. Freude bewirkt zwar das gleiche, doch das schadet nicht, da sie nie lange dauert.

GERHARD UHLENBRUCK

Man muß sich dauernd beherrschen, um die Beherrschung nicht zu verlieren: auch das ist Streß.

GERHARD UHLENBRUCK

Der Gestreßte fühlt sich wie ein Karpfen im Hechtteich.

GERHARD UHLENBRUCK

Es sind die täglichen Kleinkriege, die uns kleinkriegen.

GERHARD UHLENBRUCK

Physikalische Definition: Streß ist die Anspannung eines Materials bei Verformung.

UNBEKANNT

Subventionen

Subventionen: wirtschaftspolitischer Denkmalschutz.

HELMAR NAHR

Wahlversprechen sind Versprechen eines Politikers, Steuergelder in Subventionen umwandeln zu wollen.

LOTHAR SCHMIDT

Subventionen: ein ‚Allheilmittel‘, welches ein Kurpfuscher dem falschen Patienten verschreibt.

KARLHEINZ WITTRICH

289

Sündenbock

Die Suche nach Sündenböcken ist von allen Jagdarten die einfachste.

DWIGHT DAVID EISENHOWER

Besiegte brauchen Sündenböcke.

GEORG KAISER

Wer etwas verbockt hat, sucht sich einen Sündenbock.

LOTHAR SCHMIDT

Die Jagd auf Sündenböcke kennt keine Schonzeit.

LOTHAR SCHMIDT

Sündenböcke müssen nicht in das Artenschutzabkommen aufgenommen werden.

LOTHAR SCHMIDT

Mancher, der Dich um einen Rat fragt, sucht nur einen Sündenbock für den Fall des Mißlingens.

SPRICHWORT

Kranke Gesellschaften brauchen Sündenböcke.

ALVIN TOFFLER

Wir haben viele Sündenböcke für unsere Sünden, aber am beliebtesten ist die Vorsehung.

MARK TWAIN

T

Takt

Takt ist der auf das Benehmen angewandte gute Geschmack.

NICOLAS CHAMFORT

Takt besteht darin, zu wissen, wie weit man zu weit gehen darf.

JEAN COCTEAU

Takt ist die Fähigkeit, einem anderen auf die Beine zu helfen, ohne ihm dabei auf die Zehen zu treten.

CURT GOETZ

Takt ist der Verstand des Herzens.

KARL GUTZKOW

Takt ist die Fähigkeit, andere so darzustellen, wie sie sich selbst gern sehen.

ABRAHAM LINCOLN

Takt ist die Fähigkeit, den anderen davon zu überzeugen, du hieltest ihn für klüger als dich selbst.

LOTHAR SCHMIDT

Toleranz heißt: die Fehler der anderen entschuldigen. Takt heißt: sie nicht bemerken.

ARTHUR SCHNITZLER

Heucheln, das Wort klingt schlecht, drum nennt man's Takt.

CARL SPITTELER

Talent

Leicht tun können, was schwierig für andere ist – das ist Talent; tun können, was für das Talent unmöglich ist – das ist Genie.

HENRI-FRÉDÉRIC AMIEL

Was ist Talent? Ruhmvoll offenbar gewordene Vernunft.

ANDRÉ MARIE DE CHENIÉR

Das Talent zu beherrschen, täuscht oft über den Mangel an anderen Talenten.

MARIE VON EBNER-ESCHENBACH

Talent ist spezifische, Genie allgemeine Befähigung, welche der Mensch sich nicht nur durch eigene selbstbewußte Tätigkeit zu geben die Macht hat.

GEORG WILHELM FRIEDRICH HEGEL

Die Natur schafft die Begabung, und das Schicksal hebt sie heraus.

LA ROCHEFOUCAULD

Talente sind Genies, die von außen her befruchtet werden, Genies Talente, die aus sich selbst Früchte tragen.

HANS LOHBERGER

Talent ist das, was in eines Menschen Macht steht; Genius – in wessen Macht der Mensch steht.

JAMES RUSSELL LOWELL

Tat

Tat heißt eine Handlung, sofern sie unter Gesetzen der Verbindlichkeit steht.

IMMANUEL KANT

Die einen erkennt man an ihren Taten, die anderen an ihrem Getue.

MARTIN KESSEL

Eine Tat ist ein in die Wirklichkeit umgesetztes Bekenntnis.

MARTIN KESSEL

Wir würden uns oft unsrer schönsten Taten schämen, wenn die Welt alle Beweggründe sähe, aus denen sie hervorgehen.

LA ROCHEFOUCAULD

Was hilft aller Sonnenaufgang, wenn wir nicht aufstehen?

GEORG CHRISTOPH LICHTENBERG

Kleine Taten, die man ausführt, sind besser als große, die man plant.

GEORGES MARSHALL

Gibt es einen Unterschied zwischen Theorie und Praxis? Es gibt ihn. In der Tat.

WERNER MITSCH

Tatsachen

Tatsachen sind die wilden Bestien im intellektuellen Gelände.

OLIVER WENDELL HOLMES

Tatsachen schafft man nicht dadurch aus der Welt, daß man sie ignoriert.

ALDOUS LEONARD HUXLEY

Tatsachen sind die Schwachstellen der Theorie.

HELMAR NAHR

Tatsachen gibt es nicht, nur Interpretationen.

FRIEDRICH WILHELM NIETZSCHE

Team

Team-Arbeit setzt Team-Geist voraus, was sich nicht anordnen, wohl aber wirksam vorleben läßt.

ALBERT ACKERMANN

Entscheidungen sind das Werk eines Kopfes, nie einer Mehrheit. Das Team kann nur helfen, unterstützen, Zuarbeit leisten.

WINFRIED M. BAUER

Zusammenkommen ist ein Beginn, Zusammenbleiben ist ein Fortschritt, Zusammenarbeiten ist Erfolg.

HENRY FORD I.

Letzten Endes kann man alle wirtschaftlichen Vorgänge auf drei Worte reduzieren: Menschen, Produkte und Profite. Die Menschen stehen an erster Stelle. Wenn man kein gutes Team hat, kann man mit den beiden anderen nicht viel anfangen.

LEE IACOCCA

Keiner weiß so viel wie wir alle zusammen.

INSCHRIFT AUF EINER DÄNISCHEN RATHAUSTÜR

Mit nur einer Hand läßt sich kein Knoten knüpfen.

MONGOLISCHES SPRICHWORT

Technik

Schämen sollen sich die Menschen, die sich gedankenlos der Wunder der Wissenschaft und Technik bedienen und nicht mehr davon geistig erfaßt haben als die Kuh von der Botanik der Pflanzen, die sie mit Wohlbehagen frißt.

ALBERT EINSTEIN

Denkt auch daran, daß die Techniker es sind, die erst wahre Demokratie möglich machen. Denn sie erleichtern nicht nur des Menschen Tagewerk, sondern machen auch die Werke der feinsten Denker und Künstler, deren Genuß noch vor

293

kurzem ein Privileg bevorzug-
ter Klassen war, der Gesamtheit
zugänglich und erwecken so die
Völker aus schläfriger Stumpf-
heit.

ALBERT EINSTEIN

Die Technik ist unsere Uni-
form.

ERNST JÜNGER

Die Technik ist auf dem Wege,
eine solche Perfektion zu erreichen, daß der Mensch bald ohne
sich selbst auskommt.

STANISLAW JERCY LEC

Modelländerungen sind die
Trippelschritte der Technik.

HELMAR NAHR

Die Technik spart uns zwar keine Zeit, aber sie verteilt sie anders.

HELMAR NAHR

Wenn man aus Sonnenstrahlen
Bomben bauen könnte, gäbe es
schon längst wirtschaftlich ar-
beitende Sonnenkraftwerke.

HELMAR NAHR

Wir müssen lernen, die materiellen Wunder der Technologie
mit den spirituellen Bedürfnissen unserer menschlichen Natur in Einklang zu bringen.

JOHN NAISBITT

Unsere Antwort auf die Hoch-
technologie um uns herum war
die Entwicklung eines hohen
persönlichen Wertsystems, um
gegen die unpersönliche Natur
der Technologie anzugehen, sie
zu kompensieren.

JOHN NAISBITT

Technik ist die bewußte Her-
stellung und Anwendung von
Mitteln.

RICHARD VON WEIZSÄCKER

Technologie

Das dringendste Problem der
Technologie von heute ist nicht
mehr die Befriedigung von
Grundbedürfnissen und uralten
Wünschen der Menschen, sondern die Beseitigung von Übeln
und Schäden, welche uns die
Technologie von gestern hinterlassen hat.

DENNIS GABOR

Technologie ist die systematische Anwendung wissenschaftlicher Erkenntnisse bei praktischen Aufgaben.

JOHN KENNETH GALBRAITH

Der technologische Fortschritt hat uns lediglich mit wirksameren Mitteln zum Rückschritt versehen.

ALDOUS LEONARD HUXLEY

Theorie und Praxis

Eine Theorie ist nichts als die Haut der Wahrheit – gestützt und ausgestopft.

HENRY WARD BEECHER

Die Theorie ist eine Vermutung mit Hochschulbildung.

JAMES E. CARTER

Theorien sind gewöhnlich Übereilungen eines ungeduldigen Verstandes, der die Phänomene gern los sein würde und an ihrer Stelle Bilder, Begriffe, ja, oft nur Worte einschiebt.

JOHANN WOLFGANG VON GOETHE

Grau, teurer Freund, ist alle Theorie und grün des Lebens goldner Baum.

JOHANN WOLFGANG VON GOETHE

Es gibt nichts Praktischeres als eine gute Theorie.

IMMANUEL KANT

Die Theorie wird leicht mit den vergangenen und zukünftigen Problemen fertig; vor den gegenwärtigen ist sie machtlos.

LA ROCHEFOUCAULD

Wenn die Tatsachen mit der Theorie nicht übereinstimmen – um so schlimmer für die Tatsachen.

HERBERT MARCUSE

Ein Theoretiker ist ein Mensch, der praktisch nur denkt.

WERNER MITSCH

Die Theorie ist eine Brille, durch die wir falsche – und ohne die wir gar keine – Zusammenhänge sehen.

HELMAR NAHR

An einer Theorie ist es wahrhaftig nicht ihr geringster Reiz, daß sie widerlegbar ist: gerade damit zieht sie feinere Köpfe an.

FRIEDRICH WILHELM NIETZSCHE

Die herrliche Fähigkeit des Geistes zur Bildung von Sammelbegriffen ist die Wurzel fast aller seiner Irrtümer gewesen.

ANTOINE DE RIVAROL

Die schönste Theorie hat erst Wert durch die Werke, in denen sie sich erfüllt.

ROMAIN ROLLAND

Alle Theorie ist grau. Außer in der Politik, wo sie auch schwarz oder rot sein kann.

RUPERT SCHÜTZBACH

Theorien müssen – ebenso wie Lebewesen – geeignete Vorbedingungen finden, um zu wachsen und zu gedeihen.

HERBERT SPENCER

Toleranz

Nur wer sich sicher fühlt, ist tolerant.

KARL CARSTENS

Nichts ist schwerer, als den gelten zu lassen, der uns nicht gelten läßt.

MARIE VON EBNER-ESCHENBACH

Toleranz ist das unbehagliche Gefühl, der andere könne am Ende vielleicht doch recht haben.

ROBERT LEE FROST

Wer die Intoleranten duldet, macht sich an ihren Verbrechen mitschuldig.

CLAUDE-ADRIEN HELVÉTIUS

Übertriebene Toleranz ist immer ein wenig Verrat an der eigenen Meinung.

WERNER MITSCH

Toleranz will gelernt sein. Am besten fängt man damit an, Nachsicht gegen sich selbst zu üben.

ROBERT MUTHMANN

Toleranz ist ein Beweis des Mißtrauens gegen ein eigenes Ideal.

FRIEDRICH WILHELM NIETZSCHE

Im Namen der Toleranz sollten wir das Recht beanspruchen, die Intoleranz nicht zu tolerieren.

SIR KARL RAIMUND POPPER

Toleranz ist eine beliebte Einstellung der Nichtbetroffenen.

LOTHAR SCHMIDT

Toleranz wird von den Nichtbetroffenen gelobt, von den Intoleranten ausgenutzt.

LOTHAR SCHMIDT

Die Menschen sind so tolerant, als sie müssen; und so intolerant, als sie dürfen.

CHARLES TSCHOPP

Tradition

Die Tradition ist eine Ausdehnung des Wahlrechts. Tradition heißt, der unbekanntesten aller Klassen – unseren Vorfahren – Stimmen zu geben. Tradition ist die Demokratie der Toten.

GILBERT KEITH CHESTERTON

Tradition ist gesiebte Vernunft des gesamten Volkes aus einem Jahrhundert in das andere.

RICARDA HUCH

Folgten wir nur der Tradition, lebten wir noch immer in Höhlen, folgten wir nur dem

Fortschritt, wäre dies bald wieder der Fall.

LESZEK KOLAKOWSKI

Tradition soll ein Sprungbrett sein, aber kein Ruhekissen.

HAROLD MACMILLAN

Jede Generation lächelt über die Väter, lacht über die Großväter und bewundert die Urgroßväter.

WILLIAM SOMERSET MAUGHAM

Tradition ist die Behauptung, daß das Gesetz bereits seit uralten Tagen bestanden habe.

FRIEDRICH WILHELM NIETZSCHE

Trend

Trends lassen sich – wie Pferde – leichter in jene Richtung lenken, in die sie sich ohnehin bewegen.

JOHN NAISBITT

Die Trends kommen von unten, die Versager von oben.

JOHN NAISBITT

Nichts ist so gefährlich wie das Allzumodernsein. Man gerät in Gefahr, plötzlich aus der Mode zu kommen.

OSCAR WILDE

Tugend

Tugenden: gewisse Enthaltsamkeiten.

AMBROSE BIERCE

Tugend besteht nicht in der Abwesenheit der Leidenschaften, sondern in deren Kontrolle.

JOSH BILLINGS

Mut und Bescheidenheit sind die unzweideutigsten Tugenden; denn sie sind von der Art, daß Heuchelei sie nicht nachahmen kann.

JOHANN WOLFGANG VON GOETHE

Um in der Welt Erfolge zu haben, braucht man Tugenden, die beliebt, und Fehler, die gefürchtet machen.

JOSEPH JOUBERT

Tugend ist die moralische Stärke in Befolgung seiner Pflicht, die niemals zur Gewohnheit werden, sondern immer ganz neu und ursprünglich aus der Denkungsart hervorgehen soll.

IMMANUEL KANT

Die Tugenden verlieren sich im Eigennutz, wie sich die Flüsse im Meer verlieren.

LA ROCHEFOUCAULD

Tugend ist zur Energie gewordene Vernunft.

FRIEDRICH VON SCHLEGEL

Tugend erregt keinen Neid; vielleicht deshalb, weil sie oft nur Furcht vor übler Nachrede ist.

LOTHAR SCHMIDT

U

Überfluß

Wem genug zu wenig ist, dem ist nichts genug.

EPIKUR VON SAMOS

Alles, was uns wirklich nützt, ist für wenig Geld zu haben. Nur das Überflüssige kostet viel.

AXEL MUNTHE

Adam und Eva lebten bekanntlich im Paradies. Sie hatten alles, was sie brauchten; nicht mehr und nicht weniger. Das ist ein Zustand, den kein Mensch auf die Dauer aushält. Der Mensch will nicht genug, sondern mehr. In der Fülle hungert er nach Überfluß. So kam es zum Griff nach dem Apfel, jener höchst überflüssigen Frucht am Baum der Erkenntnis. Man ist versucht, Armstrong zu zitieren (den Mondfahrer, nicht den Trompeter): Ein kleiner Griff für den Menschen, aber ein großer Griff für die Menschheit. Leider kein guter Griff.

Adam und Eva wurden aus dem Paradies vertrieben. Das Tor schloß sich hinter ihnen. Ihre Nachkommen aber träumen bis zum heutigen Tage von der Rückkehr ins Paradies, in die Fülle, in den Überfluß. Mit einem Wort: von der Überflußwirtschaft.

HELMAR NAHR

Das Überflüssige ist eine sehr notwendige Sache.

VOLTAIRE

Jeder Überfluß hat die Armut als Nebenfluß.

HELLMUT WALTERS

Überlegenheit

Es gibt keinen besseren Grund, höflich zu sein, als die Überlegenheit.

MARIE VON EBNER-ESCHENBACH

Vielleicht darf man nicht sehr viel Hochachtung verdienen, wenn man sehr beliebt sein will.

Jede Überlegenheit zieht uns Ehrfurcht und Feindschaft zu.

CLAUDE-ADRIEN HELVÉTIUS

Innere Überlegenheit: Eigenschaft, die unsere Mitmenschen unglaublich oft übersehen.

HELMAR NAHR

Das einzige, was uns das ganze Leben hindurch aufrecht erhält, ist die Überzeugung von der entschiedenen Inferiorität der anderen.

OSCAR WILDE

Übertreibung

Nichts wird so sehr für Übertreibung gehalten wie die nackte Wahrheit.

JOSEPH CONRAD

Übertreibungen sind ein Vergrößerungsglas des Geistes, durch welches man die objektive Glätte an der betrachteten Stelle wieder in ihre rauhen Fasern auflöst.

HEIMITO VON DODERER

Die Übertreibung ist eine Wahrheit, welche die Ruhe verloren hat.

KAHLIL GIBRAN

Die Übertreibung ist der Betrug der ehrlichen Leute.

COMTE JOSEPH MARIE DE MAISTRE

Überzeugung

Eine Überzeugung, die alle Menschen teilen, besitzt Realität.

ARISTOTELES

Überzeugt: aus voller Kehle im Irrtum.

AMBROSE BIERCE

Wen das Auge nicht überzeugen kann, überredet auch der Mund nicht.

FRANZ GRILLPARZER

Nicht durch Tatsachen wird der Mensch überzeugt, sondern durch Menschen, die von Tatsachen überzeugt sind.

ERNST R. HAUSCHKA

Ein Mann mit einer Überzeugung ist stärker als 99 Leute mit Interessen.

JOHN STUART MILL

Man hat einen Menschen noch lange nicht bekehrt, wenn man ihn zum Schweigen gebracht hat.

CHRISTOPHER DARLINGTON MORLEY

Die Überzeugung ist der Glaube, in irgendeinem Punkt der Erkenntnis im Besitz der Wahrheit zu sein.

FRIEDRICH WILHELM NIETZSCHE

Überzeugungen sind Gefängnisse.

FRIEDRICH WILHELM NIETZSCHE

Man überzeugt im allgemeinen besser durch Gründe, die man selber gefunden hat, als durch die, die anderen eingefallen sind.

BLAISE PASCAL

Die meisten und schlimmsten Übel, die der Mensch dem Menschen zugefügt hat, entsprangen dem felsenfesten Glauben an die Richtigkeit falscher Überzeugungen.

BERTRAND RUSSELL

Umwelt

Der Mensch ist nicht das Produkt seiner Umwelt – die Umwelt ist das Produkt des Menschen.

BENJAMIN DISRAELI

Heutzutage gehen die Bewohner mit der Erde um, als ob sie noch eine in Reserve hätten.

WERNER MITSCH

Selbst die heile Welt ist nicht mehr das, was sie einmal war. Ihr fehlt die heile Umwelt.

LOTHAR SCHMIDT

Das mögliche Verdienst einer Untergangsprophezeiung liegt darin, daß sie sich selbst ad absurdum führt: indem sie die Menschen veranlaßt, die Bedingungen ihres Eintretens zu beseitigen.

LOTHAR SCHMIDT

Unsere Welt ist so verschmutzt, daß auch in Luftschlössern keiner mehr wohnen möchte.

GERHARD UHLENBRUCK

Umweltschutz

Wir sind bestrebt, die uns durch Gott geschenkte Gesundheit der Luft durch unsere Vorsorge, so weit wie uns dies möglich, rein zu erhalten. Wir verfügen deshalb, daß es niemandem gestattet ist, in Gewässern, die weniger als eine Meile von einer Ansiedlung entfernt liegen, Flachs oder Hanf zu wässern, weil dadurch die Beschaffenheit der Luft ungünstig verändert wird.

FRIEDRICH II.

Die einen reden, und die anderen roden.

WERNER MITSCH

Die Umweltverschmutzer lügen auch noch das Blaue vom Himmel.

GERHARD UHLENBRUCK

Wir haben unsere Umwelt so radikal verändert, daß wir uns jetzt selber ändern müssen, um in dieser neuen Umwelt existieren zu können.

NORBERT WIENER

Unabhängigkeit

Nichts in der Welt ist so gefürchtet wie der Einfluß von Männern, die geistig unabhängig sind.

ALBERT EINSTEIN

Unabhängig ist nur, wer weder herrschen noch beherrscht werden will.

LOTHAR SCHMIDT

Zwischen Unabhängigkeit und Freiheit besteht ein feiner Unterschied.

RUPERT SCHÜTZBACH

Unglück

Das Unglück ist ebenso wie der Ruhm imstande, Energien zu wecken.

MAURICE BARRÉS

Unglück: eine derbe und unmißverständliche Erinnerung, daß die Dinge des Lebens nicht nach unserem Willen laufen. – Es gibt Unglück in zweierlei Form: das Unglück, das uns selber zustößt, und das Glück, das andere haben.

AMBROSE BIERCE

Unglück kann durch andere kommen; aber erniedrigt werden kann ein Volk nur durch seine eigenen Handlungen.

HENRY THOMAS BUCKLE

Im Grunde ist jedes Unglück gerade nur so schwer, wie man es nimmt.

MARIE VON EBNER-ESCHENBACH

Im Leben jedes Menschen gibt es Zeiten, in denen aus Unglück Fortschritt erwächst. Es gibt Zeiten, wo einem die Dinge so schlimm erscheinen, daß man das Schicksal bei den Hörnern packen und schütteln muß.

LEE IACOCCA

Man ist eigentlich nur durch Nachdenken unglücklich.

JOSEPH JOUBERT

Unglück ist versäumtes Glück.

HANS LOHBERGER

Was ist Unglück? Daß wir auf andere angewiesen sind. Was ist Pech? Daß die anderen auf uns angewiesen sind.

HELMAR NAHR

Was den Menschen unglücklich macht, sind die unbefriedigten Wünsche.

CLAUDE TILLIER

Zwischen Unglück haben und unglücklich sein ist, Gott sei Dank, ein himmelweiter Unterschied.

KARL JULIUS WEBER

Unrecht

Man kann recht haben, soviel man will – vom Standpunkt des anderen wird man immer im Unrecht sein.

ANDREW CARNEGIE

Das Recht des Stärkeren ist das stärkste Unrecht.

MARIE VON EBNER-ESCHENBACH

Jemand, der ganz unrecht hat, ist leichter zu überzeugen als einer, der zur Hälfte recht hat.

RALPH WALDO EMERSON

Die Welt hat einen großen Bedarf an Menschen, die Unrecht für Recht ausgeben.

EGON FRIEDELL

Der Scharfsinn verläßt geistreiche Männer am wenigsten, wenn sie unrecht haben.

JOHANN WOLFGANG VON GOETHE

Alle auf das Recht anderer Menschen bezogene Handlungen, deren Maxime sich nicht mit der Publizität verträgt, sind unrecht.

IMMANUEL KANT

Streitigkeiten würden nie lange dauern, wenn das Unrecht immer nur auf einer Seite wäre.

LA ROCHEFOUCAULD

Autorität und Vertrauen werden durch nichts mehr erschüttert als durch das Gefühl, ungerecht behandelt zu werden.

THEODOR STORM

Unternehmer

Es gibt Leute, die halten den Unternehmer für einen räudigen Wolf, den man totschlagen müsse. Andere meinen, der Unternehmer sei eine Kuh, die man ununterbrochen melken könne. Nur wenige sehen in ihm ein Pferd, das den Karren zieht.

SIR WINSTON CHURCHILL

Unternehmensführung ist, möglichst wenig zu irren.

HEINZ DÜRR

Nicht der Arbeitgeber zahlt die Löhne, sondern das Produkt. Der Arbeitgeber verwaltet das Geld nur.

HENRY FORD I.

Indem man fleißig acht Stunden pro Tag arbeitet, kann man es zum Unter-nehmer bringen, worauf man dann zwölf Stunden pro Tag arbeitet.

ROBERT LEE FROST

Unternehmensführung ist nicht die Beschäftigung mit Gegenwartsproblemen, sondern die Gestaltung der Zukunft.

DANIEL GOEUDEVERT

Die meisten Fehler machen Unternehmen, wenn es ihnen gutgeht, nicht, wenn es schlechtgeht.

ALFRED HERRHAUSEN

Für mich ist die größte unternehmerische Leistung der Nachkriegszeit, daß die mittelständischen Unternehmen es immer noch schaffen, die Nase vorn zu haben, obgleich der Nährboden für Kreativität, Selbstverantwortung und Leistungswillen in unserer Umverteilungsgesellschaft immer dünner geworden ist.

WOLFGANG KARTTE

Wenn du stark bist, dann beginne, wo du stark bist. Wenn

nicht, beginne dort, wo du eine Niederlage am leichtesten verschmerzen kannst.

NICCOLÒ MACHIAVELLI

Unternehmer sein heißt, eine differenzierte Sicht der Zukunft zu haben.

LUDWIG VON MISES

Die Art und Weise, wie solche Großfirmen oder andere Institutionen geleitet werden, hat mindestens einen ebenso großen Einfluß auf die Qualität unseres Lebens wie die Art und Weise, in der in der Hauptstadt oder im Stadtrat Politik gemacht wird.

JOHN NAISBITT

In … Großunternehmen richten wir am Firmenimage unser Selbstwertgefühl auf und tun gleichzeitig etwas so Profanes, wie unser tägliches Brot zu verdienen.

JOHN NAISBITT

Unwissenheit

Nichts macht den Menschen argwöhnischer als wenig zu wissen.

FRANCIS BACON

Unwissenheit ist die Amme des Vorurteils.

JOSH BILLINGS

Unwissenheit ist die Mutter der Bewunderung.

GEORGE CHAPMAN

Wer nichts weiß, muß alles glauben.

MARIE VON EBNER-ESCHENBACH

Wer weiß schon, wieviel er wissen muß, um zu wissen, daß er noch zu wenig weiß.

LOTHAR SCHMIDT

Unzufriedenheit

Der unzufriedene Mensch findet keinen bequemen Stuhl.

BENJAMIN FRANKLIN

Aus dem Guten kommt das Bessere, aus dem Besseren das Optimale und aus dem Optimalen die Unzufriedenheit.

WERNER MITSCH

Es gibt zwei Tragödien im Leben. Die eine besteht darin, nicht zu bekommen, was das Herz begehrt. Die andere ist die, es zu bekommen.

GEORGE BERNARD SHAW

Unzufriedenheit ist Hunger nach Zufriedenheit.

NORBERT STOFFEL

Unzufriedenheit ist die erste Stufe zum Fortschritt für den einzelnen wie für die Nation.

OSCAR WILDE

Urlaub

Wir träumen lange vom Urlaub, aber kein Urlaub hält diesen Träumen stand.

ERNST R. HAUSCHKA

Nirgends strapaziert sich der Mensch mehr als bei der Jagd nach Erholung.

JEAN PAUL

Urlaub ist nicht ganz ungefährlich. Die Firma könnte dahinterkommen, daß man entbehrlich ist.

GEORGE MIKES

Ursache und Wirkung

Ursache ist alles das, was ohne sie keine Wirkung geben und was mit ihr die Wirkung ergeben muß.

CHARLES BRADLAUGH

Ursache und Wirkung sind zwei Seiten einer einzigen Tatsache.

RALPH WALDO EMERSON

Ursache und Wirkung ist nur die populäre Verallgemeinerung von ‚Mittel und Zweck‘, der nichts in der Wirklichkeit entspricht.

FRIEDRICH WILHELM NIETZSCHE

Urteil

Mißtraue deinem Urteil, sobald du darin den Schatten eines persönlichen Motivs entdecken kannst.

MARIE VON EBNER-ESCHENBACH

Niemand urteilt schärfer als der Ungebildete. Er kennt weder Gründe noch Gegengründe und glaubt sich immer im Recht.

LUDWIG ANDREAS FEUERBACH

Je weniger der Mensch weiß, desto rascher und sicherer und endgültiger fällt er seine Urteile.

ERNST R. HAUSCHKA

Ein Urteil ist die Vorstellung der Einheit des Bewußtseins

verschiedener Vorstellungen, oder die Vorstellungen des Verhältnisses derselben, sofern sie einen Begriff ausmachen.

IMMANUEL KANT

Alle Urteile, die wir – auch über andere – fällen, sind eigentlich immer nur Schmeicheleien, die wir uns selber sagen.

HANS LOHBERGER

Urteilen

Das Urteilen ist das Beziehen eines Einzelnen auf den Begriff.

GEORG WILHELM FRIEDRICH HEGEL

Etwas als ein Merkmal mit einem Dinge vergleichen, heißt urteilen.

IMMANUEL KANT

Urteilskraft: das Vermögen, unter Regeln zu subsumieren, das ist, zu unterscheiden, ob etwas unter einer gegebenen Regel stehe oder nicht.

IMMANUEL KANT

Wir beurteilen uns danach, was wir uns zutrauen; andere beurteilen uns danach, was wir bereits getan haben.

HENRY WADSWORTH LONGFELLOW

Urteile nicht über Dinge, von denen du nur Echo und Schatten kennst.

JAPANISCHES SPRICHWORT

Utopie

In Zukunft wird sich die Utopie beeilen müssen, wenn sie die Realität einholen will.

WERNHER VON BRAUN

Jedes große historische Geschehen begann als Utopie und endete als Realität.

RICHARD GRAF VON COUDENHOVE-KALERGIE

Utopien sind oft nur vorweggenommene Wahrheiten.

ALPHONSE MARIE LOUIS DE LAMARTINE

Manches, das am Morgen noch Utopie gewesen ist, ist zu Mittag bereits Science-fiction und am Abend schon Wirklichkeit.

JERRY LEWIS

Wir reden von einer Utopie, wenn uns die Zukunft in den strahlendsten Farben der Hoffnung leuchtet.

LOTHAR SCHMIDT

Von der Utopie zur Illusion ist oft nur ein Schritt.

LOTHAR SCHMIDT

Mensch sein heißt Utopien haben.

PAUL TILLICH

Der Utopist sieht das Paradies, der Realist das Paradies plus Schlange.

HELLMUT WALTERS

V

Verallgemeinerungen

Verallgemeinerungen sind Lebensretter.

GEORGE ADE

Die Verallgemeinerung gleicht einem Scheck. Es kommt darauf an, was auf dem Konto ist.

EZRA LOOMIS POUND

Alle Wissenschaft ist darauf aus, die Erkenntnis vorantreibende Verallgemeinerungen zu finden.

LOTHAR SCHMIDT

Verallgemeinerungen beruhen auf erkannter Wiederkehr gleicher Elemente in der Vielfalt der Erscheinungen.

LOTHAR SCHMIDT

Intellektuelle Verallgemeinerungen sind interessant, aber moralische Verallgemeinerungen bedeuten absolut nichts.

OSCAR WILDE

Veränderung

Beachte immer, daß nichts bleibt, wie es ist, und denke daran, daß die Natur immer wieder ihre Formen wechselt. MARC AUREL Wer festhält, was verändert werden muß, der verliert alles.

NORBERT BLÜM

Das elektromagnetische Prinzip von Siemens und die Verbrennungsmotoren von Otto und Diesel haben die Welt mehr verändert als die Theorien von Marx und Lenin.

EBERHARD VON KUENHEIM

Wenn wir wollen, daß alles so bleibt, wie es ist, müssen wir zulassen, daß sich alles verändert.

GUISEPPE TOMASI DI LAMPEDUSA

Veränderung ist nur das Salz des Vergnügens.

FRIEDRICH VON SCHILLER

Verantwortung

Die Scheu vor Verantwortung ist die Krankheit unserer Zeit.

OTTO VON BISMARCK

Der Preis der Größe heißt Verantwortung.

SIR WINSTON CHURCHILL

Je näher die Verantwortung kommt, desto weniger laut wird die Sprache.

FRANÇOIS MAURIAC

Wir sind nicht nur für das verantwortlich, was wir tun, sondern auch für das, was wir nicht tun.

MOLIÈRE

Wer fest auf beiden Beinen stehen will, braucht sich nur Verantwortung aufzuladen.

LOTHAR SCHMIDT

Wir werden nicht durch die Erinnerung an unsere Vergangenheit weise, sondern durch die Verantwortung für unsere Zukunft.

GEORGE BERNARD SHAW

Im Schützengraben der Verantwortlichkeit hat man mehr Verluste als in der Etappe der Opposition.

GUSTAV STRESEMANN

Verbände

Wir leben nicht im Zeitalter der Stände, sondern der Verbände.

ARNOLD BERGSTRÄSSER

Verbände sind Interessengemeinschaften, die sich der Vergrößerung und Durchsetzung relativ berechtigter Interessen widmen.

LOTHAR SCHMIDT

Ein Verband ist eine Vereinigung von Personen, die entweder gemeinsam Krach machen oder untereinander Krach haben.

GERHARD UHLENBRUCK

Verdienen

Tun Sie gelegentlich etwas, womit Sie weniger oder gar nichts verdienen. Es zahlt sich aus.

OLIVER HASSENCAMP

Ich habe niemals einen wirklich großen Geschäftsmann gesehen, dem das Verdienen die Hauptsache war.

WALTHER RATHENAU

Man verdient nur dann mit Sicherheit viel Geld auf die Dauer, wenn man die großen nationalen und idealen Gesichtspunkte zu den seinigen macht und sein Interesse mit dem allgemeinen identifiziert.

WERNER VON SIEMENS

Wer gut verdient, strengt sich nicht an. Wer sich anstrengt, verdient nicht gut.

CHINESISCHES SPRICHWORT

Man erhält niemals das, was man verdient, und man verdient niemals das, was man erhält.

JOHN STEINBECK

Verdienst

Ich habe immer auf die Verdienste meiner Widersacher acht gehabt und daraus Vorteile gezogen.

JOHANN WOLFGANG VON GOETHE

Die Kunst, mittelmäßige Fähigkeiten richtig zu verwenden, erschleicht sich Anerkennung und verleiht oft mehr Ansehen als das wahre Verdienst.

LA ROCHEFOUCAULD

In der Gesellschaft findet mancher Beifall, dessen ganzes Verdienst in den Fehlern besteht, welche im Verkehr des Lebens nützlich sind.

LA ROCHEFOUCAULD

Die Wahrheit über unsere Verdienste liegt zwischen dem, was man zu uns aus Höflichkeit sagt, und dem, was wir über uns aus Bescheidenheit zugeben.

JULES PETIT-SENN

Verfassung

Die Verfassung ist in erster Linie ein Wirtschaftsdokument, das vom Grundrecht des Privateigentums ausgeht, das vor dem Staate existiert, und das deshalb außerhalb des Zugriffs der Mehrheiten liegt.

CHARLES H. BEARD

Die politische Verfassung einer Gesellschaft ist zugleich Ausdruck und Anerkennung ihrer Wirtschaftsverfassung.

FÜRST PETER ALEXEJEWITSCH KROPOTKIN

Die Verfassung ist ein Mittel, das sicherstellen soll, daß die Herrschenden ihre Macht nicht mißbrauchen.

JOHN STUART MILL

Vergessen

Vergessen können: es ist mehr ein Glück als eine Kunst.

BALTHASAR GRACIÁN Y MORALES

Das Vergessen ist eine Wahl, dank der allein das Wesentliche übrigbleibt.

JULIEN GREEN

Vergessen ist Gnade und Gefahr zugleich.

THEODOR HEUSS

Vergessen, das ist die Kunst, Bewußtes unbewußt zu machen.

HANS LOHBERGER

Vergessen ist die Entschuldigung der Undankbaren und die Ausrede der Schuldigen.

LOTHAR SCHMIDT

Man lernt nur dann und wann etwas, aber man vergißt den ganzen Tag.

ARTHUR SCHOPENHAUER

Vergnügen

Das größte Vergnügen im Leben besteht darin, das zu tun, von dem die Leute sagen, du könntest es nicht.

WALTER BAGEHOT

Vergnügen: die am wenigsten hassenswerte Form der Niedergeschlagenheit.

AMBROSE BIERCE

Enthaltsamkeit ist ein Vergnügen an Sachen, welche wir nicht kriegen.

WILHELM BUSCH

Das Vergnügen besteht in der Harmonie zwischen der besonderen Erregbarkeit eines lebenden Geschöpfes und den ihm genehmen erregenden Anlässen.

SAMUEL TAYLOR COLERIDGE

Manches Vergnügen besteht darin, daß man mit Vergnügen darauf verzichtet.

PETER ROSEGGER

Verhandeln

Der Beste muß mitunter lügen, zuweilen tut er's mit Vergnügen.

WILHELM BUSCH

Das Wissen um den richtigen Zeitpunkt ist der halbe Erfolg.

MAURICE COUVE DE MURVILLE

Der Standpunkt macht es nicht, die Art macht es, wie man ihn vertritt.

THEODOR FONTANE

Gute Verhandlungstaktik besteht darin, die Antworten zu provozieren, die man haben will.

HANS HABE

Laßt uns nie aus Furcht verhandeln, aber laßt uns auch nie fürchten zu handeln.

FRANZ KAFKA

Sitzungssaal: Verhandlungsspielraum.

RON KRITZFELD

Wer seine Gedanken nicht aufs Eis zu legen versteht, soll sich nicht in die Hitze des Streites begeben.

FRIEDRICH WILHELM NIETZSCHE

Verhandeln ist nicht die schlechteste Form des Handelns.

WILL ROGERS

Am besten überzeugt man andere mit den Ohren – indem man ihnen zuhört.

DEAN RUSK

Wer nicht verhandeln will, soll kein Geschäft aufmachen oder Politik treiben wollen.

LOTHAR SCHMIDT

Zustimmen, das heißt gewöhnlich: würdevoll nachgeben.

LOTHAR SCHMIDT

Das Kunststück ist nicht, daß man mit dem Kopf durch die Wand rennt, sondern daß man mit den Augen die Tür findet.

GEORG VON SIEMENS

Verkauf

Verkaufen heißt, dem Käufer behilflich zu sein, mit der Ware eine positive Vorstellung zu verbinden.

HELMAR NAHR

Es gibt Leute, die bei einem Fünfzig-fünfzig-Vorschlag darauf bestehen, auch noch den Bindestrich zu kriegen.

LAURENCE PETER

Die Kunst des Verkaufens beherrscht Wirtschaft und Politik.

LOTHAR SCHMIDT

Verkaufen ist keine Kunst – aber dabei verdienen!

SPRICHWORT

Der Köder muß vor allem dem Fisch schmecken.

SPRICHWORT

Jeder lebt davon, daß er etwas verkauft.

ROBERT LOUIS BALFOUR STEVENSON

Ein Unternehmen lebt nicht von dem, was es produziert, sondern von dem, was es verkauft.

UNBEKANNT

Verlust

Für alles, was du verloren, hast du etwas gewonnen; und für alles, was du gewinnst, verlierst du etwas.

RALPH WALDO EMERSON

Bei dem größten Verlust müssen wir sogleich umherschauen, was uns zu erhalten übrigbleibt.

JOHANN WOLFGANG VON GOETHE

Meistens belehrt uns erst der Verlust über den Wert der Dinge.

ARTHUR SCHOPENHAUER

Kein Weiser jammert um den Verlust, er sucht mit freud'gem Mut, ihn zu ersetzen.

WILLIAM SHAKESPEARE

Was du am meisten liebst, erkennst du beim Verlust.

POLNISCHES SPRICHWORT

Vernunft

Die Vernunft gleicht einer unbeschriebenen Tafel.

ALEXANDER VON APHRODISIAS

Vernunft: Hang zum Vorurteil.

AMBROSE BIERCE

Die Vernunft gelobt uns ihren Beistand, doch nicht immer hält sie ihr Versprechen.

CHRISTINA VON SCHWEDEN

Vernunft annehmen kann niemand, der nicht schon welche hat.

MARIE VON EBNER-ESCHENBACH

Vernunft empört sich immer wieder über die dumme Umständlichkeit, mit welcher die Welt verwaltet wird.

LION FEUCHTWANGER

Vernunft ist die Fähigkeit, objektiv zu denken.

ERICH FROMM

Der Verständige regiert nicht, aber der Verstand; nicht der Vernünftige, sondern die Vernunft.

JOHANN WOLFGANG VON GOETHE

Die Vernunft ist nur der durch die Phantasie erweiterte Verstand.

FRANZ GRILLPARZER

Die Vernunft ist euch nicht dazu gegeben, dadurch weise zu werden, sondern eure Torheit und Unwissenheit zu erkennen.

JOHANN GEORG HAMANN

Wer die Welt vernünftig ansieht, den sieht auch sie vernünftig an. Beides ist eine Wechselbestimmung.

GEORG WILHELM FRIEDRICH HEGEL

Vernunft ist die sanfte Gewalt, die allem, und selbst der Gewalt, Grenze und Maß setzt.

KARL JASPERS

Vernunft: das Vermögen, von dem Allgemeinen das Besondere abzuleiten und dieses letztere also nach Prinzipien und als notwendig vorzustellen.

IMMANUEL KANT

Das Vermögen, welches die Verbindung der Wahrheiten untereinander einsieht, heißt im eigentlichen Sinne die Vernunft.

GOTTFRIED WILHELM
FREIHERR VON LEIBNIZ

Die Vernunft ist das Gleichgewichtsorgan des Geistes.

HANS LOHBERGER

Vernunft ist ein Verhältniszustand verschiedener Leidenschaften und Begehrungen.

FRIEDRICH WILHELM NIETZSCHE

Die Vernunft umfaßt die Wahrheiten, die man aussprechen, und solche, die man verschweigen muß.

ANTOINE DE RIVAROL

Vernunft ist für die Vernünftigen, was für die Unvernünftigen das Gesetz ist.

LOTHAR SCHMIDT

Von Vernunft spricht man, sobald die Gescheitheit ihre Kraftakte auf das Sinnvolle beschränkt.

WILHELM SCHWÖBEL

Die Vernunft ist die Opposition des Verstandes.

GERHARD UHLENBRUCK

Der Mensch, die ordnende Vernunft, die aus Wolken von Pulverdampf spricht.

KARL-HEINRICH WAGGERL

Der Mensch ist ein vernunftbegabtes Wesen, das immer dann die Ruhe verliert, wenn von ihm verlangt wird, daß er nach Vernunftgesetzen handeln soll.

OSCAR WILDE

Versprechungen

Hüte dich vor Leuten, die dir Versprechungen machen, ohne Gegenleistungen zu fordern.

BERNARD M. BARUCH

Wer ein Versprechen wiederholt, will es brechen.

MAX HALBE

Große Versprechungen kosten weniger als kleine Geschenke.

LOTHAR SCHMIDT

Verstaatlichung

Nennt man das Kind beim Namen und nennt es ‚Verstaatlichung', so wird aller Sozialismus unromantisch und nüchterner.

THEODOR HEUSS

Die Verstaatlichung der Produktion und die Vergesellschaftung des Individuums sind zwei Seiten derselben Medaille.

HELMAR NAHR

Verstaatlichung ist passive Wirtschaft mit aktivem Kapital.

FRANZ JOHANNES SCALA

Verstand

Das Verständnis reicht oft viel weiter als der Verstand.

MARIE VON EBNER-ESCHENBACH

Die verstehen sehr wenig, die nur das verstehen, was sich erklären läßt.

MARIE VON EBNER-ESCHENBACH

Zwei Dinge pflegen den Menschen um den Verstand zu bringen: die Liebe und das Nachdenken über das Wesen des Geldes.

WILLIAM EWART GLADSTONE

Der gesunde Menschenverstand ist der Menschheit Genie.

JOHANN WOLFGANG VON GOETHE

Das Denken, nur endliche Bestimmungen hervorbringend und in solchen sich bewegend, heißt Verstand.

GEORG WILHELM FRIEDRICH HEGEL

Ein gewöhnlicher Verstand ist wie ein schlechter Jagdhund, der die Fährte eines Gedankens schnell annimmt und schnell wieder verliert.

HUGO VON HOFMANNSTHAL

Ein ‚Kopf‘ ist, der viel Verstand, das heißt Auffassung, Abstraktion und Reflexion hat.

IMMANUEL KANT

Verstand ist die Erkenntnis des Allgemeinen. Urteilskraft ist die Anwendung des Allgemeinen auf das Besondere. Vernunft ist das Vermögen, die Verknüpfung des Allgemeinen mit dem Besonderen einzusehen.

IMMANUEL KANT

Wenn die Welt wüßte, mit wie wenig Verstand sie regiert wird.

GEORGE FROST KENNAN

Der Verstand erfaßt, wie etwas gewollt, das Herz vernimmt, wie etwas gemeint ist.

MARTIN KESSEL

Was die Menschheit wirklich braucht, ist weniger Verstand und mehr Verständnis.

WERNER MITSCH

Der Verstand der anderen will überall mitreden, auch in Sachen unseres Gefühls.

ROBERT MUTHMANN

Der Verstand ist ein Hemmungsapparat gegen das Sofortreagieren auf das Instinkturteil.

FRIEDRICH WILHELM NIETZSCHE

Der Verstand ist das nächstliegende Werkzeug, mit dem der Mensch rechnen kann.

JOSÉ ORTEGA Y GASSET

Verstand ist das beste Kapital.

SPRICHWORT

Das Volk versteht das meiste falsch; aber es fühlt das meiste richtig.

KURT TUCHOLSKY

Einverstanden sein heißt noch lange nicht, mit dem anderen ein und denselben Verstand zu haben.

GERHARD UHLENBRUCK

Verstand dient der Wahrnehmung der eigenen Interessen, Vernunft ist Wahrnehmung des Gesamtinteresses.

CARL FRIEDRICH VON WEIZSÄCKER

Verständig

Verständig: anfällig für die Ansteckung durch unsere eigenen Meinungen. Empfänglich für Überredung, Warnungen und Ausflüchte.

AMBROSE BIERCE

Jeder Mensch hat ein Brett vor dem Kopf – es kommt nur auf die Entfernung an.

MARIE VON EBNER-ESCHENBACH

Wir finden nur die verständig, die unserer Meinung sind.

LA ROCHEFOUCAULD

Verstehen

Sag etwas, das sich von selbst versteht, zum erstenmal, und du bist unsterblich.

MARIE VON EBNER-ESCHENBACH

Alles verstehen heißt alles verzeihen.

THEODOR FONTANE

Verstehen heißt: auf ein einfaches, einheitliches Prinzip zurückführen.

WERNER HEISENBERG

Verstehen, das heißt: etwas Neues ausdrücken können in der Sprache von etwas Altem.

FRIEDRICH WILHELM NIETZSCHE

Versuchung

Manch einer, der vor einer Versuchung flieht, hofft doch heimlich, daß sie ihn einhole.

GIOVANNI GUARESCHI

Alles ist Versuchung für den, der sie fürchtet.

JEAN DE LA BRUYÈRE

Die Versuchung ist eine unwiderstehliche Kraft, die auf einen beweglichen Körper einwirkt.

HENRY LOUIS MENCKEN

Nur in Versuchungen immer wieder fallend, erheben wir uns.

CHRISTIAN MORGENSTERN

Gelegentlich hofft auch der Frömmste auf das Erscheinen einer Versuchung.

ROBERT MUTHMANN

Ob man eine Chance ergreift oder einer Versuchung nachgibt, verlangt viel Unterscheidungskunst.

LOTHAR SCHMIDT

Eine lockende Versuchung führt eher zur Tat als die besten Vorsätze.

LOTHAR SCHMIDT

Menschen, die einer Versuchung entfliehen, hinterlassen gewöhnlich eine Nachsendeadresse.

LOTHAR SCHMIDT

Einer großen Versuchung erliegt am ehesten, wer schon mal einer kleinen nachgegeben hat.

LOTHAR SCHMIDT

Versuchungen sind wie Vagabunden: Wenn man sie freundlich behandelt, kommen sie immer wieder.

MARK TWAIN

Eine Versuchung, der man sofort nachgibt, ist keine Versuchung mehr. Die richtige Versuchung kommt erst, wenn man sich die Sache nochmals überlegt.

PETER ALEXANDER USTINOV

Ich kann allem widerstehen, außer der Versuchung.

OSCAR WILDE

Vertrag

Wer das Kleingedruckte überfliegt, riskiert eine Vertragsbruchlandung.

RUPERT SCHÜTZBACH

Der Vertrag ist eine Vereinbarung, etwas zu tun, wenn nichts geschieht, was es vereitelt.

UNBEKANNT

Der Vertrag ist ein System, unter dem die Treuen immer gebunden, die Treulosen immer frei sind.

LORD ROBERT GILBERT VANSITTART

Vertrauen

Es gibt eine alte Erfahrung: Wer zu freigiebig ist im Vertrauen, ist auch zu freigiebig im Mißtrauen.

BERTHOLD AUERBACH

Vertrauen wird dadurch erschöpft, daß es in Anspruch genommen wird.

BERTOLT BRECHT

Vertrauensselig – ein schönes Wort. Vertrauen macht selig den, der es hat, und den, der es einflößt.

MARIE VON EBNER-ESCHENBACH

Das Vertrauen ist etwas so Schönes, daß selbst der ärgste Betrüger sich eines gewissen Respektes nicht erwehren kann vor dem, der es ihm schenkt.

MARIE VON EBNER-ESCHENBACH

Vertrauen ist eine Oase des Herzens, die von der Karawane des Denkens nie erreicht wird.

KAHLIL GIBRAN

Nichts kann den Menschen mehr stärken als das Vertrauen, das man ihm entgegenbringt.

ADOLF VON HARNACK

Vertrauen gibt dem Gespräch mehr Stoff als der Geist.

LA ROCHEFOUCAULD

Vertrauen ist gut – Kontrolle ist besser.

LENIN

Zuviel Vertrauen ist häufig Dummheit, zuviel Mißtrauen ist immer Unglück.

JOHANN NEPOMUK NESTROY

Es gibt stets zwei Gründe, weshalb man den Menschen nicht traut. Der erste Grund: Man traut den Menschen nicht, weil man sie NICHT kennt. Der zweite Grund: Man traut den

Menschen nicht, WEIL man sie kennt.

LOTHAR SCHMIDT

Vertrauen ist für alle Unternehmungen das große Betriebskapital, ohne welches kein nützliches Werk auskommen kann. Es schafft auf allen Gebieten die Bedingungen gedeihlichen Geschehens.

ALBERT SCHWEITZER

Vertrauen ist der Mut, sich über die Erfahrung hinwegzusetzen.

NORBERT STOFFEL

Verwaltung

Verwaltung: eine geniale Abstraktion in der Politik, dazu bestimmt, die Schläge und Stöße auszuhalten, die dem Premierminister oder Präsidenten gebühren. Ein Strohmann, dem faule Eier und Tomaten nichts anhaben können.

AMBROSE BIERCE

Treffen Einfalt und Gründlichkeit zusammen, entsteht Verwaltung.

OLIVER HASSENCAMP

Die Fesseln der gequälten Menschheit sind aus Kanzleipapier.

FRANZ KAFKA

Eine Sache, welche vielen gehört, wird schlechter verwaltet als eine Sache, die einem einzelnen gehört.

HELMAR NAHR

Platzt die Verwaltung aus den Nähten, steigen Steuern und Diäten.

HELMAR NAHR

So habe ich denn bewiesen, daß die Regierung um so schlaffer wird, je mehr die Behörden zunehmen.

JEAN-JACQUES ROUSSEAU

Was gibt uns die Verwaltung? – Die Verwaltung gibt uns zu denken.

LOTHAR SCHMIDT

Alle Staatsgewalt geht vom Volke aus und schleicht sich zu den Funktionären hin.

LOTHAR SCHMIDT

Verwaltung: Zwangsinterpretation der Bürgerrechte.

LOTHAR SCHMIDT

Eine Regierung, die nichts wert ist, kostet am meisten.

LOTHAR SCHMIDT

Vielleicht

Vielleicht ist ein schlauer Krebs, der vor- und rückwärts gehen kann.

WILHELM BUSCH

Das Wörtchen ,vielleicht' ist die Visitenkarte der Hoffnung

aus FLIEGENDE BLÄTTER

Vielleicht: das ist eine prekäre Position auf der Grenze zwischen leichtsinniger Gewißheit und verzagtem Unglauben.

LUDWIG MARCUSE

Vision

Wenn das Leben keine Vision hat, nach der man sich sehnt, die man verwirklichen möchte, dann gibt es auch kein Motiv, sich anzustrengen.

ERICH FROMM

Du siehst Dinge und fragst: „Warum?" Doch ich träume von Dingen und sage: „Warum nicht?"

GEORGE BERNARD SHAW

Vision ist die Kunst, unsichtbare Dinge zu sehen.

JONATHAN SWIFT

Wer keine Vision hat, vermag weder große Hoffnungen zu erfüllen noch große Vorhaben zu verwirklichen.

CHARLES E. WILSON

Vollkommenheit

Vollkommenheit ist schon da, wenn das Notwendige geleistet wird. Schönheit, wenn das Notwendige geleistet, doch verborgen ist.

JOHANN WOLFGANG VON GOETHE

Vollkommenheit ist die Norm des Himmels; Vollkommenes wollen: die Norm des Menschen.

JOHANN WOLFGANG VON GOETHE

Schon mancher, der die Vollkommenheit suchte, landete im Perfektionismus.

WERNER MITSCH

Die Welt ist vollkommen überall, wo der Mensch nicht hinkommt mit seiner Qual.

FRIEDRICH VON SCHILLER

Nichts halb zu tun, ist edler Geister Art.

CHRISTOPH MARTIN WIELAND

Vorbild

Setze dir ein Muster und Vorbild und lebe nach ihm, sowohl wenn du allein bist, als wenn du unter die Leute kommst.

EPIKTET

Wer bedenken hat, Vorbilder zu akzeptieren, verlangt oft um so bedenkenloser, daß man ihn als Vorbild akzeptiert.

ERNST R. HAUSCHKA

Wenn der Chef spricht, hören die Leute zu. Und wenn der Chef handelt, beachten sie ihn. Man muß sich also seine Worte und Taten gut überlegen.

LEE IACOCCA

Versuchen wir es denen nachzumachen, die sich nichts vormachen lassen.

RUPERT SCHÜTZBACH

Gut sein ist edel. Aber anderen zeigen, wie gut sie sein sollen, wirkt edler und macht nicht so viel Mühe.

MARK TWAIN

Vorgesetzter

Man muß sich vor dem Siege über Vorgesetzte hüten.

BALTHASAR GRACIÁN Y MORALES

Ein Vorgesetzter erlaubt wohl, daß man ihm hilft, aber daß man ihn übertrifft – niemals! Ein ihm erteilter Rat sehe daher immer aus wie eine Erinnerung an ein weises Wort von ihm selber.

BALTHASAR GRACIÁN Y MORALES

Ein kluger Untergebener lernt seinen Vorgesetzten von Tag zu Tag besser kennen, aber er läßt es ihn nicht merken.

ERNST R. HAUSCHKA

Mit einem Vorgesetzten ist es wie mit der Müdigkeit: Man kann sich beiden nicht auf Dauer widersetzen.

ERNST R. HAUSCHKA

Für zwei Dinge sollte man täglich Gott danken, so man sie hat: für einen guten Vorgesetzten und für einen guten Schlaf.

ERNST R. HAUSCHKA

Den Charakter eines Menschen erkennt man erst dann, wenn er Vorgesetzter geworden ist.

ERICH MARIA REMARQUE

Täusche deine Vorgesetzten, aber nicht deine Untergebenen.

CHINESISCHES SPRICHWORT

Am schnellsten kommt man auf dem Steckenpferd des Vorgesetzten voran.

RUMÄNISCHES SPRICHWORT

Wenn man einen Menschen richtig beurteilen will, so frage man sich immer: „Möchtest du den zum Vorgesetzten haben?"

KURT TUCHOLSKY

Wer die erste Geige spielen will, muß immer den richtigen Ton treffen.

GERHARD UHLENBRUCK

Vorgesetzte: Erstklassige Leute stellen erstklassige Leute ein. Zweitklassige Leute nehmen sich drittklassige.

UNBEKANNT

Vornehmheit

Vornehmheit ist nichts als alter Reichtum.

JOHN GAY

Zeichen der Vornehmheit: nie daran denken, unsre Pflichten zu Pflichten für jedermann herabzusetzen.

FRIEDRICH WILHELM NIETZSCHE

Vornehmheit ist Entsagen.

WALTHER RATHENAU

Das wahre Kennzeichen moderner Vornehmheit ist Schmarotzertum.

GEORGE BERNARD SHAW

Vorsätze

Ob jemand sich bewährt, hängt nicht nur von seinem Tun, sondern auch von seinen Absichten ab.

DEMOKRIT

Unsere Vorsätze sollen nie ins Allgemeine gehen, sondern sie müssen immer auf etwas Bestimmtes gerichtet sein und vor allem gegen das, was uns am meisten im Wege liegt.

THOMAS VON KEMPEN

Gute Vorsätze sind vorsorgliche Bußübungen.

HELMAR NAHR

Gute Vorsätze sind grüne Früchte, die abfallen, ehe sie reif sind.
JOHANN NEPOMUK NESTROY

Gute Vorsätze sind sehr beliebt. Sie lassen sich immer wieder verwenden.
LOTHAR SCHMIDT

Gute Vorsätze verdrängen schlechte Gewohnheiten.
LOTHAR SCHMIDT

Wer mit seinen guten Vorsätzen Schritt halten will, braucht Siebenmeilenstiefel.
LOTHAR SCHMIDT

Gute Absichten sind wertlos. Es kommt darauf an, was man tut.
LOTHAR SCHMIDT

Der flücht'ge Vorsatz ist nicht einzuholen, es gehe denn die rasche Tat gleich mit.
WILLIAM SHAKESPEARE

Gute Vorsätze sind Schecks, auf eine Bank gezogen, bei der man kein Konto hat.
OSCAR WILDE

Vorsicht

Die größte Gefahr im Leben ist, daß man zu vorsichtig wird.
ALFRED ADLER

Vorsicht ist die Einstellung, die das Leben sicherer macht, aber selten glücklich.
SAMUEL JOHNSON

Vorsicht und Mißtrauen sind gute Dinge, nur sind auch ihnen gegenüber Vorsicht und Mißtrauen nötig.
CHRISTIAN MORGENSTERN

Das bessere Teil der Tapferkeit ist die Vorsicht.
WILLIAM SHAKESPEARE

Nach großer Hitze kommt die Kühle; niemand werfe den Mantel weg.
ENGLISCHES SPRICHWORT

In der Hitze des Gefechts schmilzt die Vorsicht.
NORBERT STOFFEL

Vorsicht ist die Spionin des Eigennutzes.
THOMAS WOODROW WILSON

Vorteil

So eigensinnig widersprechend ist der Mensch: Zu seinem Vorteil will er keine Nötigung, zu seinem Schaden leidet er jeden Zwang.

JOHANN WOLFGANG VON GOETHE

Kein Ereignis ist so unglücklich, daß kluge Leute nicht irgendeinen Vorteil daraus zögen, und keins so glücklich, daß es ein Dummkopf nicht zu seinem Nachteil kehren könnte.

LA ROCHEFOUCAULD

Der eigene Vorteil verfälscht das Urteil vollständig.

ARTHUR SCHOPENHAUER

Vorurteile

Ein Vorurteil ist eine vagabundierende Meinung ohne ersichtliche Mittel der Unterstützung.

AMBROSE BIERCE

Unwissenheit ist nicht so weit von Wahrheit entfernt wie Vorurteile.

DENIS DIDEROT

Ein Urteil läßt sich widerlegen, aber niemals ein Vorurteil.

MARIE VON EBNER-ESCHENBACH

Wer ein Vorurteil besitzt, ist vom Teufel besessen; von einem der schlimmsten dazu, denn er schließt die Wahrheit aus und führt zu ruinösem Irrtum.

TRYON EDWARDS

Der sogenannte gesunde Menschenverstand ist eigentlich nur eine Anhäufung von Vorurteilen, die man bis zum 18. Lebensjahr erworben hat.

ALBERT EINSTEIN

Es ist leichter, ein Atom zu zertrümmern als ein Vorurteil.

ALBERT EINSTEIN

Vorurteile sind die Stützen der Zivilisation.

ANDRÉ GIDE

Es ist nichts jämmerlicher, als Leute unaufhörlich von Vernunft reden zu hören, mittlerweile sie allein nach Vorurteilen handeln.

JOHANN WOLFGANG VON GOETHE

Das Vorurteil ist das Kind der Unwissenheit.

WILLIAM HAZLITT

Das Vorurteil ist ein Floß, an das sich der schiffbrüchige Geist klammert und ins Sichere rudert.

BEN HECHT

Der Glaube an Vorurteile gilt in der Welt als gesunder Menschenverstand.

CLAUDE-ADRIEN HELVÉTIUS

Viele Leute glauben, daß sie denken, wenn sie lediglich ihre Vorurteile neu ordnen.

WILLIAM JAMES

Vorurteile: vorläufige Urteile, insofern sie als Grundsätze angenommen werden.

IMMANUEL KANT

Das Vorurteil ist ein unentbehrlicher Hausknecht, der lästige Eindrücke von der Schwelle weist. Nur darf man sich von seinem Hausknecht nicht selber hinauswerfen lassen.

KARL KRAUS

Die menschlichen Vorurteile sind wie jene bissigen Hunde, die nur den Furchtsamen angreifen.

ISOLDE KURZ

Es ist ein törichtes Vorurteil der Intellektuellen, wenn sie glauben, ihr Wissen sei das einzige, das zählt.

WILLIAM SOMERSET MAUGHAM

Man muß die Vorurteile seiner Zeit gut kennen, um sie weder sehr zu verletzen, noch ihnen zu verfallen.

CHARLES BARON DE LA BRÈDE
ET DE MONTESQUIEU

Ein Vorurteil ist wie ein Fels in der Brandung.

HELMAR NAHR

Wir alle verachten Vorurteile, aber wir sind alle voreingenommen.

HERBERT SPENCER

Das Vorurteil ist die hochnäsige Empfangsdame im Vorzimmer der Vernunft.

KARL-HEINRICH WAGGERL

Wachstum

Das endlose Wachstum materiellen Wohlstandes, von dem wir die Lösung aller Probleme erhoffen, ist selbst zum Hauptproblem geworden.

JOHN KENNETH GALBRAITH

Wachstum kann auf die Dauer nur durch echtes Sparen finanziert werden.

LUDWIG ALBERT HAHN

Das Wachstum hat die Menschheit endlich davon erlöst, den Kampf um die Erhaltung der Art als oberstes Ziel zu betrachten. Es eröffnet dem Menschen zum erstenmal die Chance der Freiheit.

JOHN MAYNARD KEYNES

Nullwachstum: Eigentlich Stagnation; neuerdings verknüpft man die dem Zahlwort Null innewohnende begriffliche Statik zum Zwecke der Verharmlosung mit dem positiv-dynamischen Wort Wachstum.

RON KRITZFELD

Wachstum ist ein Prozeß schöpferischer Zerstörung.

JOSEPH ALOIS SCHUMPETER

Nichts gedeiht im Schatten großer Bäume.

UNBEKANNT

Wir haben es weniger mit einem Nullwachstum zu tun als mit einem Wachstum der Nullen.

UNBEKANNT

Waffen

Die erbarmungsloseste Waffe ist die gelassene Darlegung der Fakten.

RAYMOND BARRE

Wer seine Ansichten mit anderen Waffen als denen des Geistes verteidigt, von dem muß ich voraussetzen, daß ihm die Waffen des Geistes ausgegangen sind.

OTTO VON BISMARCK

Nicht, wer zuerst die Waffen ergreift, ist Anstifter des Unheils, sondern wer dazu nötigt.

NICCOLÒ MACHIAVELLI

Wahlen

Wähler: einer, der sich des geheiligten Privilegs erfreut, für den Mann stimmen zu dürfen, den ein anderer für ihn ausgewählt hat.

AMBROSE BIERCE

Ein ideales Wahlverfahren müßte die Stimmen nicht nur zählen, sondern auch wägen.

RUDOLF VON IHERING

Die List des Wahlsystems kommt am besten in der Listenwahl zum Ausdruck, durch die Spitzenpolitiker in ihren Positionen bestätigt werden.

LOTHAR SCHMIDT

Wahlkämpferischer Imperativ: Handle so, daß die Maxime deines Willens jederzeit zugleich deiner Wiederwahl dienlich sei.

LOTHAR SCHMIDT

Die politische Wahl ist für die Wechselwähler nicht – wie etwa eine private Wahl – eine Wahl FÜR etwas, sondern eine Wahl GEGEN etwas. Der Wechselwähler wählt nicht das, was er am meisten liebt, er wählt, was er am wenigsten verabscheut.

LOTHAR SCHMIDT

Wahlversprechen: Versprechen eines Politikers, Steuergelder in Subventionen umwandeln zu wollen.

LOTHAR SCHMIDT

Wahrheit

Zwei Elemente braucht man für eine Wahrheit: eine Tatsache und eine Abstraktion.

RÉMY DE GOURMONT

Niemand spricht eine Wahrheit aus, die er nicht mit einem Irrtum verzollen müßte.

CHRISTIAN FRIEDRICH HEBBEL

Die Wahrheit ist eine gedachte Linie, die den Irrtum in zwei Teile teilt.

ELBERT HUBBARD

Der größte Feind der Wahrheit ist oft nicht die Lüge, die bewußt ausgeheckte Unredlichkeit, sondern eine Wirklichkeitsblindheit, zu der beharrlich überredet wird.

JOHN F. KENNEDY

329

Die gefährlichsten Unwahrheiten sind Wahrheiten, mäßig entstellt.

GEORG CHRISTOPH LICHTENBERG

Die Wahrheit ist Geschäftsgeheimnis.

HELMAR NAHR

Auf einen Tropfen Wahrheit kommt ein Ozean von Worten.

HELMAR NAHR

Die Wahrheiten des Menschen sind die unwiderlegbaren Irrtümer.

FRIEDRICH WILHELM NIETZSCHE

Falsch verstandene Wahrheiten sind die gefährlichsten Mißverständnisse.

LOTHAR SCHMIDT

Wahrheit steht nicht oft im Angebot. Die Nachfrage ist auch gering.

LOTHAR SCHMIDT

Wo die Wahrheit im Wege steht, kommt es zu ausweichenden Antworten.

LOTHAR SCHMIDT

Wer die Wahrheit für die Summe zweier Halbwahrheiten hält, der hat sich verrechnet.

LOTHAR SCHMIDT

Der Wahrheit ist allezeit nur ein kurzes Siegesfest beschieden zwischen den beiden langen Zeiträumen, wo sie als paradox und als trivial gering geschätzt wird.

ARTHUR SCHOPENHAUER

Weihnachten

An jedem Weihnachtsfest geben wir unserem Engel noch einmal eine Chance.

ERNST R. HAUSCHKA

Zur Weihnachtszeit spielen die Käufer den Nikolaus für die Kaufleute.

JOHN ANDREW HOLMES

Weihnachten ist die große Zeit des Zuviel.

HENRY LEIGH HUNT

Wein

Selbstgespräche gelingen besser, wenn man sich vorher reinen Wein einschenkt.

WERNER MITSCH

Ich brauche hinterher immer einen Cognac, wenn mir einer reinen Wein eingeschenkt hat.

WERNER MITSCH

Der Wein ist unter den Getränken das nützlichste, unter den Arzneien das schmackhafteste, unter den Nahrungsmitteln das angenehmste.

PLUTARCH

Im Wein ist Wahrheit, und mit beiden pflegt man anzustoßen.

PETER SIRIUS

Weisheit

Weisheit ist ein besonderes Wissen, das über alles bisher Gewußte hinausgeht.

AMBROSE BIERCE

Stets äußert sich der Weise leise, vorsichtig und bedingungsweise.

WILHELM BUSCH

Alle Weisheit läßt sich in zwei Worten ausdrücken: warten und hoffen.

ALEXANDRE DUMAS DER ÄLTERE

Höchste Weisheit ist, seine hochgespannten Träume nicht aus den Augen zu verlieren, während man ihnen nachstrebt.

WILLIAM HARRISON FAULKNER

Alle Weisheit ist im Kern ein Vorliebnehmen.

HANS KRAILSHEIMER

Die Unerschütterlichkeit der Weisen ist nichts als die Kunst, Stürme im Herzen verschlossen zu halten.

LA ROCHEFOUCAULD

Gib mir Gelassenheit, Dinge hinzunehmen, die ich nicht ändern kann; gib mir den Mut, Dinge zu ändern, die ich zu ändern vermag, und gib mir die Weisheit, das eine vom andern zu unterscheiden.

FRIEDRICH OETINGER

Leben heißt träumen; weise sein heißt angenehm träumen.

FRIEDRICH VON SCHILLER

Man muß gelehrt sein, um Einfaches kompliziert sagen zu können; und weise, um Kompliziertes einfach sagen zu können.

CHARLES TSCHOPP

Der Gebildete widerspricht den anderen, der wahre Weise sich selbst.

OSCAR WILDE

Welt

Für den Dialektiker ist die Welt ein Begriff, für den Schöngeist ein Bild, für den Schwärmer ein Traum, für den Forscher Wahrheit.

LUDWIG BÜCHNER

Die ganze Welt besteht aus Machenschaften und Plänen, von denen die einen den anderen entgegengesetzt sind.

MIGUEL DE CERVANTES

Die Welt ist ein Schauplatz: Du kommst, siehst, gehst vorüber.

MATTHIAS CLAUDIUS

Die Herrlichkeit der Welt ist immer adäquat der Herrlichkeit des Geistes, der sie betrachtet.

HEINRICH HEINE

Die Welt ist für uns nur ein Zusammenfassen von Relationen unter einem Maße.

FRIEDRICH WILHELM NIETZSCHE

Für die Denkenden ist unsere Welt eine Komödie, für die Empfindenden eine Tragödie.

FOURTH EARL OF OXFORD
HORACE WALPOLE

Die Welt ist von Narren erschaffen, damit Weise in ihr leben können.

OSCAR WILDE

Weltanschauung

Die gefährlichste aller Weltanschauungen ist die Weltanschauung der Leute, welche die Welt nie angeschaut haben.

ALEXANDER VON HUMBOLDT

Weltanschauung ist zeitgemäß gewordene Philosophie.

HANS LOHBERGER

Was kümmert es die Weltanschauung, wie die Welt ausschaut?

HELMAR NAHR

Werbung

Die ganze Welt ist ein Laden, und wir sind alle Verkäufer. Jeder von uns versucht, seine Ideen aus seinem Kopf herauszukriegen und sie in den eines anderen hineinzupressen.

ARTHUR BRISBANE

Ohne Werbung Geschäfte machen zu wollen ist so, als winke man einem Mädchen im Dunkeln zu. Man weiß zwar, was man will, aber niemand sonst.

STEWARD HENDERSON BRITT

Werbung: Das konkrete Versprechen wird vermieden und das reizvoll Verschwommene hervorgehoben.

JOHN CROSBY

Wettbewerb hält die Welt in Gang, nicht die Liebe.

WILLIAM HARRISON FAULKNER

Wenn die Werbung keinen Erfolg hat, muß man die Ware ändern.

EDGAR FAURE

Hinter der Werbung steht vielfach die Überlegung, daß jeder Mensch eigentlich zwei sind: einer, der ist, und einer, der er sein will.

WILLIAM FEATHER

Ich weiß, die Hälfte meiner Werbung ist herausgeworfenes Geld. Ich weiß nur nicht, welche Hälfte.

HENRY FORD I.

Wer dem Sirenengesang der Werbung widersteht, ist mündiger Bürger. Und gefährdet Arbeitsplätze.

OLIVER HASSENCAMP

Ein Kaufmann macht durch allzu großes Rühmen die Ware, die ihm feil ist, nur verdächtig.

HORAZ

Werbung: jene Wissenschaft, welche die Aufmerksamkeit des menschlichen Verstandes lange genug erregt, um Geld herauszuschlagen.

STEPHEN BUTLER LEACOCK

Die Werbung ist die höchste Kunstform des 20. Jahrhunderts.

HERBERT MARSHALL MCLUHAN

Unsere Kunden sind die beste Werbung.

RAINER MEGERLE

Es gibt drei Arten von Werbung. Laute, lautere und unlautere.

WERNER MITSCH

Mit einer guten Verpackung wickelt man nicht nur die Ware ein, sondern auch den Käufer.

WERNER MITSCH

Werbung ist das Glück der Unzufriedenen; Zufriedene sind
das Unglück der Werbung.

HELMAR NAHR

Wer nicht wirbt, verdirbt. Wer
wirbt, verdirbt die anderen.

HELMAR NAHR

Prospekt: illustrierte Vortäu-
schung von Informationen.

HELMAR NAHR

Reklame ist die Papierwährung
der Informationsgesellschaft.

HELMAR NAHR

Ziel von Werbung ist es – mit
dem Aufbau von Marken und
dem Verkauf von Produkten –,
die Kasse klingeln zu lassen.

DAVID OGILVY

Werbung ist die Kunst, auf den
Kopf zu zielen und die Briefta-
sche zu treffen.

VANCE OAKLEY PACKARD

Die Werbung möchte uns einre-
den, daß man ohne Kopf weiter
komme als ohne Krawatte.

RUDOLF ROLFS

Vergleichende Werbung ist in
der Wirtschaft verboten; in der
Politik ist sie die Regel.

LOTHAR SCHMIDT

Die Werbung, die Wirtschafts-
werbung wie die politische
Werbung, erfüllt je nach gegebenen Umständen die dreifache
Funktion, Leistungswettbewerb zu vermitteln, Leistungswettbewerb vorzutäuschen
oder Leistungswettbewerb zu
verhindern.

LOTHAR SCHMIDT

Selbst Gott braucht die Werbung. Er hat Glocken.

AURÉLIEN SCHOLL

Vielfach ist die Werbung keine
Werbung für die Werbung.

RUPERT SCHÜTZBACH

Die Werbung besteht aus einer
Anzahl stiller Aufmerksamkei-
ten, die weder so stark hervor-
treten, daß sie alarmieren, noch
so vage sind, daß sie nicht verstanden werden können.

LAURENCE STERNE

Es ist eine bekannte Tatsache,
daß man mit gewissen Schlag-

worten den leichtgläubigen Menschen nach Belieben Sand in die Augen streuen kann.

BERTA VON SUTTNER

Viele kleine Dinge wurden durch die richtige Art von Werbung groß gemacht.

MARK TWAIN

Die Ehrlichkeit der Geschäfte ist ihr bester Reklametrick.

CHARLES TSCHOPP

Wir haben die Lösung – wo ist das Problem?

UNBEKANNT

Werbung gehört zum Produkt wie der elektrische Strom zur Glühbirne.

CHARLES WILP

Wert

Den Wert von Diamanten und Menschen kann man erst ermitteln, wenn man sie aus der Fassung bringt.

MARIE VON EBNERESCHENBACH

Ein jeder Mensch hat die Geltung, die er durch seine Arbeit erwirbt; er ist für andere gerade so viel wert, wie die anderen ihn brauchen.

PAUL ERNST

Nichts ist höher zu schätzen als der Wert des Tages.

JOHANN WOLFGANG VON GOETHE

Unvergängliche Werte unterliegen keinen Kursschwankungen. Sie werden nicht notiert.

STANISLAW JERCY LEC

Die Dinge haben nur den Wert, den man ihnen verleiht.

MOLIÈRE

Wert ist das höchste Quantum Macht, das der Mensch sich einzuverleiben vermag.

FRIEDRICH WILHELM NIETZSCHE

Bedeutung legen wir einem Ereignis bei, wenn es dabei ‚um Werte geht‘, ‚Sinn‘, wenn daraus Werte hervorgehen.

GUSTAV RADBRUCH

Ein jeder gibt den Wert sich selbst.

FRIEDRICH VON SCHILLER

Durch Abwechslung kann nur gewinnen, was keinen bleibenden Wert hat.

LOTHAR SCHMIDT

Um fremden Wert willig und frei anzuerkennen und gelten zu lassen, muß man eigenen haben.

ARTHUR SCHOPENHAUER

Heute kennt man von allem den Preis, nicht den Wert.

OSCAR WILDE

Wettbewerb

Die Wettbewerbsfähigkeit eines Landes beginnt nicht in der Fabrikhalle oder im Forschungslabor. Sie beginnt im Klassenzimmer.

HENRY FORD I.

Depression: Konjunkturphase, in der lauterer Wettbewerb leiser wird.

RON KRITZFELD

Die Klage über die Schärfe des Wettbewerbs ist in Wirklichkeit meist nur eine Klage über den Mangel an Einfällen.

WALTHER RATHENAU

Widerspruch

Jeder Superlativ reizt zum Widerspruch.

OTTO VON BISMARCK

Das Gleiche läßt uns in Ruhe, aber der Widerspruch ist es, der uns produktiv macht.

JOHANN WOLFGANG VON GOETHE

Der Widerspruch ist das Erheben der Vernunft über die Beschränkungen des Verstandes.

GEORG WILHELM FRIEDRICH HEGEL

Widersprüche sind Quellpunkte.

HANS LOHBERGER

Wer widerspricht, ist nicht gefährlich. Gefährlich ist, wer zu feige ist zu widersprechen.

NAPOLEON I.

Widerspruch-vertragen-können ist ein hohes Zeichen von Kultur.

FRIEDRICH WILHELM NIETZSCHE

Die Wahrheit liegt in der Mitte. Bisweilen steht sie auf und zeigt sich von einer ganz anderen Seite.

LOTHAR SCHMIDT

Der Widerspruch ist eine Probe auf die Notwendigkeit.

SIMONE WEIL

Die Geschichte der Freiheit ist die Geschichte des Widerspruchs.

THOMAS WOODROW WILSON

Widerstand

Auf der Straße des geringsten Widerstandes versagen die stärksten Bremsen.

STANISLAW JERCY LEC

Der Widerstand ist die Rechtfertigung jeder Kraft vor sich selbst.

HANS LOHBERGER

Widerstand ist zur Tat gewordene Hoffnung.

LOTHAR SCHMIDT

Der Weg des geringsten Widerstandes ist gekrümmt: bei Flüssen wie bei Menschen.

LOTHAR SCHMIDT

Wollen heißt schon so viel wie Widerstand herausfordern.

LOTHAR SCHMIDT

Ist es nicht paradox, daß der Mensch Widerstand leistet gegen die Weisheit in seinem Innern?

RUPERT SCHÜTZBACH

Widerstand ist auch, wieder Stand zu gewinnen.

NORBERT STOFFEL

Im Munde gewisser Leute reizen die eigenen Ansichten zum Widerstand.

KARL-HEINRICH WAGGERL

Wille

Viele Male schaut der Wille durchs Fenster, ehe die Tat durch das Tor schreitet.

ERASMUS VON ROTTERDAM

Der Mensch kann, was er soll; und wenn er sagt: „Ich kann nicht", so will er nicht.

JOHANN GOTTLIEB FICHTE

Der Mensch kann nicht mehr tun, als in seiner Macht steht – aber zumindest das kann er mit aller Macht tun.

MALCOLM S. FORBES

Das Ziel weicht ständig vor uns zurück. Genugtuung liegt im Einsatz, nicht im Erreichen. Ganzer Einsatz ist ganzer Erfolg.

MAHATMA GANDHI

Der Mensch muß das Gute und Große wollen, das Übrige hängt vom Schicksal ab.

ALEXANDER VON HUMBOLDT

Der Wille wird als Vermögen gedacht, die Vorstellung gewisser Gesetze gemäß sich selbst zum Handeln zu bestimmen.

IMMANUEL KANT

Es ist überall nichts in der Welt, ja überhaupt auch außer derselben, zu denken möglich, was ohne Einschränkung für gut könnte gehalten werden, als allein ein guter Wille.

IMMANUEL KANT

Unser Wille selbst ist Macht. Die Macht des Willens mißt sich an der Macht des Schicksals.

HANS LOHBERGER

Wille ist geformtes Temperament.

HANS LOHBERGER

Wer nicht weiß, was er selber will, muß wenigstens wissen, was die anderen wollen.

ROBERT MUSIL

Mit der richtigen Bildung unseres Willens geht auch die Bildung unseres Könnens und Wissens einher.

NOVALIS

Reichen die Kräfte nicht aus, so ist doch der Wille zu loben.

OVID

Des Menschen Wille, das ist sein Glück.

FRIEDRICH VON SCHILLER

Wirklichkeit

Keine Utopie ist so wild, so gefährlich, so unbegreiflich phantastisch wie die Wirklichkeit von heute.

CHRISTOPHER FRY

Wer die wirkliche Wirklichkeit erklären will, will dich meist nur daran hindern, die Wirklichkeit wahrzunehmen.

HELMAR NAHR

Im Reiche der Wirklichkeit ist man nie so glücklich wie im Reiche der Gedanken.

ARTHUR SCHOPENHAUER

Die meisten Menschen verwandeln die Wirklichkeit durch

Träume; dabei gilt es doch, Träume in Wirklichkeit zu verwandeln.

GERHARD UHLENBRUCK

Wirkung

Wirkung ist die zweite von zwei Erscheinungen, die immer in derselben Aufeinanderfolge vorkommen. Von der ersten, Ursache genannt, sagt man, sie bringt die zweite hervor – was nicht vernünftiger ist, als würde jemand ein Kaninchen für die Ursache eines Hundes halten, nur weil er noch nie einen Hund anders als bei der Verfolgung eines Kaninchens gesehen hatte.

AMBROSE BIERCE

Die Wirkung beseitigen heißt, die Ursache aufstacheln.

HANS LOHBERGER

Wirkung ist die Vergeltung der Ursache.

JAPANISCHES SPRICHWORT

Wirtschaft

Die Wirtschaft ist ein Gebiet, das am wenigsten Willkür verträgt.

MILOVAN DJILAS

Wirtschaft ist wie ein Fahrrad: Es hält nur Balance, wenn es fährt.

PETER F. DRUCKER

Die Volkswirtschaft ist kein Patient, den man pausenlos operieren kann.

LUDWIG ERHARD

Der Wert der Arbeit wächst mit der Größe des Wirtschaftsraumes.

LUDWIG ERHARD

Ich glaube, es ist immer noch besser, die Wirtschaft gesundzubeten als sie totzureden.

LUDWIG ERHARD

Wirtschaftliche Macht ist politische Macht.

VALÉRY GISCARD D'ESTAING

Die Wirtschaft ist das Flußbett der Geschichte.

EDWARD HEATH

339

Wahre Wirtschaftlichkeit ist das Gegenteil von bloßem Sparen, Knausern und Verzichten. Sie besteht vielmehr in der Verhütung von Verschwendung, in der Erhaltung aller Energien und in der Abschaffung der Schlamperei.

ELBERT HUBBARD

Je enger und intensiver die Weltwirtschaft wird, desto mehr bewegen wir uns auf einen immerwährenden Weltfrieden zu, auch wenn das im Augenblick noch so größenwahnsinnig und vermessen klingen mag.

JOHN NAISBITT

In den Industrieländern haben wir ... zwei Arten von Wirtschaften: die alten Industrie-Wirtschaften, die am Hinschwinden sind und die man deshalb Sonnenuntergangs-Wirtschaften nennen könnte, und jene neuen, insbesondere in der Computertechnik und in der Informatik, die sich ausgesprochen im Aufwind befinden und die man als Sonnenaufgangs-Industrie bezeichnen könnte.

JOHN NAISBITT

In einer dirigierten Wirtschaft leben nur die Dirigenten gut.

ŽARKO PETAN

Nicht die Welt ist unser Schicksal, sondern die Wirtschaft.

WALTHER RATHENAU

Wirtschaften ist nichts anderes als die fortgesetzte Wahl zwischen verschiedenen Möglichkeiten, und die Nationalökonomie im Grunde nichts anderes als die Lehre von den Alternativen.

WILHELM RÖPKE

Der Kampf gegen den Mangel ist die ewige Grundlage der Wirtschaft; er charakterisiert alle Zeiten, alle Zonen und alle Gesellschaftssysteme.

WILHELM RÖPKE

Kratze am Politischen und das Wirtschaftliche kommt zum Vorschein.

LOTHAR SCHMIDT

Alle Politik endet im Geschäft.

LOTHAR SCHMIDT

Global denken, lokal handeln.

AMERIKANISCHES SPRICHWORT

Was die Weltwirtschaft angeht, so ist sie verflochten.

KURT TUCHOLSKY

Die einzige Wirtschaft, die immer Konjunktur hat, ist die Cliquen-Wirtschaft.

GERHARD UHLENBRUCK

Der Handel war es, der eigentlich die Welt – die Alte wie die Neue – aus ihrer Barberei gezogen hat.

KARL JULIUS WEBER

Wirtschaftspolitik

Wirtschaftspolitik ist ein kompliziertes System staatlicher Maßnahmen, die so ausgewogen sind, daß sie in schlechten Zeiten wenig nützen und in guten kaum schaden.

HELMAR NAHR

Antizyklische Finanzpolitik besteht darin, den jährlichen Etatzuwachs mit konjunkturgerecht wechselnden Formulierungen zu begründen.

HELMAR NAHR

Münzverschlechterung: altertümliches Wort für Finanzpolitik.

HELMAR NAHR

An die Stelle des größten Glücks der größten Zahl, wie es Jeremy Bentham ehedem forderte, ist als Ziel der Wirtschaftspolitik der geringste Neid der größten Zahl getreten.

LOTHAR SCHMIDT

Bigamie und inflationäre Wirtschaftspolitik sind Versuche, ein Übel zu verkleinern, indem man es vergrößert.

LOTHAR SCHMIDT

Jedes Maß an Freiheit ist abhängig vom Wirtschaftssystem.

LOTHAR SCHMIDT

Wissen

Wissen ist der einzige Produktionsfaktor, der nicht unter das Gesetz des abnehmenden Ertrags fällt.

JOHN MAURICE CLARK

Alles Wissen besteht in einer sicheren und klaren Erkenntnis.

RENÉ DESCARTES

Die Produktivität des Wissens ist bereits der Schlüssel zu Produktivität, Konkurrenzstärke und wirtschaftlicher Leistung geworden. Wissen ist bereits die Primärindustrie, jene Industrie, die der Wirtschaft die essentiellen und zentralen Produktionsquellen liefert.

PETER F. DRUCKER

Man muß schon etwas wissen, um verbergen zu können, daß man nichts weiß.

MARIE VON EBNER-ESCHENBACH

Wenn die Neugier sich auf ernsthafte Dinge richtet, dann nennt man sie Wissensdrang.

MARIE VON EBNER-ESCHENBACH

Wissen gibt es in zweierlei Form: Wir kennen den Gegenstand selbst oder wir wissen, wo wir Informationen über ihn erlangen.

SAMUEL JOHNSON

Alles Wissen stammt aus der Erfahrung.

IMMANUEL KANT

Denken ohne Wissen macht den Zufall zum Herrscher.

WERNER KOLLATH

Um die Dinge recht zu kennen, muß man ihre Einzelheiten ken-

nen, und da diese fast unzählig sind, bleibt unser Wissen immer oberflächlich und unvollkommen.

LA ROCHEFOUCAULD

Je mehr man schon weiß, je mehr hat man noch zu lernen. Mit dem Wissen nimmt das Nichtwissen in gleichem Grade zu, oder vielmehr das Wissen des Nichtwissens.

FRIEDRICH VON SCHLEGEL

Wissen, was andere wissen, ist besser als gar nichts wissen.

LOTHAR SCHMIDT

Auf dem Wege zum Wissen begegnen uns viele Zweifel.

LOTHAR SCHMIDT

Die Alten glauben alles, die mittleren Alters bezweifeln alles, die Jungen wissen alles.

OSCAR WILDE

Selbst wenn es einem einst glückt, die vollkommenste Wahrheit zu künden, wissen kann er sie nie: Es ist alles durchweht von Vermutung.

XENOPHANES

Wohlfahrtsstaat

Ein Wohlfahrtsstaat ist ein Staat, in dem die Allgemeinheit auf Kosten der Allgemeinheit lebt.

SIR DAVID ECCLES

Nichts ist in der Regel unsozialer als der sogenannte ‚Wohlfahrtsstaat‘, der die menschliche Verantwortung erschlaffen und die individuelle Leistung absinken läßt.

LUDWIG ERHARD

Wir werden einst das Schlaraffenland erreichen, aber ... Diät halten müssen.

CHARLES TSCHOPP

Wohlstand

Wohlstand ist eine Grundlage, aber kein Leitbild für die Lebensgestaltung. Ihn zu bewahren ist noch schwerer als ihn zu erwerben.

LUDWIG ERHARD

Je größer der Wohlstand, je dicker der Dreck. Dies beschreibt zweifelsfrei eine Tendenz unserer Zeit.

JOHN KENNETH GALBRAITH

Der Wurm, der im Wohlstand sitzt, sind nicht die Bedürfnisse, die er befriedigt, sondern die, die er weckt.

SIGMUND GRAFF

Das Bedenkliche des allgemeinen Wohlstandes liegt darin, daß die Leute nicht nur das auch haben wollen, was der andere hat, sondern alles, was es gibt.

SIGMUND GRAFF

Mit dem wachsenden Wohlstand sinkt das Interesse am Staat. Die Masse verteidigt lieber ihr Elend als ihren Wohlstand.

SIGMUND GRAFF

Wohlstand: Verfall der Satten.

RON KRITZFELD

Wenn die Bürger sagen: „Wir haben alles satt" – sagen sie das zum Zeichen des Wohlstands?

STANISLAW JERCY LEC

Der Wohlstand beginnt genau dort, wo der Mensch anfängt, mit dem Bauch zu denken.

NORMAN MAILER

Nur wer im Wohlstand lebt, schimpft auf ihn.

LUDWIG MARCUSE

Wohlstand ist das Durchgangsstadium von der Armut zur Unzufriedenheit.

HELMAR NAHR

Wohlstand ist Produktivität plus Gerechtigkeit.

HELMAR NAHR

Wohlstand ist Überfluß des Notwendigen.

LOTHAR SCHMIDT

Wohlstandsgesellschaft

Es muß aufhören, daß sich unsere Wohlstandsgesellschaft in die Gerechten und die Gerichteten teilt.

GUSTAV HEINEMANN

Das Symbol der Wohlstandsgesellschaft ist die wegwerfende Handbewegung.

WERNER MITSCH

Wohlstandsgesellschaft: der vergoldete Mittelweg.

GERHARD UHLENBRUCK

Wohltäter

Wohltäter: einer, der Undank in großen Mengen einkauft, ohne jedoch den Preis wesentlich in die Höhe zu treiben. Undank bleibt für jedermann erschwinglich.

AMBROSE BIERCE

Zum Tun gehört Talent, zum Wohltun Vermögen.

JOHANN WOLFGANG VON GOETHE

Ein Wohltäter hat immer etwas von einem Gläubiger.

CHRISTIAN FRIEDRICH HEBBEL

Worte

Worte sind das, was die Gesellschaft zusammenhält.

STUART CHASE

Jedes ausgesprochene Wort erregt den Gegensinn.

JOHANN WOLFGANG VON GOETHE

Worte sind natürlich das stärkste Rauschgift, das die Menschheit verwendet.

RUDYARD KIPLING

Jedes Wort ist ein Scheck auf eine Idee. Man sollte keine ungedeckten Schecks ausstellen.

HELMAR NAHR

Publizistisches Paradoxon: Die leersten Worte nehmen den breitesten Raum ein.

HELMAR NAHR

Worte sind Taschen, in die bald dies, bald jenes, bald mehreres auf einmal hineingesteckt worden ist.

FRIEDRICH WILHELM NIETZSCHE

Zündende Worte fangen am schnellsten in Strohköpfen Feuer.

LOTHAR SCHMIDT

Die Worte der Großen sind oft nur große Worte.

LOTHAR SCHMIDT

Je treffender das Wort, das geprägt wurde, desto hinderlicher ist es für eine unbefangene Betrachtung der Sache.

LOTHAR SCHMIDT

Jedes überflüssige Wort wirkt seinem Zweck gerade entgegen.

ARTHUR SCHOPENHAUER

Wunsch

Unerfüllbare Wünsche werden oft als profane bezeichnet. Man scheint anzunehmen, daß nur die profanen in Erfüllung gehen.

MARIE VON EBNER-ESCHENBACH

Wenn die Hälfte unserer Wünsche erfüllt wäre, würden unsere Sorgen verdoppelt sein.

BENJAMIN FRANKLIN

Der Mensch hat viele Bedürfnisse. Doch er lebt von seinen Wünschen.

LOTHAR SCHMIDT

Der Mensch möchte beim Zahlen erst die Ware sehen; allein das Schicksal schickt grundsätzlich per Nachnahme.

HELLMUT WALTERS

Z

Zeit

Die Zeit ist eine Uhr ohne Ziffern.

ERNST BLOCH

Das Ergebnis jedes Leistungsprozesses wird begrenzt durch das am knappsten vorhandene Hilfsmittel ..., die Zeit.

PETER F. DRUCKER

Zeit ist Geld. Aber nur, wenn man keine Zeit hat.

HERBERT A. FRENZEL

Die meiste Zeit geht dadurch verloren, daß man nicht zu Ende denkt.

ALFRED HERRHAUSEN

Zeit ist Geld. Eine harte Währung ohne Konvertibilität.

JEANNINE LUCZAK

Das Wesen der Zeit besteht in der Veränderung der Dinge. (Oder mathematisch ausgedrückt: Die Zeit ist der Differentialquotient der Veränderung.)

HELMAR NAHR

Von der Zeit nehmen wir nur Notiz, wenn sie vorbei ist.

LOTHAR SCHMIDT

Neben dem Grund und Boden gehören die Zeit und die Intelligenz zu den nicht beliebig vermehrbaren Gütern. Deshalb ist in der Informationsgesellschaft die öffentliche Aufmerksamkeit das wertvollste Kapital und die entscheidende Hürde jedes Unternehmens.

LOTHAR SCHMIDT

Die Zeit ist eine geräuschlose Feile.

ITALIENISCHES SPRICHWORT

Die Zeit ist das kostbarste Gut: Man kann sie für Geld nicht kaufen.

JÜDISCHES SPRICHWORT

Der Zug der Zeit ist ständig überfüllt.

NORBERT STOFFEL

Zeitplanung

Den rechten Zeitpunkt zu wählen, heißt Zeit sparen.

FRANCIS BACON

Zeit kann man nirgendwo mieten, kaufen oder anderweitig besorgen. Das Angebot an Zeit ist völlig unelastisch. Einerlei, wie hoch die Nachfrage, das Angebot läßt sich nie vermehren.

PETER F. DRUCKER

Zeit ermitteln, Zeit rationell einsetzen und Zeit zusammenfassen. Damit ist die Grundlage für die effektive Arbeit der Führungskräfte gegeben.

PETER F. DRUCKER

Das Maß der Zeit bleibt die Vergangenheit, auch wenn wir für die Zukunft planen.

HATTO EGERER

Gegenüber der Fähigkeit, die Arbeit eines einzigen Tages sinnvoll zu ordnen, ist alles andere im Leben ein Kinderspiel.

JOHANN WOLFGANG VON GOETHE

Ich wundere mich ständig über die große Zahl Menschen, die nicht Herr ihrer eigenen Zeiteinteilung zu sein scheinen.

LEE IACOCCA

Wenn man guten Gebrauch von seiner Zeit machen will, muß man wissen, was am wichtigsten ist, und sich dann mit ganzer Kraft dafür einsetzen.

LEE IACOCCA

Wir Heutigen erleben das Schneckenrennen zwischen der Entwicklung der menschlichen Vernunft und der Halbwertzeit von Plutonium.

HELMAR NAHR

Prioritäten setzen heißt auswählen, was liegenbleiben soll.

HELMAR NAHR

Wenn man viel hineinzustecken hat, hat ein Tag hundert Taschen.

FRIEDRICH WILHELM NIETZSCHE

Nie zuvor hatten wir sowenig Zeit, um so viel zu tun.

FRANKLIN DELANO ROOSEVELT

Die Menschen vertreiben sich die Zeit und klagen darüber, daß sie keine haben.

LOTHAR SCHMIDT

Der Aufschub ist der Dieb der Zeit.

EDWARD YOUNG

Zeitung

Zeitungen sind die Spiegel der Welt.

JAMES ELLIS

In einer wirklich guten Zeitung spricht die Nation zu sich selbst.

HENRY MILLER

Die Zeitungen sind die Sekundenzeiger der Geschichte. Derselbe ist meistens aber nicht nur von unedlerem Metalle als die beiden anderen, sondern geht auch selten richtig.

ARTHUR SCHOPENHAUER

Die Zeitung...ist nichts anderes als ein Kampfplatz. Man muß leben, und man muß kämpfen, um zu leben.

ÉMILE ZOLA

Ziel

Die nur ganz langsam gehen, aber immer den rechten Weg verfolgen, können viel weiter kommen als die, welche laufen und auf Abwege geraten.

RENÉ DESCARTES

Ein Mensch, der sich ernsthaft ein Ziel gesetzt hat, wird es auch erreichen.

BENJAMIN DISRAELI

Am Ziel deiner Wünsche wirst du jedenfalls eines vermissen: dein Wandern ans Ziel.

MARIE VON EBNER-ESCHENBACH

Kein Ziel ist so hoch, daß es unwürdige Methoden rechtfertigt.

ALBERT EINSTEIN

Ein Ziel ist: der ganze Weg zusammengerollt.

VILHELM EKELUND

Vom Ziel haben viele Menschen einen Begriff, nur sie möchten es gerne schlendernd erreichen.

JOHANN WOLFGANG VON GOETHE

Das Ziel muß man früher kennen als die Bahn.

JEAN PAUL

Wenn wir die Ziele wollen, wollen wir auch die Mittel.

IMMANUEL KANT

In vielen Fällen wäre der gerade Weg der kürzeste – zum Verderben.

CHRISTIAN MORGENSTERN

Um weiter zu springen, muß man einen Schritt zurücktreten.

FRANZÖSISCHES SPRICHWORT

Nur der Geist, der unverrückbar an ein fernes, schönes Ziel glaubt, vermag die Lebenskraft sich zu erhalten, die ihn über den Alltag hinwegführt.

GUSTAV STRESEMANN

Zins

Zinsen arbeiten Tag und Nacht, bei schönem und schlechtem Wetter. Sie nagen mit unsichtbaren Zähnen an der Substanz eines Mannes.

HENRY WARD BEECHER

Einfallsreichtum muß auch Zinsen tragen.

GERHARD UHLENBRUCK

Nicht nur Wohltun trägt Zinsen, auch Zinsen tun wohl.

UNBEKANNT

Zitate

So ein paar grundgelehrte Zitate zieren den ganzen Menschen.

HEINRICH HEINE

Treffende Zitate sind eine geistige Währung, die durch den Wortschatz gedeckt ist und bei Rednern hoch im Kurs steht.

LOTHAR SCHMIDT

Wir alle zitieren nur fremdes Wissen. Wissen, was andere wissen, ist besser, als gar nichts wissen.

LOTHAR SCHMIDT

Zivilisation

Was die Menschen Zivilisation nennen, ist der Zustand gegenwärtiger Sitten; was sie Barbarei nennen, das sind die Sitten der Vergangenheit.

ANATOLE FRANCE

Der zum erstenmal an Stelle eines Speeres ein Schimpfwort benutzte, war der Begründer der Zivilisation.

SIGMUND FREUD

Zum ersten Mal in der Geschichte hängt das physische Überleben der Menschheit von einer radikalen Veränderung des Herzens ab.

ERICH FROMM

Zivilisation im wahren Sinne des Wortes besteht nicht in der Vervielfachung der Bedürfnisse, sondern in der freiwilligen und wohlüberlegten Einschränkung der Wünsche.

MAHATMA GANDHI

Zivilisation ist die Mehrung materieller Güter, Kultur ist deren Steigerung durch Geist.

EGON ERWIN KISCH

Zivilisation ist eine Bewegung und kein Zustand, eine Reise und kein Hafen.

ARNOLD JOSEPH TOYNBEE

Zivilisation ist die unablässige Vermehrung unnötiger Notwendigkeiten.

MARK TWAIN

Zorn

Zorn ist ein kostspieliger Luxus, den sich nur Menschen von einem bestimmten Einkommen an leisten können.

GEORGE WILLIAM CURTIS

Der Zorn ist eine laute, der Ärger eine leise Empörung.

ERNST R. HAUSCHKA

Der Zorn ist ein kurzer Wahnsinn.

HORAZ

Zorn: ein Windsturm, der die Lampe des Verstandes ausbläst.

ROBERT GREEN INGERSOLL

Zorn: ein Schreck, der zugleich die Kräfte zum Widerstand gegen das Übel schnell rege macht.

IMMANUEL KANT

Zorn ist eine impulsive Form des Eigentrostes.

HANS LOHBERGER

Der Zorn der Zahmen ist die Gereiztheit.

RICHARD VON SCHAUKAL

Zufall

Was wir Zufall nennen, ist vielleicht die Logik Gottes.

GEORGES BERNANOS

Zufall: ein unvermeidliches Ereignis, das auf unveränderlichen Naturgesetzen beruht.

AMBROSE BIERCE

Zufall ist der Spitzname für Vorsehung.

NICOLAS CHAMFORT

Der Zufall, das ist der Name, mit dem man die Verdienste des anderen bezeichnet.

JACQUES DEVAL

Der Zufall ist die in Schleier gehüllte Notwendigkeit.

MARIE VON EBNER-ESCHENBACH

Zufall ist vielleicht das Pseudonym Gottes, wenn er nicht unterschreiben will.

ANATOLE FRANCE

Der Zufall ist ein Rätsel, welches das Schicksal dem Menschen aufgibt.

CHRISTIAN FRIEDRICH HEBBEL

Die zwei größten Tyrannen der Erde: der Zufall und die Zeit.

JOHANN GOTTFRIED VON HERDER

Sofern eine Begebenheit nicht unter einer besonderen Regel ihrer Ursache geschieht, so ist's Zufall.

IMMANUEL KANT

Zufall oder Schicksal sind zwei Worte für etwas, das wir nicht kennen.

OTTO MICHEL

Der Glückspilz erntet Früchte, die der Zufall sät.

WERNER MITSCH

Zufall ist erlebtes Schicksal.

OSWALD SPENGLER

Zufriedenheit

Zufriedenheit ist der Stein der Weisen: Zufriedenheit wandelt in Gold, was immer sie berührt.

BENJAMIN FRANKLIN

Zufriedenheit ist Glück.

THOMAS FULLER

Wenn ein paar Menschen recht miteinander zufrieden sind, kann man meistens versichert sein, daß sie sich irren.

JOHANN WOLFGANG VON GOETHE

Gleichmütigkeit ist das Selbstgefühl einer gesunden Seele.

IMMANUEL KANT

Zu tief angesetzte Zufriedenheit ist ein Hemmschuh deiner Möglichkeiten.

WERNER MITSCH

Zufriedene sind Resignierende, ohne es zu wissen.

RUDOLF ROLFS

Das Haupthindernis ist, daß wir zu schnell mit uns zufrieden sind.

SENECA

Zufriedenheit wohnt in mehr Hütten als in Palästen.

SPRICHWORT

Zufriedenheit ist die Verwandlung von Resignation in Glück.

NORBERT STOFFEL

Zuhören

Zuhören können ist der halbe Erfolg.

CALVIN COOLIDGE

Wir sollten versuchen, einen Menschen dadurch zu verstehen, daß wir ihn nicht am Sprechen hindern.

ERNST R. HAUSCHKA

Ein Zuhörer ist jemand, der nicht überall bekannt ist, der aber nach einer Weile etwas weiß.

WILSON MIZNER

Der Mensch hat neben dem Trieb der Fortpflanzung und dem, zu essen und zu trinken, zwei Leidenschaften: Krach zu machen und nicht zuzuhören. Man könnte den Menschen geradezu als ein Wesen definieren, das nie zuhört.

KURT TUCHOLSKY

Der Zuhörer ist ein schweigender Schmeichler.

UNBEKANNT

Zukunft

Das Beste an der Zukunft ist, daß wir immer nur einen Tag auf einmal zu verkraften brauchen.

DEAN ACHESON

Wenn wir einen Streit zwischen Vergangenheit und Gegenwart beginnen, werden wir finden, daß wir die Zukunft verloren haben.

SIR WINSTON CHURCHILL

Ich denke niemals an die Zukunft. Die kommt von selber und früh genug.

ALBERT EINSTEIN

Wer nicht über die Zukunft nachdenkt, wird nie eine haben.

JOHN GALSWORTHY

Wer heute nur für sich selbst sorgen will, verspielt mit der Zukunft anderer auch seine eigene.

GUSTAV HEINEMANN

Man läßt seine Zukunft nur einmal aus den Augen und schon verbündet sie sich mit dem Zufall.

WERNER MITSCH

Der zuverlässigste Weg, die Zukunft zu sehen, ist das Verstehen der Gegenwart.

JOHN NAISBITT

Die Gegenwart ist nie unser Zweck; die Vergangenheit und die Gegenwart sind unsere Mittel; die Zukunft allein ist unser Zweck.

BLAISE PASCAL

Haben Sie keine Angst vor der Zukunft – sie beginnt erst morgen.

ŽARKO PETAN

Von einem hohen Posten ist die Aussicht in eine glänzende Zukunft viel besser.

ŽARKO PETAN

Die Zukunft kommt in Raten; das ist das Erträgliche an ihr.

ALFRED POLGAR

Mich interessiert vor allem die Zukunft, denn das ist die Zeit, in der ich leben werde.

ALBERT SCHWEITZER

Zwang

Zwang: die Beredsamkeit der Macht.

AMBROSE BIERCE

Jeder Zwang ist Gift für die Seele.

LUDWIG BÖRNE

Der Zwang heiligt die Mittel.

NORBERT STOFFEL

Zweck

Der Zweck ist der Schöpfer des ganzen Recht.

RUDOLF VON IHERING

Das Ideal des Materialisten heißt Zweck. Der Materialismus des Idealisten Mittel.

HANS LOHBERGER

Manche Zwecke verderben die heiligen Mittel.

ŽARKO PETAN

Zweifel

Erst zweifeln, dann untersuchen, dann entdecken.

HENRY THOMAS BUCKLE

Der erste Schritt zur Wahrheit ist der Zweifel.

DENIS DIDEROT

Der Zweifel ist eine Huldigung, welche man der Hoffnung darbringt.

COMTE DE LAUTRÉAMONT

Zweifel muß nichts weiter sein als Wachsamkeit, sonst kann er gefährlich werden.

GEORG CHRISTOPH LICHTENBERG

Es ist besser, sich von Zweifeln beunruhigen zu lassen, als lange im Irrtum zu verweilen.

ALLESSANDRO MANZONI

Jeder Zweifel ist die Forderung nach einer Methode.

JOSÉ ORTEGA Y GASSET

Des Glaubens Sonde ist der Zweifel.

JOHANN GOTTFRIED SEUME

Was wäre aus dem Menschen geworden, wenn er nicht gelernt hätte zu zweifeln?

UPTON BEALL SINCLAIR

Verzeichnis ausgewählter Quellen

Herausgeber und Verlag sind den Autoren der Zitate und Aphorismen sehr verpflichtet. Vielen zeitgenössischen deutschsprachigen Aphoristikern fühlt sich der Herausgeber freundschaftlich verbunden. Ihnen sei für die Nachdruckerlaubnis und das Einverständnis, daß ihre Werke nicht einzeln aufgeführt werden müssen, an dieser Stelle besonders herzlich gedankt.

Der Herausgeber und der Königsteiner Wirtschaftsverlag danken insbesondere folgenden Verlagen, Agenturen und Autoren für ihre freundliche Abdruckerlaubnis:

Atrium Verlag, Zürich
Erich Kästner

Verlag C. H. Beck, München
Ludwig Reiners, Oswald Spengler

Biederstein Verlag, München
Heimito von Doderer

Claassen Verlag, Hildesheim
Cesare Pavese, Arnold Joseph Toynbee

Deutsche Verlags-Anstalt, Stuttgart
Erich Fromm, José Ortega y Gasset, André Gide, Curt Goetz

Diogenes Verlag, Zürich
William Harrison Faulkner: Werke, Briefe und Materialien
in 29 Bänden; Copyright © 1982 Diogenes Verlag AG, Zürich;
William Somerset Maugham: Romane und Erzählungen.
In bisher 25 Bänden im Diogenes Verlag AG, Zürich, erschienen

Econ Verlagsgruppe, Düsseldorf
Peter F. Drucker, André Kostolany, John Naisbitt, Norbert Wiener

S. Fischer, Frankfurt
Hugo von Hofmannsthal, Max Horkheimer, Thomas Mann, Arthur

Autorenverzeichnis

A

Abbott, Lyman; 1835–1922
amerikanischer Religionsphilosoph

Abs, Hermann Josef; 1901–1994
deutscher Bankier

Achard, Marcel; 1899–1974
französischer Dramatiker

Acheson, Dean; 1893–1971
amerikanischer Politiker,
Außenminister 1945–1947

Ackermann, Albert
deutscher Betriebspsychologe

Acton, John D.; 1834–1902
englischer Historiker

Adams, John; 1735–1826
amerikanischer Staatsmann,
2. Präsident der USA 1797–1801

Addison, Joseph; 1672–1719
englischer Dichter

Ade, George; 1866–1944
amerikanischer Humorist und Dramatiker

Adenauer, Konrad; 1876–1967
deutscher Staatsmann,
Bundeskanzler 1949–1963

Adler, Alfred; 1870–1937
österreichischer Arzt und Psychologe

Adorno, Theodor W.; 1909–1969
deutscher Philosoph, Soziologe
und Musiktheoretiker

Agate, James; 1877–1947
englischer Kritiker

Aischylos; 525–456 v. Chr.
griechischer Dichter

Alain, eigentlich Émile Chartrier;
1868–1951
französischer Philosoph und Schriftsteller

Alcott, Amos Bronson; 1799–1888
amerikanischer Pädagoge und Philosoph

Alexander von Aphrodisias; um 200
griechischer Philosoph

Alger, William Rounseville; 1825–1903
amerikanischer Geistlicher

Alighieri, Dante; 1265–1321
italienischer Dichter

Allais, Alphonse; 1854–1905
französischer Schriftsteller und Humorist

Allen, Fred, eigentlich John F. Sullivan; 1894–1956
amerikanischer Humorist

Allen, Frederick Lewis; 1890–1954
amerikanischer Schriftsteller

Alsop, Stewart; 1914–1974
amerikanischer Journalist

Altenberg, Peter, eigentlich
Richard Engländer; 1859–1919
österreichischer Dichter

Altmann, Hans Christian
deutscher Publizist

Ambler, Eric; 1909–1986
englischer Schriftsteller

Amery, Carl, eigentlich
Christian Anton Mayer; geb. 1922
deutscher Schriftsteller und Publizist

Amiel, Henri-Frédéric; 1821–1881
schweizerischer Philosoph und Kritiker

Amsterdam, Max; 1912–1972
amerikanischer Schriftsteller

Andersen, Vilhelm; 1864–1953
dänischer Schriftsteller und Literaturhistoriker

Andersen-Nexö, Martin; 1869–1954
dänischer Arbeiterdichter

Anderson, Maxwell; 1888–1959
amerikanischer Dramatiker

Anzengruber, Ludwig,
Pseudonym Ludwig Gruber;
1839–1889
österreichischer Dramatiker und Erzähler

Aristoteles; 384–322 v. Chr.
griechischer Philosoph

Armour, Philip D.; 1832–1901
amerikanischer Unternehmer

Arnold, Matthew; 1822–1888
englischer Essayist und Kritiker

Asimov, Isaac; geb. 1920–1992
amerikanischer Biochemiker und
Science-Fiction-Schriftsteller

Asquith, Herbert Henry; 1852–1928
englischer Politiker, Premierminister
1908–1916

Auerbach, Berthold; 1812–1882
deutscher Historiker, Erzähler und
Essayist

Augustinus; 354–430
römisch-lateinischer Bischof in
Nordafrika, bedeutendster Kirchenlehrer des Abendlandes

Aurel, Marc; 121–180
römischer Kaiser 161–180

Austin, Alfred; 1835–1913
englischer Dichter

B

Bacmeister, Ernst; 1874–1971
deutscher Dramatiker, Essayist und
Lyriker

Bacon, Francis Baron Verulam and
Viscount St. Albans; 1561–1626
englischer Staatsmann und Philosoph

Bagehot, Walter; 1826–1877
englischer Nationalökonom und Jurist

Bahr, Hermann; 1863–1934
österreichischer Essayist und Kritiker

Bain, Alexander; 1818–1903
schottischer Philosoph und Psychologe

Baldwin, James; 1924–1987
amerikanischer Schriftsteller

Balint, György; 1906–1943
ungarischer Komponist

Ballin, Albert; 1857–1918
deutscher Reeder

Balzac, Honoré de; 1799–1850
französischer Romanschriftsteller
und Dichter

Bamm, Peter, eigentlich Curt Emm-
rich; 1897–1975
deutscher Chirurg und Schriftsteller

Barre, Raymond; geb. 1924
französischer Wirtschaftswissenschaftler, Premierminister 1976–1981

Barrés, Maurice; 1862–1923
französischer Schriftsteller

Baruch, Bernard M.; 1870–1965
amerikanischer Politiker und Bankier

Baschnonga, Emil; geb. 1941
schweizerischer Aphoristiker

Bastiat, Frédéric; 1801–1850
französischer Nationalökonom
Baudelaire, Charles Pierre; 1821–1867
französischer Dichter und Kritiker
Bauer, Winfried M.; geb. 1928
deutscher Management-Autor
Beard, Charles H.; 1874–1948
amerikanischer Historiker
Beckett, Samuel; 1906–1989
irischer Schriftsteller
Beckurts, Karl Heinz; 1930–1986
deutscher Manager
Beecher, Henry Ward; 1813–1887
amerikanischer Prediger
Beecher, Lyman; 1775–1863
amerikanischer Geistlicher
Beer, Otto F.; geb. 1910
österreichischer Schriftsteller und
Journalist
Bell, Daniel; geb. 1919
amerikanischer Journalist und
Soziologe
Bellamy, Edward; 1850–1898
amerikanischer Schriftsteller
Belloc, Hilaire; 1870–1953
englischer Schriftsteller
Benn, Gottfried; 1886–1956
deutscher Dichter
Bentham, Jeremy; 1748–1832
englischer Philosoph und Jurist
Berg, Fritz; 1901–1979
deutscher Unternehmer,
BDI-Präsident 1951–1971
Bergson, Henri; 1859–1941
französischer Philosoph und Essayist, Literatur-Nobelpreis 1927
Bergsträsser, Arnold; 1896–1964
deutscher Kulturhistoriker und Politikwissenschaftler

Bernanos, Georges; 1888–1948
französischer Schriftsteller
Bernstein, Eduard; 1850–1932
deutscher Politiker und Schriftsteller
Bernstein, Leonard; 1918–1990
amerikanischer Dirigent und Komponist
Berthet, André; 1818–1888
französischer Schriftsteller
Bertololy, Paul; 1892–1972
deutscher Schriftsteller
Beutelrock, Friedl; 1899–1958
deutsche Schriftstellerin
Bierbaum, Otto Julius, Pseudonym
Martin Möbius; 1865–1910
deutscher Erzähler, Lyriker und
Schauspieldichter
Bierce, Ambrose; 1842–1914
amerikanischer Satiriker und Schriftsteller
Billings, Josh, eigentlich
Henry Wheeler Shaw; 1818–1885
amerikanischer Humorist
Billington, Edward
amerikanischer Manager
Bismarck, Otto von; 1815–1898
deutscher Staatsmann, 1. Reichskanzler 1871–1890
Bismarck, Philipp von; geb. 1913
deutscher Politiker
Bloch, Ernst; 1885–1977
deutscher Philosoph
Blum, Jean-Paul; geb. 1946
deutscher Jurist
Blüm, Norbert; geb. 1935
deutscher Politiker, Bundesminister
für Arbeit und Sozialordnung von
1982–1998

Bohr, Niels; 1885–1962
dänischer Physiker,
Physik-Nobelpreis 1922
Boll, Christine
deutsche Aphoristikerin
Bonald, Vicomte Louis Gabriel Ambroise de; 1754–1840
französischer Philosoph
Bonnard, Abel; 1883–1968
französischer Schriftsteller
Börne, Ludwig, eigentlich Löb
Baruch; 1786–1837
deutscher Schriftsteller und Kritiker
Bosch, Robert; 1861–1942
deutscher Industrieller, Firmengrün-
der
Boßhart, Jakob; 1862–1924
schweizerischer Erzähler
Bossuet, Jacques Bénigne; 1627–1704
französischer Geistlicher
Bovee, Christian Nestell; 1820–1904
amerikanischer Epigrammatiker
Bracque, Georges; 1882–1963
französischer Maler und Graphiker
Bradlaugh, Charles; 1833–1891
amerikanischer Naturwissenschaftler
Braun, Wernher von; 1912–1977
amerikanischer Physiker und Rake-
teningenieur deutscher Herkunft
Brecht, Bertolt; 1898–1956
deutscher zeitkritischer Schriftsteller, Dramatiker, Regisseur und Lyriker
Briand, Aristide; 1862–1932
französischer Politiker, mehrmals
Minister und Ministerpräsident,
Außenminister 1925–1932
Brisbane, Arthur; 1864–1963
amerikanischer Journalist

Britt, Steward Henderson; 1907–1979
amerikanischer Werbefachmann
Britten, Benjamin; 1913–1976
englischer Komponist
Broglie, Louis de; 1892–1987
französischer Physiker
Brooking, James
amerikanischer Manager
Brooks, Philips; 1835–1893
amerikanischer Theologe
Brudzinski, Wieslaw; geb. 1920
polnischer Feuilletonist, Schriftsteller, Epigrammatiker und Aphoristi-
ker
Bryant, William Cullen; 1794–1878
amerikanischer Dichter
Buber, Martin; 1878–1965
deutscher Religionsphilosoph
Büchner, Ludwig; 1824–1899
deutscher Philosoph
Buck, Pearl S., Pseudonym John
Sedges; 1892–1973
amerikanische Schriftstellerin,
Literatur-Nobelpreis 1938
Buckle, Henry Thomas; 1821–1862
englischer Kulturhistoriker
Buddenberg, Hellmuth; geb. 1924
1976–1988 Vorsitzender des Vor-
standes, seit 1988 Vorsitzender des
Aufsichtsrats der Deutschen BP AG,
Hamburg
Buffon, Georges-Louis Leclerc
Comte de; 1707–1788
französischer Philosoph
Bulwer-Lytton, First Baron Earl
Edward George; 1803–1873
englischer Schriftsteller und Staats-
mann

Bunin, Iwan Aleksejewitsch;
1870–1953
russischer Schriftsteller
Burckhardt, Jacob Christoph;
1818–1897
schweizerischer Gelehrter
Burke, Edmund; 1729–1797
englischer Philosoph und Staatsmann
Burns, Robert; 1759–1796
schottischer Dichter
Busch, Wilhelm; 1832–1908
deutscher Dichter, Maler und Zeichner
Butler, Nicholas Murray; 1862–1947
amerikanischer Pädagoge
Butler, Samuel, der Jüngere;
1835–1902
englischer Schriftsteller
Byron, Sixth Lord George Gordon
Noel; 1788–1824
englischer Dichter

C

Cabell, James Branch; 1879–1958
amerikanischer Dichter
Caesar, Gaius Julius; 101–44 v. Chr.
römischer Feldherr, Staatsmann
und Schriftsteller
Caldwell, Erskine; 1903–1987
amerikanischer Schriftsteller
Câmara, Hélder Pessoa Dom; geb.
1909
brasilianischer Theologe, Erzbischof
Camus, Albert; 1913–1960
französischer Erzähler und Dramatiker

Capek, Karel; 1890–1938
tschechischer Schriftsteller
Capote, Truman; 1924–1984
amerikanischer Schriftsteller
Carlyle, Thomas; 1795–1881
schottischer Schriftsteller, Essayist,
Historiker und Philosoph
Carnegie, Andrew; 1835–1919
amerikanischer Großindustrieller
Carstens, Karl; 1914–1992
deutscher Politiker, Bundespräsident
1979–1984
Carter, James E.; geb. 1924
amerikanischer Staatsmann,
39. Präsident der USA 1977–1981
Catull, Gaius Valerius; 84–54 v. Chr.
römischer Dichter
Ceram, Curt Wilhelm, eigentlich Kurt
Wilhelm Marek; 1915–1972
deutscher Schriftsteller
Cervantes, Miguel de; 1547–1616
spanischer Dichter
Chamberlain, Arthur Neville;
1869–1940; englischer Staatsmann,
Premierminister 1937–1940
Chamfort, Nicolas; 1741–1794
französischer Moralist, Aphoristiker
Chapin, Edwin Hubbel; 1814–1880
amerikanischer Geistlicher
Chapman, George; 1559–1634
englischer Dramatiker
Charleton, Walter; 1619–1707
englischer Philosoph
Chase, Stuart; 1888–1932
amerikanischer Sozialwissenschaftler
Chateaubriand, Vicomte François
René de; 1768–1848
französischer Dichter und Staats-
mann

AUTORENVERZEICHNIS

Cheniér, André Marie de; 1762–1794
französischer Lyriker und Schriftsteller

Chesterfield, Fourth Earl of Stanhope
Lord Philip Dormer; 1694–1773
englischer Staatsmann und Schriftsteller

Chesterton, Gilbert Keith; 1874–1936
englischer Schriftsteller und Dichter

Christina von Schweden; 1626–1689
schwedische Königin, Aphoristikerin

Chrysostomus, Johannes; 345–407
byzantinischer Kirchenlehrer,
Patriarch von Konstantinopel

Churchill, Sir Winston; 1874–1965
englischer Premierminister
1940–1945 und 1951–1955, Literatur-Nobelpreis 1953

Cicero, Marcus Tullius; 106–43 v. Chr.
römischer Staatsmann, Redner und
Schriftsteller

Cioran, Émile Michael; 1911–1995
rumänisch-französischer Essayist,
Aphoristiker

Clair, René, eigentlich René Chaumet-
te; 1898–1981
französischer Filmregisseur

Clairvaux, Bernhard von; 1091–1153
französischer Kirchenlehrer

Clark, John Maurice; 1884–1963
amerikanischer Nationalökonom

Claudel, Paul Louis Charles;
1868–1955
französischer Diplomat, Dichter und
Dramatiker

Claudius, Matthias, Pseudonym As-
mus; 1740–1815
deutscher Dichter

Clausewitz, Carl von; 1780–1831
deutsch-preußischer General und
Miltärtheoretiker

Clemenceau, Georges Benjamin;
1841–1929
französischer Politiker, Ministerpräsident 1906–1909 und 1917–1920

Cobbett, William; 1763–1835
englischer Politiker und Schriftsteller

Cocteau, Jean; 1889–1963
französischer Dichter, Komponist,
Maler und Filmregisseur

Colbert, Jean Baptiste; 1619–1683
französischer Staatsmann

Coleridge, Samuel Taylor; 1772–1834
englischer Dichter und Philosoph

Collier, Jeremy; 1650–1726
englischer Geistlicher

Colton, Charles Caleb; 1780–1832
englischer Essayist und Aphoristiker

Congreve, William; 1670–1729
englischer Dichter

Conrad, Joseph, eigentlich Theodor
Josef Konrad Korzeniowski;
1847–1924
polnisch-englischer Schriftsteller

Coolidge, Calvin; 1872–1933
amerikanischer Staatsmann,
30. Präsident der USA 1923–1929

Cooper, James Fenimore; 1789–1851
amerikanischer Schriftsteller

Corneille, Pierre; 1606–1684
französischer Bühnendichter,
und Advokat

Coudenhove-Kalergie, Richard
Graf von; 1894–1972
österreichischer Staatswissenschaft-
ler, Schriftsteller, Politiker, Begründer der Paneuropa-Bewegung

Couve de Murville, Maurice; geb.
1907
französischer Politiker, Ministerpräsident 1968–1969
Coward, Noël; 1899–1977
englischer Dramatiker
Creighton, Mandell; 1845–1901
amerikanischer Geistlicher
Crescenzo, Luciano De; geb. 1928
italienischer Schriftsteller und Filmregisseur
Crnčević, Brana; geb. 1923
serbischer Aphoristiker
Crockett, Douglas R.
amerikanischer Filmschauspieler
Crosby, John; geb. 1912
amerikanischer Kommentator
Crosby, Philip B.; geb. 1926
amerikanischer Unternehmensberater
Cues, Nikolaus von; 1401–1464
deutscher Philosoph und Kardinal
Culkin, John
amerikanischer Schriftsteller
Curtis, George William; 1824–1892
amerikanischer Journalist und
Schriftsteller
Cutler, Laurel
amerikanische Managerin
Cutten, George Barton; 1904–1978
amerikanischer Schriftsteller
Cyrano de Bergerac, Savinien de,
eigentlich Hector Savinien Cyrano;
1619–1655
französischer Schriftsteller

D

Dahrendorf, Ralf; geb. 1929
deutscher Soziologe, Ökonom und
Politiker
Darrow, Clarence Seward; 1857–1938
amerikanischer Jurist
Darwin, Charles; 1809–1882
englischer Naturforscher
Davenant, Sir William, auch
D'Avenant geschrieben; 1606–1688
englischer Dichter
Davi, Hans Leopold; geb. 1928
schweizerischer Schriftsteller
Dawson, George; 1821–1876
englischer Geistlicher
Debs, Eugene Victor; 1855–1926
amerikanischer Politiker
Demokrit; 460–370 v. Chr.
griechischer Philosoph
Demosthenes; 384–322 v. Chr.
griechischer Redner und Staatsmann
Deng Xiaoping; 1904–1997
chinesischer Politiker
Descartes, René; 1596–1650
französischer Philosoph und Mathematiker
Deval, Jacques, eigentlich Jacques
Boularn; 1894–1972
französischer Schriftsteller
Dewar, Sir James; 1842–1923
schottischer Chemiker und Physiker
Dichter, Ernest; 1907–1991
österreichisch-amerikanischer
Ökonom und Sozialforscher
Diderot, Denis; 1713–1784
französischer Philosoph und Schriftsteller

Diettrich, Fritz; 1902–1964
deutscher Erzähler, Dramatiker,
Lyriker und Aphoristiker
Dilthey, Wilhelm; 1833–1911
deutscher Philosoph
Disraeli, Benjamin; 1804–1881
englischer Staatsmann, Premierminister 1868 und 1874–1880
Djilas, Milovan; 1911–1995
serbischer Schriftsteller
Doderer, Heimito von; 1896–1966
österreichischer Romanautor,
Erzähler, Essayist und Lyriker
Dos Passos, John Roderigo;
1896–1970
amerikanischer Roman- und Bühnenschriftsteller
Dostojewski, Fjodor Michaijlowitsch;
1821–1881
russischer Schriftsteller und Dichter
Drucker, Peter F.; geb. 1909
amerikanischer Unternehmensberater, Management-Theoretiker und
Publizist
Duché, Jean; geb. 1915
französischer Schriftsteller
Dumas, Alexandre, der Ältere;
1802–1870
französischer Schriftsteller
Dumas, Alexandre, der Jüngere;
1824–1895
französischer Theaterschriftsteller
und Romancier
Durant, Will; 1885–1981
amerikanischer Kulturhistoriker und
Philosoph
Dürer, Albrecht; 1471–1528
deutscher Maler, Graphiker und
Kupferstecher

Dürr, Heinz; geb. 1933
deutscher Vorstandsvorsitzender der
Deutschen Bahn AG
Duval, Jacques
französischer Schriftsteller

E

Ebner-Eschenbach, Marie von;
1830–1916
österreichische Erzählerin, Autorin,
Aphoristikerin
Eccles, Sir David; geb. 1903
australischer Physiologe
Edel, Gottfried; geb. 1929
deutscher Fernsehredakteur, Herausgeber, Schriftsteller, Aphoristiker
Eden, Sir Anthony; 1897–1977
englischer Politiker, Premierminister
1955–1957
Edison, Thomas Alva; 1847–1931
amerikanischer Erfinder
Edwards, Tryon; 1809–1894
amerikanischer Theologe
Egerer, Hatto; geb. 1921
deutscher Arzt, Aphoristiker
Ehrenburg, Ilja Gregorjewitsch;
1891–1967
russischer Schriftsteller
Einstein, Albert; 1879–1955
deutsch-amerikanischer Physiker,
Entwickler der Relativitätstheorie,
Physik-Nobelpreis 1921
Eisenhower, Dwight David;
1890–1969
amerikanischer General,
34. Präsident der USA 1953–1961
Ekelund, Vilhelm; 1880–1949
schwedischer Schriftsteller

Elgozy, Georges; geb. 1909
französischer Schriftsteller
Elliott, Ebenezer; 1781–1849
englischer Dichter
Ellis, Henry Havelock; 1859–1939
englischer Arzt, Psychologe und
Schriftsteller
Ellis, James; 1769–1849
englischer Jurist
Emerson, Ralph Waldo; 1803–1882
amerikanischer Philosoph und Dichter
Engel, Johann Jakob; 1741–1802
deutscher Schriftsteller
Engels, Friedrich; 1820–1895
deutscher Philosoph, Theoretiker
des Sozialismus
Epicharmos; um 440 v. Chr.
griechischer Komödiendichter
Epiktet; 50–125
griechischer Philosoph
Epikur von Samos; 341–270 v. Chr.
griechischer Philosoph
Erasmus von Rotterdam; 1469–1536
niederländischer Humanist und
Theologe
Erhard, Ludwig; 1897–1977
deutscher Wirtschaftsminister 1949–
1963 und Bundeskanzler 1963–1966
Ernst, Paul; 1866–1933
deutscher Schriftsteller
Esser, Otto; geb. 1917
deutscher Unternehmer, Präsident
der Bundesvereinigung der Deutschen Arbeitgeberverbände
1978–1986
Etzel, Franz; 1902–1970
deutscher Politiker, Bundesfinanzminister 1957–1961

Eucken, Rudolf; 1846–1926
deutscher Philosoph
Euripides; 480–406 v. Chr.
griechischer Bühnendichter

F

Fadejew, Alexander; 1901–1956
russischer Schriftsteller
Fargue, Léon Paul; 1876–1947
französischer Dichter
Faulkner, William Harrison;
1897–1962
amerikanischer Erzähler, Romanschriftsteller, Essayist und Lyriker
Faure, Edgar; 1908–1988
französischer Ministerpräsident 1952
und 1955–1956
Feather, William; 1889–1969
amerikanischer Werbefachmann
Feistel, Monika; geb. 1945
deutsche Autorin
Ferguson, David; gest. 1598
schottischer Schriftsteller
Feuchtersleben, Ernst Freiherr von;
1806–1849
österreichischer Schriftsteller, Lyriker und Essayist
Feuchtwanger, Lion; 1884–1958
deutscher Schriftsteller
Feuerbach, Anselm; 1829–1880
deutscher Maler
Feuerbach, Ludwig Andreas;
1804–1872
deutscher Philosoph
Fichte, Johann Gottlieb; 1762–1814
deutscher Schriftsteller, Philosoph
des Idealismus

Fielding, Henry; 1707–1784
englischer Schriftsteller und Humorist

Finck, Werner; 1902–1978
deutscher Kabarettist und Schriftsteller

Fischer, Kuno; 1824–1907
deutscher Philosoph

Fischer, Martin Henry; 1879–1959
amerikanischer Schriftsteller

Flaubert, Gustave; 1821–1880
französischer Dichter

Flechtheim, Ossip K.; 1909–1998
deutscher Politologe

Fontane, Theodor; 1819–1898
deutscher Schriftsteller und Erzähler

Forbes, Malcolm S.; 1815–1854
englischer Naturwissenschaftler,
Biograph und Forscher

Forbes, Malcolm S.; 1919–1990
amerikanischer Verleger

Ford I., Henry; 1863–1947
amerikanischer Automobilprodu-
zent

Ford II., Henry; 1917–1987
amerikanischer Automobilprodu-
zent

Forel, François Alphonse; 1841–1912
schweizerischer Geograph

Fox, James Charles; 1749–1806
englischer Politiker

France, Anatole, eigentlich Jacques
François Anatole Thibault;
1844–1924
französischer Dichter, Literatur-
Nobelpreis 1921

Franchi, Carlo, eigentlich Franz Karl
Franchy; 1896–1972
österreichischer Schriftsteller

Frankfurter, Felix; 1882–1965
amerikanischer Jurist österreichischer Herkunft

Franklin, Benjamin; 1706–1790
amerikanischer Staatsmann und Philosoph

Frenzel, Herbert A.; 1908–1996
deutscher Schriftsteller, Aphoristiker

Fresny, Charles Alphonse du;
1611–1665
französischer Schriftsteller

Freud, Sigmund; 1856–1939
österreichischer Arzt, Neurologe
und Psychologe

Freyer, Hans; 1887–1969
deutscher Soziologe und Philosoph

Freytag, Gustav; 1816–1895
deutscher Dichter

Fried, Erich; 1921–1988
österreichischer Schriftsteller

Friedell, Egon, eigentlich
Egon Friedmann; 1878–1938
österreichischer Schriftsteller, Schauspieler und Journalist

Friedman, Milton; geb. 1912
amerikanischer Wirtschaftswissenschaftler, Begründer des Monetaris-
mus

Friedrich II.; 1194–1250
deutscher Kaiser ab 1220

Friedrich II. der Große; 1712–1786
deutscher Staatsmann, König von
Preußen 1740–1786

Fries, Reinhold M.; geb. 1927
deutscher Manager

Fröbel, Friedrich Wilhelm August;
1782–1852
deutscher Pädagoge, Gründer des ersten Kindergartens

Fromm, Erich; 1900–1980
deutsch-amerikanischer Psychoanalytiker

Fromme, Friedrich Karl; geb. 1930
deutscher Journalist

Frost, David; geb. 1939
englischer Fernsehkommentator

Frost, Robert Lee; 1874–1963
amerikanischer Lyriker

Fry, Christopher, eigentlich Christopher Hammond; geb. 1907
englischer Schriftsteller und Dramatiker

Fuller, Thomas; 1608–1661
englischer Theologe, Philosoph und Historiker

Fürstenberg, Carl; 1850–1933
deutscher Bankier

G

Gabor, Dennis; 1900–1979
ungarisch-englischer Physiker, Entwickler der Holographie, Physik-Nobelpreis 1971

Galbraith, John Kenneth; geb. 1908
amerikanischer Wirtschaftswissenschaftler

Galilei, Galileo; 1564–1642
italienischer Physiker und Naturforscher

Galsworthy, John; 1867–1933
englischer Roman- und Bühnenschriftsteller

Gandhi, Mahatma; 1869–1948
indischer Philosoph und Staatsmann

Gaugler, Heinz
deutscher Manager

Gaulle, Charles de; 1890–1970
französischer General und Politiker; Staatspräsident 1958–1969

Gaultier, Denis; 1603–1672
französischer Musiker und Komponist

Gaultier, Jules de; 1858–1942
französischer Philosoph

Gaxotte, Pierre; 1895–1982
französischer Historiker

Gay, John; 1685–1732
englischer Dichter

Geibel, Emanuel; 1815–1884
deutscher Dichter

Gellert, Christian Fürchtegott; 1715–1769
deutscher Dichter

Genet, Jean; 1910–1986
französischer Dramatiker, Lyriker und Schriftsteller

Getty, Jean Paul; 1892–1976
amerikanischer Industrieller

Gibbs, Sir Philip Hamilton; 1877–1962
englischer Schriftsteller

Gibran, Kahlil; 1883–1931
syrisch-amerikanischer Dichter und Maler

Gide, André; 1869–1951
französischer Romanschriftsteller, Erzähler und Lyriker, Literatur-Nobelpreis 1947

Ginsberg, Henry
amerikanischer Schriftsteller

Girardin, Émile de; 1806–1881
französischer Journalist

Giraudoux, Jean; 1882–1944
französischer Dramatiker, Erzähler, Essayist, Schriftsteller und Diplomat

Giscard d'Estaing, Valéry; geb. 1926 französischer Politiker, Staatspräsident 1974–1981

Gladkow, Fjodor; 1883–1958 russischer Schriftsteller

Gladstone, William Ewart; 1809–1898 englischer Staatsmann, mehrmals Premierminister

Gleim, Johann Wilhelm Ludwig; 1719–1803 deutscher Lyriker und Epigrammatiker

Gneisenau, August Graf Neithardt von; 1760–1831 deutsch-preußischer General

Goethe, Johann Wolfgang von; 1749–1832 deutscher Dichter

Goetz, Curt; 1888–1960 deutscher Schriftsteller und Schauspieler

Goeudevert, Daniel; geb. 1942 Mitglied des Vorstandes der Audi AG

Goldsmith, Oliver; 1728–1774 englischer Schriftsteller irischer Herkunft

Gompers, Samuel; 1850–1942 amerikanischer Gewerkschaftsführer

Gorbatschow, Michail; geb. 1931 russischer Politiker, Staatspräsident 1990-1991

Gorki, Maxim, eigentlich Alexei Maximowitsch Peschkow; 1868–1936 russischer Schriftsteller

Gotthelf, Jeremias, eigentlich Albert Bitzius; 1797–1854 schweizerischer Schriftsteller und Erzähler

Gourmont, Rémy de; 1858–1915 französischer Philosoph, Essayist, Lyriker und Schriftsteller

Gracián y Morales, Balthasar; 1601–1658 spanischer Philosoph, Schriftsteller und Jesuitenpater

Graff, Sigmund; 1898–1979 deutscher Bühnenschriftsteller, Aphoristiker

Gray, Thomas; 1716–1771 englischer Dichter

Green, Julien; 1900–1998 französischer Schriftsteller amerikanischer Herkunft

Greene, Graham Henry; 1904–1991 englischer Schriftsteller

Griffith, Thomas; geb. 1915 amerikanischer Schriftsteller

Grillparzer, Franz; 1791–1872 österreichischer Dichter

Großmann, Christian Gottlob Leberecht; 1783–1857 deutscher Theologe

Grotius, Hugo, eigentlich Huig de Groot; 1583–1645 holländischer Rechtsgelehrter und Staatsmann

Gsell, Stéfane; 1864–1932 französischer Archäologe und Historiker

Guareschi, Giovanni; 1908–1968 italienischer Schriftsteller und Karikaturist

Guazzo, Stefano; um 1574 italienischer Schriftsteller

Guénon, René; 1856–1951 französischer Schriftsteller

Guinnes, Sir Alec; geb. 1914
englischer Schauspieler
Gurion, David Ben; 1886–1973
israelischer Politiker, mehrfach
Ministerpräsident
Gutzkow, Karl; 1811–1878
deutscher Journalist und Literaturkritiker

H

Habe, Hans; 1911–1977
deutscher Publizist und Schriftsteller
Hahn, Ludwig Albert; 1889–1968
deutscher Nationalökonom
Halbe, Max; 1865–1944
deutscher Schriftsteller
Halifax, Lord George Savile
First Marquis of; 1633–1695
englischer Staatsmann und Schriftsteller
Hamann, Johann Georg; 1730–1788
deutscher Philosoph
Hamsun, Knut, eigentlich Knut
Pedersen; 1859–1912
norwegischer Schriftsteller
Hansemann, David; 1790–1864
deutscher Politiker
Hardy, Godfrey Harold; 1877–1947
englischer Mathematiker
Harnack, Adolf von; 1851–1930
deutscher Theologe
Harris, Sidney J.; geb. 1917
amerikanischer Journalist
Hartmann, Nicolai; 1882–1950
deutscher Philosoph
Hassencamp, Oliver; 1921–1988
deutscher Schriftsteller

Hauptmann, Gerhart; 1862–1946
deutscher Dichter
Hauschka, Ernst R.; geb. 1926
deutscher Bibliothekar, Aphoristiker
Hayek, Friedrich August von;
1899–1992
österreichischer Wirtschaftswissenschaftler und Sozialphilosoph
Hazlitt, William; 1778–1830
englischer Essayist und Kritiker
Heath, Edward; geb. 1916
englischer Politiker, Premierminister
1970–1974
Hebbel, Christian Friedrich;
1813–1863
deutscher Dichter
Hecht, Ben; 1893–1964
amerikanischer Schriftsteller und
Journalist
Heeremann von Zuydtwyck,
Constantin Freiherr; geb. 1931
deutscher Bauern-Funktionär, Präsident des deutschen Bauernverbandes
seit 1969
Hegel, Georg Wilhelm Friedrich;
1770–1831
deutscher Philosoph
Hein, Piet; geb. 1905
dänischer Schriftsteller
Heine, Heinrich; 1797–1856
deutscher Dichter und Publizist
Heinemann, Gustav; 1899–1976
deutscher Politiker, Bundespräsident
1969–1974
Heisenberg, Werner; 1901–1976
deutscher Physiker
Helps, Sir Arthur; 1813–1875
englischer Historiker und Essayist

Helvétius, Claude-Adrien; 1715–1771
französischer Philosoph

Hemingway, Ernest Miller;
1899–1961
amerikanischer Schriftsteller und
Journalist

Henderson, Leon; 1895–1986
amerikanischer Wirtschaftswissenschaftler

Henriot, Émile, eigentlich Émile
Maigrot; 1889–1961
französischer Lyriker, Essayist,
Schriftsteller und Kritiker

Heraklit; 576–480 v. Chr.
griechischer Historiker

Herbart, Johann Friedrich; 1776–1841
deutscher Philosoph und Pädagoge

Herbert, George; 1593–1633
englischer Dichter und Geistlicher

Herder, Johann Gottfried von;
1744–1803
deutscher Dichter, Theologe und
Philosoph

Herford, Oliver; 1863–1935
amerikanischer Schriftsteller und
Humorist

Herold, Franz; 1854–1943
österreichischer Lyriker und
Biograph

Herrhausen, Alfred; 1930–1989
deutscher Bankier, alleiniger Vor-
standssprecher der Deutschen Bank
1988–1989

Herriot, Edouard; 1872–1957
französischer Politiker, mehrmals
Ministerpräsident

Herzl, Theodor; 1860–1904
österreichischer Schriftsteller,
Begründer der zionistischen
Weltorganisation

Hesse, Hermann, Pseudonym Emil
Sinclair; 1877–1962
deutscher Schriftsteller, Literatur-
Nobelpreis 1946

Hesselbach, Walter; 1915–1993
deutscher Bankier

Heuss, Theodor; 1884–1963
deutscher Politiker und Publizist;
Bundespräsident 1949–1959

Hille, Peter; 1854–1904
deutscher Lyriker, Erzähler, Dramatiker, Aphoristiker

Hillman, Sidney; 1887–1946
amerikanischer Politiker und Gewerkschaftsführer

Hilpert, Heinz; 1890–1967
deutscher Regisseur und Intendant

Hilsbecher, Walter; geb. 1917
deutscher Aphoristiker

Hobbes, Thomas; 1588–1679
englischer Philosoph und Dichter

Höffding, Harald; 1843–1931
dänischer Philosoph

Hoffmann, Hans-Georg
deutscher Unternehmer, Vorsitzender des Arbeitgeberverbandes Flens-
burg-Schleswig-Eckernförde

Hofmann, Werner; 1921–1969
deutscher Soziologe und Wirtschaftswissenschaftler

Hofmannsthal, Hugo von, mehrere
Pseudonyme; 1874–1929
österreichischer Dichter

Hohenemser, Ernst; 1910–1991
deutscher Aphoristiker

Hohlenberg, Johannes; 1880–1960
dänischer Schriftsteller

Hölderlin, Johann Christian Friedrich; 1770–1843
deutscher Dichter

Holmes, John Andrew
amerikanischer Manager

Holmes, Oliver Wendell; 1809–1894
amerikanischer Dichter und Schriftsteller

Horaz, eigentlich Flaccus Quintus
Horatius; 65–8 v. Chr.
römischer Dichter

Horkheimer, Max; 1895–1973
deutscher Philosoph und Soziologe

Hubbard, Elbert; 1856–1915
amerikanischer Essayist

Hubbard, Kin, eigentlich Frank
McKinney; 1868–1930
amerikanischer Humorist

Huch, Ricarda, Pseudonym Richard
Hugo; 1864–1947
deutsche Dichterin

Hugo, Victor; 1802–1885
französischer Dichter

Humboldt, Alexander von; 1769–1859
deutscher Naturforscher und Geograph

Humboldt, Wilhelm von; 1767–1835
deutscher Staatsmann, Philosoph,
Sprachwissenschaftler und Forscher

Hume, David; 1711–1776
schottischer Philosoph und Historiker

Hunt, Henry Leigh, eigentlich
James Henry Leigh; 1784–1859
englischer Schriftsteller

Huxley, Aldous Leonard; 1894–1963
englischer Essayist, Dichter, Philosoph, Kulturkritiker

Huxley, Thomas Henry; 1825–1895
englischer Biologe und Physiologe

I

Iacocca, Lee; geb. 1924
amerikanischer Automobilmanager

Ibsen, Henrik Johan; 1828–1906
norwegischer Dichter, Dramatiker

Ihering, Rudolf von; 1818–1892
deutscher Jurist

Immermann, Karl Leberecht;
1796–1840
deutscher Dichter

Ingersoll, Robert Green; 1833–1899
amerikanischer Jurist

J

Jackson, Andrew; 1767–1845
amerikanischer Staatsmann, 7. Präsident der USA 1829–1837

Jackson, Holbrook; 1874–1948
englischer Essayist

Jacobi, Christoph
deutscher Marketing-Chef der
Coca-Cola GmbH, Essen

Jacobi, Friedrich Heinrich; 1743–1819
deutscher Philosoph und Schriftsteller

Jahn, Friedrich Ludwig; 1778–1852
deutscher Pädagoge und Politiker

Jakob, Max; 1876–1944
französischer Schriftsteller und Maler

James, William; 1842–1910
amerikanischer Philosoph und Psychologe

Jaspers, Karl; 1883–1969
deutscher Philosoph

Jean Paul, eigentlich Paul Friedrich Richter; 1763–1825
deutscher Dichter

Jefferson, Thomas; 1743–1826
amerikanischer Staatsmann, 3. Präsident der USA 1801–1809

Jellinek, Georg; 1851–1911
deutscher Rechtsgelehrter

Jelzin, Boris; geb. 1931
russischer Politiker, Staatspräsident seit 1991

Jenkins, Helmut; geb. 1927
deutscher Wirtschaftswissenschaftler

Jerome, Jerome Klapka; 1859–1927
englischer Schriftsteller

Joachim-Daniel, Anita; 1902–1982
amerikanische Schriftstellerin

Jochmann, Carl Gustav; 1789–1830
deutscher Schriftsteller

Johnson, Samuel; 1709–1784
englischer Dichter, Schriftsteller und Literaturkritiker

Johnston, Eric Allen; 1896–1963
amerikanischer Filmschauspieler und Diplomat

Joubert, Joseph; 1754–1824
französischer Moralist und Epigrammatiker

Jouhandeau, Marcel, eigentlich Marcel Provence; 1888–1979
französischer Schriftsteller

Jünger, Ernst; 1895–1998
deutscher Schriftsteller

Jünger, Friedrich Georg; 1898–1977
deutscher Schriftsteller

Jürgensen, Harald; geb. 1924
deutscher Wirtschaftswissenschaftler

K

Kafka, Franz; 1883–1924
österreichischer Erzähler und Romanschriftsteller

Kaiser, Georg; 1878–1945
deutscher Schriftsteller

Kaiser, Henry John; 1882–1967
amerikanischer Industrieller

Kant, Immanuel; 1724–1804
deutscher Philosoph

Karr, Alphonse; 1808–1890
französischer Dichter und Journalist

Kartte, Wolfgang; geb. 1927
deutscher Jurist, Präsident des Bundeskartellamts 1976–1992

Kasper, Hans, eigentlich Dietrich Huber; 1916–1990
deutscher Lyriker, Satiriker, Schriftsteller und Hörspielautor

Kästner, Erich, Pseudonyme Melchior Kurtz, Robert Neuner, Emil Fabian u.a.; 1899–1974
deutscher Dichter

Käutner, Helmut; 1908–1980
deutscher Schauspieler und Regisseur

Kaye, Danny, eigentlich Daniel Kominski; 1913–1987
amerikanischer Schauspieler

Keats, John; 1795–1821
englischer Dichter

Keller, Gottfried; 1819–1890
schweizerischer Dichter, Erzähler und Lyriker

Keller, Helen; 1880–1968
amerikanische Schriftstellerin

Kelsen, Hans; 1881–1973
österreichischer Staatsrechtslehrer

Kennan, George Frost; geb. 1904
amerikanischer Diplomat und
Historiker

Kennedy, John F.; 1917–1963
amerikanischer Staatsmann, 35. Präsident der USA 1961–1963

Kessel, Martin; 1901–1990
deutscher Erzähler, Lyriker, Essayist, Aphoristiker

Kesten, Hermann; 1900–1996
deutscher Schriftsteller

Ketner, Ralph Wright; geb. 1920
amerikanischer Unternehmer, Gründer der Supermarktkette ‚Food Lion'

Kettering, Charles Franklin;
1876–1958
amerikanischer Philosoph und Industrieller

Keynes, John Maynard, Baron Keynes
of Tilton; 1883–1946
englischer Nationalökonom

Kierkegaard, Sören Aabye; 1813–1855
dänischer Theologe und Religionsphilosoph

King, Martin Luther; 1929–1968
amerikanischer Bürgerrechtler und
Baptistenpfarrer, Friedensnobelpreis
1964

Kinkel, Johann Gottfried; 1815–1882
deutscher Erzähler und Lyriker

Kipling, Rudyard; 1865–1936
englischer Erzähler, Romanautor
und Lyriker

Kirchmann, Julius Hermann von;
1802–1884
deutscher Jurist

Kisch, Egon Erwin; 1885–1948
tschechischer Journalist

Kissinger, Henry Alfred; geb. 1923
amerikanischer Politiker, Außenminister 1973–1977, Friedensnobelpreis 1973

Kjellerup, Christian; 1889–1947
dänischer Musiker und Schriftsteller

Klages, Ludwig; 1872–1956
deutscher Philosoph und Graphologe

Klinger, Friedrich Maximilian von;
1752–1831
deutscher Dichter

Klopstock, Marcel Friedrich Gottlieb;
1724–1803
deutscher Dichter

Knebel, Fletcher; geb. 1911
amerikanischer Journalist

Knight, Charles; geb. 1936
amerikanischer Manager

Knürr, Hans; geb. 1939
deutscher Manager, Vorstandsvorsitzender der Knürr AG

Köditz, Jürgen
deutscher Manager

Koestler, Arthur; 1905–1983
englischer Schriftsteller ungarischer
Herkunft

Köhler, Herbert; geb. 1919
deutscher Stahlindustrieller

Köhnlechner, Manfred; geb. 1925
deutscher Heilpraktiker, Jurist und
Unternehmer

Kolakowski, Leszek; geb. 1927
polnischer marxistischer Philosoph
und Schriftsteller, Kritiker des Stalinismus

Kolbenheyer, Erwin Guido;
1878–1962
deutscher Schriftsteller

Kollath, Werner; 1892–1970
deutscher Bakteriologe und Schriftsteller
Konfuzius; 555–479 v. Chr.
chinesischer Philosoph
Körner, Karl Theodor; 1791–1813
deutscher Dichter
Kostolany, André; geb. 1908
ungarischer Börsenspekulant und
-kolumnist
Kotzebue, August von; 1761–1819
deutscher Dramatiker
Krailsheimer, Hans; 1888–1958
deutscher Aphoristiker
Kraus, Karl; 1874–1936
österreichischer Kritiker, Satiriker,
Essayist, Dramatiker, Aphoristiker
Kritzfeld, Ron (Pseudonym); geb.
1921
deutscher Unternehmer
Kropotkin, Fürst Peter Alexejewitsch;
1842–1921
russischer Schriftsteller
Kudszus, Hans; 1901–1977
deutscher Schriftsteller, Aphoristiker
Kuenheim, Eberhard von; geb. 1928
Vorstandsvorsitzender der BMW
AG
Kuhlmann, Fridel Marie; 1896–1972
deutsche Schriftstellerin
Kurz, Isolde; 1853–1944
deutsche Erzählerin und Lyrikerin

L

La Bruyère, Jean de; 1645–1696
französischer Moralphilosoph, Psychologe und Schriftsteller

Lacordaire, Jean-Baptiste Henri;
1802–1861
französischer Geistlicher
Laffitte, Paul; 1869–1910
französischer Schriftsteller
La Follette, Robert Marion;
1855–1925
amerikanischer Politiker
La Fontaine, Jean de; 1621–1695
französischer Schriftsteller und Fa-
beldichter
Lagarde, Paul Anton de, eigentlich
Bötticher; 1827–1891
deutscher Orientalist und Kulturphilosoph
Lamartine, Alphonse Marie Louis de;
1790–1869
französischer Dichter und Staatsmann
Lamb, Charles; 1775–1834
englischer Schriftsteller und Kritiker
Lampedusa, Guiseppe Tomasi di;
1896–1957
italienischer Romancier und Schriftsteller
Lamprecht, Helmut; geb. 1925
deutscher Redakteur, Aphoristiker
Landor, Walter Savage; 1775–1864
englischer Dichter
Langbehn, Julius; 1851–1907
deutscher Schriftsteller und Kulturkritiker
Langbein, August Friedrich Ernst;
1757–1835
deutscher Schriftsteller
La Rochefoucauld, François
VI. Duc de; 1613–1680
französischer Moralist, Aphoristiker
Lassalle, Ferdinand; 1825–1864
deutscher Schriftsteller und Politiker

Lasueur, George
französischer Schriftsteller

Lautréamont, Comte de; eigentlich
Isidore Ducasse, 1847–1870
französischer Dichter

Lavater, Johann Caspar; 1741–1801
schweizerischer Philosoph

Laxness, Halldór; 1902–1998
isländischer Schriftsteller, Literatur-
Nobelpreis 1955

Leacock, Stephen Butler; 1869–1944
kanadischer Wirtschaftswissenschaftler

Leahy, Frank; 1908–1968
amerikanischer Fußballtrainer

Le Bon, Gustave; 1841–1931
französischer Soziologe und Sozial-
psychologe

Lec, Stanislaw Jercy; 1909–1966
polnischer Schriftsteller, Satiriker,
Epigrammatiker und Aphoristiker

Le Fort, Gertrud von; 1876–1971
deutsche Dichterin

Leibniz, Gottfried Wilhelm
Freiherr von; 1646–1716
deutscher Philosoph, Mathematiker
und Jurist

Leister, Rolf-Dieter; geb. 1940
deutscher Unternehmensberater

Lenin, eigentlich Wladimir Iljitsch
Uljanow; 1870–1924
russischer Revolutionär und Staatsmann

Leonardo da Vinci; 1452–1519
italienischer Maler, Zeichner, Bau-
meister, Bildhauer, Dichter und
Naturforscher

Leopardi, Comte Giacomo;
1798–1837
italienischer Dichter

Lesseps, Ferdinand Vicomte de;
1805–1894
französischer Ingenieur

Lessing, Gotthold Ephraim;
1729–1781
deutscher Dichter und Philosoph

Lévi-Strauss, Claude; geb. 1908
französischer Ethnologe

Lévis, Gaston Duc de; 1764–1830
französischer Aphoristiker

Lewis, Jerry; geb. 1926
amerikanischer Filmkomiker

Lichtenberg, Georg Christoph;
1742–1799
deutscher Physiker, Philosoph,
Aphoristiker

Liebig, Justus von; 1803–1873
deutscher Chemiker

Liebknecht, Wilhelm; 1826–1900
deutscher Politiker

Ligeti, György; geb. 1923
ungarischer Komponist

Liliencron, Detlev Freiherr von;
1844–1909
deutscher Schriftsteller

Lin Yutang; 1895–1976
chinesischer Gelehrter und Schriftsteller

Lincoln, Abraham; 1809–1865
amerikanischer Staatsmann, 16. Präsident der USA 1861–1865

Lippmann, Walter; 1889–1974
amerikanischer Journalist

Locke, John; 1632–1704
englischer Philosoph

Lohberger, Hans; 1920–1979
österreichischer Lyriker, Erzähler,
Romanautor, Aphoristiker

Longfellow, Henry Wadsworth;
1807–1882
amerikanischer Dichter
Lowell, James Russell; 1819–1891
amerikanischer Dichter und Kritiker
Luccock, Halford E.; 1885–1960
amerikanischer Schriftsteller
Luce, Clare B.; 1903–1987
amerikanische Schriftstellerin und
Diplomatin
Luczak, Jeannine; geb. 1938
schweizerische Literaturwissen-
schaftlerin, Aphoristikerin
Lunt, Alfred; 1893–1963
amerikanischer Schauspieler
Luther, Martin; 1483–1546
deutscher Reformator
Luxemburg, Rosa; 1870–1919
deutsche Politikerin polnischer
Herkunft
Lynch, David; geb. 1946
amerikanischer Regisseur

M

Machiavelli, Niccolò; 1469–1527
italienischer Politiker, Geschichts-
philosoph und Historiker
Macmillan, Harold; 1894–1986
englischer Politiker und Verleger;
Premierminister 1957–1963
Madariaga y Rojo, Salvador de;
1886–1978
spanischer Schriftsteller und Politiker
Madison, Charles A.; 1895–1955
amerikanischer Schriftsteller
Mailer, Norman; geb. 1923
amerikanischer Schriftsteller

Maistre, Comte Joseph Marie de;
1753–1821
französischer Philosoph, Schriftsteller und Staatsmann
Malebranche, Nicolas de; 1638–1715
französischer Philosoph und Theologe
Malraux, André; 1901–1976
französischer Politiker, Philosoph,
Schriftsteller und Kritiker
Mandino, Og; geb. 1923
amerikanischer Unternehmer und
Autor von Managementbüchern
Mann, Heinrich; 1871–1950
deutscher Schriftsteller
Mann, Thomas; 1875–1955
deutscher Dichter, Literatur-Nobelpreis 1929
Manzoni, Allessandro; 1785–1873
italienischer Schriftsteller
Manzoni, Carlo; 1909–1975
italienischer Kriminalschriftsteller
Marcuse, Herbert; 1898–1979
deutscher Philosoph und Soziologe
Marcuse, Ludwig; 1894–1971
deutsch-amerikanischer Literaturhistoriker und Philosoph
Margolius, Hans; 1902–1984
deutscher Philosoph, Aphoristiker
Marney, Carlyle; geb. 1916
amerikanischer Philosoph
Marshall, Alfred; 1842–1924
englischer Nationalökonom
Marshall, Georges; 1880–1959
amerikanischer General und Politiker
Martialis, Marcus Valerius, auch Mar-
tial genannt; 40–102
römischer Dichter, Klassiker des
lateinischen Epigramms

Marx, Karl; 1818–1883
deutscher Philosoph und Nationalökonom

Masaryk, Tomás Garrique; 1850–1937
tschechischer Philosoph und Staatsmann

Massieu, Jean Baptiste; 1742–1848
französischer Geistlicher

Maucher, Helmut; geb. 1927
schweizerischer Manager bei Nestlé
S.A., Vevey/Schweiz

Maugham, William Somerset;
1874–1965
englischer Erzähler und Dramatiker

Mauriac, François, Pseudonym Forez;
1885–1970
französischer Romancier

Maurier, Daphne du; 1907–1989
englische Schriftstellerin

Maurois, André, eigentlich Émile Salomon Wilhelm Herzog; 1885–1967
französischer Schriftsteller

Mayo, William James; 1861–1939
amerikanischer Chirurg

Mazzini, Guiseppe; 1805–1872
italienischer Schriftsteller

McLuhan, Herbert Marshall;
1911–1980
kanadischer Kommunikationswis-
senschaftler und Medienexperte

McNamara, Robert Strange; geb. 1916
amerikanischer Politiker, Präsident
der Weltbank 1961–1968

Megerle, Rainer; geb. 1949
deutscher Manager

Menander, auch Menandros genannt;
342–293 v. Chr.
griechischer Komödien-Dichter

Mencken, Henry Louis; 1880–1956
amerikanischer Journalist, Literaturkritiker, Essayist und Schriftsteller

Mendelssohn, Peter de; 1908–1982
deutscher Journalist und Schriftsteller

Menon, Krishna; 1896–1974
indischer Politiker

Merkle, Hans L.; geb. 1913
deutscher Manager, Aufsichtsrats-
vorsitzender der Robert Bosch
GmbH

Meyrink, Gustav; 1968–1932
österreichischer Schriftsteller

Michel, Otto; 1892–1973
deutscher Lyriker, Erzähler, Aphoristiker

Mikes, George; geb. 1912
englischer Schriftsteller

Mill, John Stuart; 1806–1873
englischer Philosoph und Nationalökonom

Miller, Henry; 1891–1980
amerikanischer Schriftsteller und
Maler

Millington, Henry; 1891–1965
amerikanischer Schriftsteller

Mirabeau, Graf de; 1749–1791
französischer Politiker

Mises, Ludwig von; 1881–1973
amerikanischer Nationalökonom
österreichischer Herkunft

Mitsch, Werner; geb. 1936
deutscher Schriftsetzer, Aphoristiker
und Autor von Sprüchen

Mizner, Wilson; 1876–1933
amerikanischer Schriftsteller und
Humorist

Molière, eigentlich Jean Baptiste Po-
quelin; 1622–1673
französischer Komödiendichter und
Schauspieler

Mollet, Guy; 1905–1975
französischer Politiker, Ministerpräsident 1956–1957

Moltke, Helmuth Graf von;
1800–1891
deutsch-preußischer General

Monnet, Jean; 1888–1979
französischer Wirtschaftspolitiker

Monnier, Thyde; 1887–1967
französische Schriftstellerin

Montaigne, Michel de; 1533–1592
französischer Essayist

Montesquieu, Charles Baron de la
Brède et de; 1689–1755
französischer Philosoph

Montherlant, Henry de; 1896–1972
französischer Dichter

Moore, George; 1852–1933
irischer Dichter

Moravia, Alberto, eigentlich Alberto
Pincherle; 1907–1990
italienischer Romanautor und Erzähler

Morgan, Charles; 1894–1958
englischer Schriftsteller

Morgenstern, Christian; 1871–1914
deutscher Dichter

Morita, Akio; geb. 1931
japanischer Unternehmer

Morley, Christopher Darlington;
1890–1957
amerikanischer Schriftsteller und
Dichter

Moser, Hans Albrecht; 1882–1978
schweizerischer Romanautor, Erzähler, Aphoristiker

Muggeridge, Malcolm; 1903–1990
englischer Journalist

Müller-Armack, Alfred; 1901–1978
deutscher Wirtschaftswissenschaftler

Munthe, Axel; 1857–1949
schwedischer Arzt und Schriftsteller

Musil, Robert; 1880–1942
österreichischer Romanautor, Dramatiker und Essayist

Muthmann, Robert; geb. 1922
deutscher Jurist, Lyriker, Aphoristiker

N

Nahr, Helmar; 1931–1990
deutscher Mathematiker, Wirtschaftswissenschaftler, Aphoristiker

Naisbitt, John
amerikanischer Zukunftsforscher

Napoleon I.; 1769–1821
französischer Kaiser 1804–1815

Nash, Ogden; 1902–1971
amerikanischer Schriftsteller und
Humorist

Necker, Tyll; geb. 1930
deutscher Unternehmer, BDI-Präsident

Nehru, Jawaharlal; 1889–1964
indischer Politiker, Premierminister
und Außenminister 1947–1964

Nestroy, Johann Nepomuk;
1801–1862
österreichischer Dichter und Schauspieler

Niefer, Werner; geb. 1928
deutscher Manager, Vorstandsmit-
glied der Daimler-Benz AG

Nietzsche, Friedrich Wilhelm;
1844–1900
deutscher Philosoph
Nixdorf, Heinz; 1925–1986
deutscher Unternehmer
Nixon, Richard Milhous; 1913–1994
amerikanischer Staatsmann, 37. Präsident der USA 1969–1974
Noelle-Neumann, Elisabeth; geb.
1916
deutsche Meinungsforscherin
Northcliff, Alfred; 1865–1922
englischer Zeitungsverleger
Novalis, eigentlich Friedrich Leopold
Freiherr von Hardenberg;
1772–1801
deutscher Dichter
Nowaczynski, Adolf, Pseudonyme
Neuwert, Przyiaciel; 1876–1944
polnischer Dramatiker, Satiriker,
Aphoristiker
Noyce, Robert N.; geb. 1927
amerikanischer Schriftsteller

O

O'Connor, Johnson; 1891–1965
amerikanischer Unternehmer
O'Malley, Austin; 1858–1932
amerikanischer Augenarzt und
Schriftsteller
Oetinger, Friedrich; 1702–1782
deutscher Theologe
Ogilvy, David; geb. 1911
englischer Werbefachmann
Ortega y Gasset, José; 1883–1955
spanischer Kulturphilosoph, Soziologe und Schriftsteller

Orwell, George; 1903–1950
englischer Schriftsteller und Philosoph
Osborne, John James; 1929–1994
englischer Dramatiker, Regieassi-
stent, Schauspieler und Filmprodu-
zent
Ouida, Louise; 1839–1908
englische Schriftstellerin
Ovid, eigentlich Publius Ovidius
Naso; 43 v. Chr.–17 n. Chr.
römischer Dichter
Owen, David; geb. 1938
englischer Politiker

P

Packard, Vance Oakley; 1914–1996
amerikanischer Publizist
Pagnol, Marcel; 1895–1974
französischer Dramatiker, Schriftsteller und Drehbuchautor
Paine, Thomas; 1737–1809
amerikanischer Philosoph
Palme, Olof; 1927–1986
schwedischer Politiker, Ministerpräsident 1969–1976 und 1982–1986
Parker, Theodore; 1810–1860
amerikanischer Theologe
Parkinson, Cyril Northcote;
1909–1993
englischer Historiker und Publizist
Pascal, Blaise; 1623–1662
französischer Mathematiker, Philosoph und Schriftsteller
Pasteur, Louis; 1822–1895
französischer Chemiker und Bakteriologe

AUTORENVERZEICHNIS

Pavese, Cesare; 1908–1950
italienischer Lyriker und Erzähler

Paz, Octavio; 1914–1998
mexikanisch-bolivianischer Schriftsteller, Literatur-Nobelpreis 1990

Peel, Sir Robert; 1788–1850
englischer Staatsmann, Premierminister 1841–1846

Péguy, Charles Pierre, Pseudonyme
Delore, Baudouin; 1873–1914
französischer Schriftsteller, Essayist
und Dramatiker

Pella, Giuseppe; 1902–1981
italienischer Politiker

Périgord, François; geb. 1926
französischer Manager

Pestalozzi, Johann Heinrich;
1746–1827
schweizerischer Pädagoge

Petan, Žarko; geb. 1929
slowenischer Schriftsteller, Aphoristiker

Peter, Laurence; 1919–1990
kanadischer Pädagoge

Petit-Senn, Jules; 1790–1870
französischer Schriftsteller

Petöfi, Sandor, eigentlich Sandor Pe-
trovics; 1823–1849
ungarischer Dichter

Petrarca, Francesco; 1304–1374
italienischer Dichter

Petty, Sir William; 1623–1687
englischer Nationalökonom

Pigou, Arthur Cecil; 1877–1959
englischer Nationalökonom

Pinger, Winfried; geb. 1932
deutscher Jurist

Pinter, Harold; geb. 1930
englischer Dramatiker

Pisani, Edgard; geb. 1918
französischer Politiker

Planck, Max; 1858–1947
deutscher Physiker, Physik-Nobelpreis 1918

Platon; 427–347 v. Chr.
griechischer Philosoph

Plinius, der Ältere; 23–79
römischer Offizier und Schriftsteller

Plutarch, eigentlich Plutarchos;
46–120
griechischer Philosoph und Biograph

Poe, Edgar Allan; 1809–1849
amerikanischer Dichter

Pöhl, Karl-Otto; geb. 1929
deutscher Bankfachmann, Präsident
der Deutschen Bundesbank
1980–1991

Poincaré, Henri; 1854–1912
französischer Mathematiker, Physiker, Astronom und Philosoph

Pol, Heinz; 1904–1983
amerikanischer Aphoristiker deutscher Herkunft

Polanyi, Michael; 1891–1976
englischer Chemiker und Philosoph

Polgar, Alfred; 1873–1955
österreichischer Feuilletonist, Essayist, Theater- und Literaturkritiker

Pollock, Channing; 1880–1946
amerikanischer Dramatiker

Pope, Alexander; 1688–1744
englischer Schriftsteller, Dichter und
Satiriker

Popper, Sir Karl Raimund; 1902–1994
englischer Philosoph und Wissen-
schaftslogiker österreichischer Herkunft

Poulet, Robert; 1893–1963
belgischer Schriftsteller
Pound, Ezra Loomis; 1885–1972
amerikanischer Dichter
Powell, Enoch; geb. 1912
englischer Politiker
Prévot, André; 1884–1964
französischer Schriftsteller
Priestley, John Boynton; 1894–1984
englischer Dramatiker und Romanautor
Proudhon, Pierre Joseph; 1809–1865
französischer Sozialphilosoph
Proust, Marcel; 1871–1922
französischer Romancier und Essayist
Pythagoras; 582–497 v. Chr.
griechischer Philosoph und Mathematiker

Q

Qualtinger, Helmut; 1928–1986
österreichischer Kabarettist, Schauspieler und Schriftsteller
Quinet, Edgar; 1803–1875
französischer Schriftsteller, Historiker und Philosoph

R

Raab, Julius; 1891–1964
österreichischer Politiker, Bundeskanzler 1953–1961
Raabe, Wilhelm; 1831–1910
deutscher Dichter
Radbruch, Gustav; 1878–1949
deutscher Rechtsgelehrter

Ramler, Karl Wilhelm; 1725–1798
deutscher Schriftsteller
Ranke, Leopold von; 1795–1886
deutscher Historiker
Rathenau, Walther; 1867–1922
deutscher Staatsmann und Industrieller
Raynal, Paul; 1885–1971
französischer Schriftsteller
Reiners, Ludwig; 1896–1957
deutscher Schriftsteller und Fabrikant
Reitz, Adolf; 1884–1964
deutscher Essayist, Aphoristiker
Remarque, Erich Maria, eigentlich
Erich Paul Remark; 1898–1970
deutscher Schriftsteller
Renard, Jules; 1864–1910
französischer Romanautor, Dramatiker und Essayist
Ricardo, David; 1772–1823
englischer Volkswirtschaftler
Richelieu, Armand-Jean du Plessis,
Duc de; 1585–1642
französischer Kardinal, ab 1624 Minister Ludwigs XIII.
Rilke, Rainer Maria; 1875–1926
österreichischer Dichter
Ringelnatz, Joachim, eigentlich Hans
Bötticher; 1883–1934
deutscher Dichter, Maler und Rezi-
tator
Ritschard, Willi; 1918–1983
schweizerischer Finanzminister
Rivarol, Antoine de; 1753–1801
französischer Schriftsteller italienischer Herkunft, Kritiker, Aphoristiker

Robespierre, Maximilien de;
1758–1794
französischer Revolutionär

Robinson, Edwin Arlington;
1869–1935
amerikanischer Dichter

Rockefeller, David; geb. 1915
amerikanischer Bankier

Rockefeller, John Davison; 1839–1937
amerikanischer Unternehmer

Rockefeller, Nelson; 1908–1979
amerikanischer Politiker, Gouverneur von New York 1958–1973

Rogers, Will, eigentlich William Penn Adair Rogers; 1879–1935
amerikanischer Humorist

Rolfs, Rudolf; geb. 1920
deutscher Theatergründer und -leiter, Satiriker, Aphoristiker

Rolland, Romain; 1866–1944
französischer Schriftsteller, Literatur-Nobelpreis 1915

Romains, Jules; 1885–1972
französischer Schriftsteller

Roosevelt, Franklin Delano;
1882–1945
amerikanischer Staatsmann,
32. Präsident der USA 1933–1945

Roosevelt, Theodore; 1858–1919
amerikanischer Staatsmann,
26. Präsident der USA 1901–1909

Röpke, Wilhelm; 1899–1966
deutscher Nationalökonom und Soziologe

Rosegger, Peter; 1843–1918
österreichischer Schriftsteller

Rosenthal, Philipp; geb. 1916
deutscher Industrieller und Politiker

Rosny, Joseph Henri; 1856–1940
französischer Schriftsteller

Rossiter, Clinton Laurence;
1917–1970
amerikanischer Politikwissenschaftler

Rosten, Leo Calvin, Pseudonym
Lonard Q. Ross; geb. 1908
amerikanischer Politologe

Rostow, Walt Whitman; geb. 1916
amerikanischer Wirtschaftswissenschaftler

Rothschild, Baron James Mayer;
1792–1868
französischer Bankier deutscher Herkunft

Rothschild, Salomon; 1774–1885
österreichischer Bankier

Rougement, Denis de; 1906–1985
französischer Schriftsteller

Rousseau, Jean-Jacques; 1712–1778
französischer Schriftsteller und Philosoph

Roux, Joseph; 1834–1886
französischer Epigrammatiker

Rückert, Friedrich, Pseudonym
Freimund Raimar; 1788–1866
deutscher Dichter

Rueff, Jacques; 1896–1976
französischer Finanzwissenschaftler

Rusk, Dean; 1909–1994
amerikanischer Politiker, Außenminister 1961–1969

Ruskin, John; 1819–1900
englischer Schriftsteller, Kunstkritiker, Soziologe und Wirtschaftswissenschaftler

Russell, Bertrand Third Earl;
1872–1970
englischer Philosoph und Mathematiker, Literatur-Nobelpreis 1950

Rüstow, Alexander; 1885–1963
deutscher Nationalökonom und Soziologe

Rychner, Max; 1897–1965
schweizerischer Lyriker, Essayist,
Literaturhistoriker und -kritiker

S

Sachs, Maurice, eigentlich Maurice Et-
tinghausen; 1906–1945
französischer Schriftsteller;

Sadat, Anwar; 1918–1981
ägyptischer Politiker, Staatspräsident
1970–1981, Friedensnobelpreis 1978

Saint-Exupéry, Antoine de, eigentlich
Comte Marie Roger Graf von Saint-
Exupéry; 1900–1944
französischer Pilot und Schriftsteller

Sales, Franz von; 1567–1622
französischer Kirchenlehrer, Bischof
von Genf, Mitbegründer des Salesia-
ner-Ordens

Sallust, Gaius Crispus; 86–34 v. Chr.
römischer Historiker

Samuel, Sir Herbert Louis; 1870–1959
englischer Politiker, Hochkommis-
sar von Palästina 1920–1925

Samuelson, Paul A.; geb. 1915
amerikanischer Wirtschaftswissenschaftler

Santayana, George; 1863–1952
amerikanischer Philosoph spanischer
Herkunft, Romanautor, Lyriker und
Dramatiker

Saphir, Moritz Gottlieb; 1795–1858
österreichischer Journalist, Feuilletonist, Satiriker, Literatur- und
Theaterkritiker

Sartre, Jean-Paul; 1905–1980
französischer Philosoph und Schriftsteller

Sauerbruch, Ernst Ferdinand;
1875–1951
deutscher Chirurg

Scala, Franz Johannes
deutscher Schriftsteller

Schäffer, Fritz; 1888–1967
deutscher Politiker, Bundesfinanzminister 1949–1957

Schaukal, Richard von; 1874–1942
österreichischer Lyriker, Erzähler
und Essayist

Scheel, Walter; geb. 1919
deutscher Politiker, Bundespräsident
1974–1979

Scherr, Johannes; 1817–1886
deutscher Kulturhistoriker und Politiker

Schiller, Friedrich von; 1759–1805
deutscher Dichter

Schiller, Karl; 1911–1994
deutscher Nationalökonom und Politiker, Bundeswirtschaftsminister
1966–1972

Schlegel, Friedrich von; 1772–1829
deutscher Dichter und Kritiker

Schleiermacher, Friedrich Ernst Daniel; 1768–1834
deutscher Philosoph und Theologe

Schlesinger, Helmut; geb. 1924
deutscher Bankfachmann, Präsident
der Deutschen Bundesbank
1991–1993

Schmid, Carlo; 1896–1979
deutscher Politiker und Philosoph

Schmidt, Helmut; geb. 1918
deutscher Politiker, Bundeskanzler
1974–1982

Schmidt, Lothar; geb. 1922
Jurist, Politologe, Aphoristiker;
Herausgeber und Mitautor dieses
Buches

Schneider, Reinold; 1903–1958
deutscher Romanautor, Erzähler,
Dramatiker, Essayist, Historiker und
Kulturphilosoph

Schnitker, Paul; geb. 1927
deutscher Unternehmer, Präsident
des Zentralverbandes des Deutschen
Handwerks

Schnitzler, Arthur, Pseudonym Anatol; 1862–1931
österreichischer Dramatiker, Erzähler und Schriftsteller

Scholl, Aurélien; 1833–1902
französischer Schriftsteller

Schopenhauer, Arthur; 1788–1860
deutscher Philosoph

Schumacher, Kurt; 1895–1952
deutscher Politiker

Schumpeter, Joseph Alois; 1883–1950
österreichisch-amerikanischer Nationalökonom

Schurz, Carl; 1829–1906
amerikanischer Politiker deutscher
Herkunft

Schützbach, Rupert; geb. 1933
deutscher Zöllner, Epigrammatiker
und Aphoristiker

Schweitzer, Albert; 1875–1965
deutscher Theologe, Musiker, Arzt
und Philosoph, Friedensnobelpreis
1952

Schwöbel, Wilhelm; geb. 1920
deutscher Zoologe, Aphoristiker

Scott, Sir Walter; 1771–1832
schottischer Dichter

Searle, Ronald; geb. 1920
englischer Karikaturist

Seeley, Sir John Robert; 1834–1895
englischer Historiker und Essayist

Seldon, John; 1584–1654
englischer Jurist, Orientalist, Politiker und Schriftsteller

Selfridge, H. Gordon; 1864–1947
amerikanischer Unternehmer

Seneca, Lucius Annaeus; 4 v. Chr.–65
n. Chr.
römischer Philosoph und Dichter

Servan-Schreiber, Jean-Jacques; geb.
1924
französischer Journalist und Politiker

Seume, Johann Gottfried; 1763–1810
deutscher Schriftsteller und Dichter

Shakespeare, William; 1564–1616
englischer Dichter und Dramatiker

Shaw, George Bernard; 1856–1950
irischer Schriftsteller und Dramatiker

Sheldon, Sidney; geb. 1917
amerikanischer Schriftsteller

Sheridan, Richard Brinsley;
1751–1816
irischer Dramatiker

Sieburg, Friedrich; 1893–1964
deutscher Schriftsteller und Publizist

Siemens, Georg von; 1839–1903
deutscher Industrieller und Bankier,
Gründer der Deutschen Bank

Siemens, Werner von; 1816–1892
deutscher Erfinder und Unternehmer

Simmel, Georg; 1858–1918
deutscher Philosoph und Soziologe

Simon, Jules; 1814–1896
französischer Philosoph

Sinclair, Upton Beall; 1878–1968
amerikanischer Schriftsteller
Sirius, Peter, eigentlich Otto Kimmig;
1858–1913
deutscher Aphoristiker
Skupy, Hans-Horst; geb. 1942
deutscher Reisepublizist, Aphoristiker
Smiles, Samuel; 1812–1904
englischer Biograph und Sozialrefor-
mer
Smith, Adam; 1723–1790
schottischer Nationalökonom und
Moralphilosoph; Begründer der
klassischen Nationalökonomie
Sokrates, 470–399 v. Chr.
griechischer Philosoph
Solschenizyn, Alexander Issajewitsch;
geb. 1918
russischer Schriftsteller
Sombart, Werner; 1863–1941
deutscher Nationalökonom und Sozialphilosoph
Sophokles; 495–406 v. Chr.
griechischer Tragödiendichter
Sordi, Alberto; geb. 1919
italienischer Filmschauspieler
Speier, Hans
amerikanischer Werbefachmann
Spencer, Herbert; 1820–1903
englischer Philosoph und Sozialwissenschaftler
Spengler, Oswald; 1880–1936
deutscher Kulturphilosoph
Sperber, Manès; 1905–1984
französischer Schriftsteller österreichischer Herkunft
Spitteler, Carl, Pseudonym Carl Felix
Tandem; 1845–1924
schweizerischer Dichter

Spranger, Eduard; 1882–1963
deutscher Philosoph und Pädagoge
Stehr, Hermann; 1864–1940
deutscher Schriftsteller
Stein, Lorenz von; 1815–1890
deutscher Nationalökonom
Steinbeck, John; 1902–1968
amerikanischer Schriftsteller
Steinbuch, Karl Wilhelm; geb. 1917
deutscher Ingenieur, Hochschulleh-
rer und Sachbuchautor
Sterling, John; 1806–1844
englischer Schriftsteller
Stern, Daniel, eigentlich Marie de Fla-
vigny Comtesse d'Agoult;
1805–1876
französische Schriftstellerin
Sterne, Laurence; 1713–1768
englischer Dichter
Stevenson, Adlai Ewing; 1900–1965
amerikanischer Politiker
Stevenson, Robert Louis Balfour;
1850–1894
schottischer Schriftsteller
Stobäus, Johannes; um 4. Jhd.
griechischer Philosoph
Stoffel, Norbert; geb. 1931
deutscher Unternehmer, Aphoristiker
Storm, Theodor; 1817–1888
deutscher Schriftsteller
Strachey, Lionel; 1864–1927
englischer Schriftsteller
Strauß, Franz-Josef; 1915–1988
deutscher Politiker, bayerischer
Ministerpräsident 1978–1988
Stresemann, Gustav; 1878–1929
deutscher Politiker, Reichskanzler
1923, Reichsaußenminister
1923–1929

Struve, Wolfgang; geb. 1917
deutscher Philosoph

Stüßgen, Cornelius; 1877–1956
deutscher Unternehmer

Suttner, Berta von; 1843–1914
österreichische Schriftstellerin

Svevo, Italo; 1861–1928
italienischer Schriftsteller

Swift, Jonathan; 1667–1745
irischer Schriftsteller und Satiriker

Swing, David; 1830–1894
amerikanischer Theologe

Sylva, Carmen; 1843–1916
Dichtername der Königin Elisabeth
von Rumänien

Syrus, Publilius; um 50 v. Chr.
römischer Lustspieldichter

T

Tacitus, Publius Cornelius; 55–120
römischer Geschichtsschreiber

Tagore, Rabindranath, eigentlich Rabindranath Thakur; 1861–1941
indischer Dichter und Philosoph,
Literatur-Nobelpreis 1913

Taine, Hippolyte Adolphe; 1828–1893
französischer Philosoph und Historiker

Talleyrand, Herzog Charles Maurice
de; 1754–1838
französischer Diplomat, Staatsmann
und Bischof

Tammasaare, Anton Hansen;
1878–1940
estnischer Schriftsteller

Tati, Jacques, eigentlich Jacques Tati-
scheff; 1908–1982
französischer Filmschauspieler und
Regisseur

Teufel, Erwin; geb. 1939
deutscher Politiker, Ministerpräsident
von Baden-Württemberg seit 1991

Thackeray, William Makepeace;
1811–1863
englischer Karikaturist, Schriftsteller
und Dichter

Thatcher, Margret; geb. 1925
englische Politikerin, Premiermini-
sterin 1979–1990

Thiess, Frank; 1890–1977
deutscher Romanautor, Dramatiker,
Essayist, Aphoristiker

Thomas von Aquin; 1225–1274
italienischer Theologe, scholastischer
Philosoph

Thomas von Kempen; 1380–1471
deutscher Mystiker

Thoreau, Henry David; 1817–1862
amerikanischer Schriftsteller und
Philosoph

Tillich, Paul; 1886–1965
deutsch-amerikanischer Theologe
und Religionsphilosoph

Tillier, Claude; 1801–1844
französischer Romanschriftsteller

Tisot, Henri; geb.1937
französischer Schauspieler und
Schriftsteller

Toffler, Alvin; geb. 1928
amerikanischer Schriftsteller

Tolstoi, Graf Leo Nikolajewitsch;
1828–1910
russischer Schriftsteller und Dichter

Tommaseo, Niccolò; 1802–1874
italienischer Philologe

Toulet, Paul-Jean ; 1867–1920
französischer Lyriker, Essayist,
Romanautor

Toynbee, Arnold Joseph; 1889–1975
englischer Historiker und Kulturphilosoph

Treitschke, Heinrich von; 1834–1896
deutscher Historiker

Troll, Thaddäus, eigentlich Hans Bay-
er; 1914–1980
deutscher Schriftsteller

Troller, Georg Stefan ; geb. 1921
österreichischer Journalist

Trotzki, Leo Dawidowitsch, eigentlich Leib Bronstein; 1879–1940
russischer Revolutionär und Politiker

Tschopp, Charles; 1899–1982
schweizerischer Aphoristiker

Tucholsky, Kurt, mehrere Pseudonyme; 1890–1935
deutscher Schriftsteller, Satiriker und
Romanautor

Turgenjew, Iwan; 1818–1883
russischer Dichter

Twain, Mark, eigentlich Samuel Lang-
horne Clemens; 1835–1910
amerikanischer Schriftsteller und
Humorist

U

Udall, Stewart; geb. 1920
amerikanischer Politiker

Uhlenbruck, Gerhard; geb. 1929
deutscher Immunbiologe, Hoch-
schullehrer, Aphoristiker

Unger, Joseph; 1828–1913
österreichischer Rechtsgelehrter

Urzidil, Johannes; 1896–1970
deutsch-österreichischer Erzähler,
Lyriker und Essayist

Ustinov, Peter Alexander; geb. 1921
englischer Schriftsteller, Regisseur
und Schauspieler

V

Valéry, Paul; 1871–1945
französischer Dichter

Vansittart, Lord Robert Gilbert;
1881–1957
englischer Diplomat

Vauvenargues, Marquis de Luc de
Clapiers; 1715–1747
französischer Philosoph und Dichter

Vigny, Comte Alfred de; 1797–1863
französischer Dichter

Vocke, Wilhelm; 1886–1973
deutscher Bankfachmann

Voltaire, eigentlich François-Marie
Arouet; 1694–1778
französischer Philosoph und Dichter

W

Waggerl, Karl-Heinrich; 1897–1973
österreichischer Erzähler, Romanautor, Dramatiker, Aphoristiker

Wagner, Robert; 1910–1983
amerikanischer Politiker

Walker, James J.; 1881–1946
amerikanischer Politiker

Wallas, Graham; 1858–1932
englischer Schriftsteller

Wallich, Henry C.; geb. 1914
amerikanischer Finanzfachmann

Walpole, Fourth Earl of Orford
Horace; 1717–1797
englischer Schriftsteller

Walters, Hellmut; 1930–1985
deutscher Schriftsteller, Pädagoge,
Aphoristiker

Walton, Sam
amerikanischer Unternehmer

Warburton, William; 1698–1779
englischer Theologe

Washington, George; 1732–1799
amerikanischer Staatsmann, 1. Präsident der USA 1789–1797

Weber, Carl Maria von; 1786–1826
deutscher Komponist

Weber, Karl Julius; 1767–1832
deutscher Schriftsteller, Feuilletonist
und Satiriker

Weber, Max; 1862–1920
deutscher Soziologe

Wedekind, Frank, Pseudonym
Hieronymus Jobs; 1864–1918
deutscher Dramatiker

Weerth, Georg; 1822–1856
deutscher Schriftsteller und Publizist

Weil, Simone; 1909–1943
französische Philosophin und Essayistin

Weischedel, Wilhelm; 1905–1975
österreichischer Philosoph

Weisenborn, Günther, Pseudonym
Christian Munk; 1902–1969
deutscher Dramatiker, Erzähler und
Hörspielautor

Weizmann, Chaim; 1874–1952
israelischer Politiker, 1. Staatspräsident 1948–1952

Weizsäcker, Carl Friedrich von; geb.
1912
deutscher Physiker und Philosoph

Weizsäcker, Richard von; geb. 1920
deutscher Politiker, Bundespräsident
1984–1994

Welles, Orson; 1915–1985
amerikanischer Schauspieler und Regisseur

Wells, Herbert George; 1866–1946
englischer Schriftsteller sozialutopischer Romane, Soziologe und Historiker

Werfel, Franz; 1890–1945
österreichischer Erzähler, Lyriker
und Dramatiker

Wertheimer, Emanuel; 1846–1916
deutscher Philosoph, Aphoristiker

West, Morris Langlo; geb. 1916
australischer Roman- und Hörspielautor, Feuilletonist

Whichcote, Benjamin; 1609–1683
englischer Theologe, Pädagoge,
Aphoristiker

Whipple, Edwin Percy; 1819–1886
englischer Kritiker und Essayist

White, Elwyn Brooks; 1899–1985
amerikanischer Journalist und Essayist

White, William Allen; 1868–1948
amerikanischer Journalist

Whitehead, Alfred North; 1861–1947
englischer Philosoph und Mathematiker

Wieland, Christoph Martin;
1733–1813
deutscher Dichter

Wiener, Norbert; 1894–1964
amerikanischer Mathematiker, Physiker und Kybernetiker

Wierlein, John W.; 1918–1980
amerikanischer Schriftsteller

Wiggam, Alfred E.; 1909–1960
amerikanischer Journalist
Wilde, Oscar; 1856–1900
englisch-irischer Schriftsteller und
Dramatiker
Wilder, Thornton Niven; 1897–1975
amerikanischer Dramatiker, Romanautor und Philosoph
Wildner, Kurt; 1872–1912
deutscher Schriftsteller
Williams, Tennessee, eigentlich
Thomas Lanier Williams; 1911–1983
amerikanischer Dramatiker und
Schriftsteller
Wilp, Charles; geb. 1932
deutscher Fotograf
Wilson, Charles E.; 1890–1961
amerikanischer Schriftsteller
Wilson, Harold; 1916–1995
englischer Politiker, Premierminister
1964–1970 und 1974–1976
Wilson, Thomas Woodrow;
1856–1924
amerikanischer Staatsmann, Reformer und Historiker, 28. Präsident
der USA 1913–1921

Winchell, Walter; 1897–1972
amerikanischer Journalist
Wittgenstein, Ludwig; 1889–1951
deutscher Philosoph
Wittrich, Karlheinz; geb. 1944
deutscher Industriekaufmann

X–Z

Xenophanes; um 565–um 470 v. Chr.
griechischer Dichter und Philosoph
Young, Edward; 1683–1765
englischer Dichter und Hofkaplan
Zola, Émile; 1840–1902
französischer Romanautor und
Dramatiker
Zschokke, Johann Heinrich;
1771–1848
schweizerischer Schriftsteller

Schlagwortverzeichnis

H

SCHLAGWORTVERZEICHNIS

Professor Dr.jur. Lothar Schmidt ist Herausgeber und
Mitautor folgender Anthologien:

Schlagfertige Definitionen. Von Aberglaube bis Zynismus. Reinbek bei Hamburg: Rowohlt Taschenbuch Verlag, Band 6186. 10. Auflage 1992. 310 Seiten. ISBN 3-499-16186-9

Sieben Wörter sind genug. Prägnante Zitate für Manager. Landsberg/Lech: Verlag Moderne Industrie, 2. Auflage 1997. 258 Seiten. ISBN 3-478-35460-9

Geistige Vitaminpillen. Aphorismen für Schule, Arbeit und Beruf. Mannheim: Medialog, 1997. 191 Seiten. ISBN 3-930639-51-3

Ein Band eigener Aphorismen erschien unter dem Titel:

Worte sind Waffen – Aphorismen zur Gegenwart / **Words are Weapons** – Aphorisms of our Age. 4., überarbeitete und erweiterte Auflage, deutsch und englisch. Frankfurt am Main: Frankfurter Allgemeine Zeitung, Verl.-Bereich Buch, 1999. 144 Seiten. ISBN 3-933180-29-5